日本語
ライブラリー

日本語概説 ［改訂版］

沖森卓也
［編著］

阿久津智

井島正博

木村 一

木村義之

笹原宏之
［著］

朝倉書店

執　筆　者

沖 森 卓 也*	立教大学名誉教授	（1章）
阿 久 津 智	拓殖大学外国語学部	（2章、7.2.4 項）
井 島 正 博	前東京大学大学院人文社会系研究科	（5章、7.2.2・7.2.3 項）
木 村　　一	東洋大学文学部	（6章、7.1 節）
木 村 義 之	慶應義塾大学日本語・日本文化教育センター	（4章、7.2.1 項）
笹 原 宏 之	早稲田大学社会科学総合学術院	（3章、7.2.5 項）

*は編著者，（　）内は執筆担当章

は じ め に

　日本語は日本人同士のコミュニケーションに欠かせないだけでなく、日本語を母語としない人たちとの意思疎通において用いられる機会も増えています。また、外国語と接した時、発音や単語、文法などの面で日本語との違いに気づいたり、思い当たったりした経験もあることでしょう。ただ、日本語を母語とする人にとって日本語の知識は必要ないと思われがちですが、言葉の意味や文法など日本語について質問された場合、他人を納得させられるような説明がきちんとできるでしょうか。日本語が話せるとはいっても、日本語とはどのような構造をもち、いかなる要素から成り立っているのか理解しているとは限りませんし、むしろ知らない方が普通かもしれません。

　日本語を客観的かつ合理的に認識するためには、科学的な実証に基づく学問的な把握が不可欠です。そこで、現代日本語について基礎的な事柄を幅広く知りたい方のために入門書として本書を編集しました。日本語を対象とした学、すなわち日本語学とはどのようなものか、その基礎を概略的に知ることで、改めて日本語を見つめ直す機会になることを願っています。

　本書は読みやすさ見やすさを重視して、見開きに一つのテーマを収めることを原則としました。図や表、また必要に応じて脚注によって理解を深める工夫をするなど、できるだけ平易にわかりやすく解説することを心がけました。初版刊行以来ご好評いただき、刷りを重ねてきましたが、十数年も経たことから補訂を加えて版を改めることにしました。読み物としても楽しく読めることを、独習でも十分に理解できることを常に念頭において編集してあります。日本語に対する認識を深め、関心を高める第一歩となることを切望しています。

　2024 年 10 月

沖 森 卓 也

目　　　次

第1章　総　　　論 ··· 2

1.1　言語とその働き　*2*

1.2　言語研究の諸分野　*4*

1.3　日本語とその変遷　*6*

第2章　音声・音韻 ··· 8

2.1　音声と音韻　*8*

音声　*8*／単音と音素　*10*／子音の分類　*12*／母音の分類　*14*

2.2　音節と音節構造　*16*

音節とモーラ　*16*／現代日本語のモーラと音声　*18*／特殊音素　*20*／

連濁・連声・表情音　*22*

2.3　アクセント　*24*

日本語のアクセント　*24*／体言・副詞のアクセント　*26*／

用言のアクセント　*28*／アクセントの型の対応　*30*

2.4　イントネーションとプロミネンス　*32*

イントネーション　*32*／プロミネンス　*34*

第3章　文字・表記 ··36

3.1　文字とは　*36*

文字の機能　*36*／文字の分類　*38*

3.2　漢　　　字　*40*

漢字とその字体　*40*／漢字の成り立ち　*42*／音訓　*44*

3.3　仮　　　名　*46*

万葉仮名　*46*／平仮名　*48*／片仮名　*50*

3.4　ロ ー マ 字　*52*

ローマ字　*52*／ローマ字の綴り方　*54*

3.5　表　記　法　*56*

正書法　*56*／仮名遣い　*58*／送り仮名　*60*／常用漢字　*62*

第4章　語　　彙 ……………………………………………*64*

4.1　単語と語構成　*64*

語と語彙　*64*／語の単位と形態素　*66*

4.2　意　　味　*68*

意味　*68*／意味関係　*71*／意味変化　*74*

4.3　語構成と造語法　*76*

語構成と造語法　*76*／漢語の構造　*78*／造語と命名　*80*

4.4　語　　種　*82*

語種　*82*／和語・混種語　*84*／漢語　*86*／外来語　*88*

4.5　語彙量・辞書　*90*

語彙量　*90*／辞書　*92*

第5章　文　　法 ……………………………………………*94*

5.1　文のしくみ　*94*

文の構造・成分　*94*

5.2　品　詞　論　*96*

品詞とその分類　*96*／体言　*98*／用言　*100*／副詞・接続詞・連体詞・
感動詞　*102*

5.3　態　*104*

受動態（自発態・可能態）　*104*／使役態　*106*／授受表現　*108*

5.4　アスペクト・テンス・モダリティー　*110*

アスペクト　*110*／テンス　*112*／モダリティー　*114*

5.5　主題ととりたて　*116*

主題　*116*／とりたて　*118*

5.6　複　　文　*120*

連用修飾節　*120*／連体修飾節　*122*

目　　次　　iii

第6章　日本語の諸相 ……………………………………………… 124

6.1　待 遇 表 現　*124*
待遇表現　*124*／敬語の種類　*126*／敬語の表現形式　*128*／
注意すべき敬語　*130*

6.2　位 相 語　*132*
位相語　*132*／ことばの性差の変化　*134*／方言　*136*

6.3　文章・文体　*138*
文章　*138*／文体　*140*

6.4　修辞法とことば遊び　*142*
修辞法とことば遊び　*142*

6.5　日本語教育　*144*
日本語教育　*144*

第7章　日本語の研究 ……………………………………………… 146

7.1　日本語研究史　*146*
日本語研究史　*146*／日本語文法研究史　*148*

7.2　日本語研究の諸相　*150*
社会言語学　*150*／認知言語学　*152*／語用論　*154*／対照言語学　*156*／
言語情報処理　*158*

参 考 文 献 ……………………………………………………… 160
索　　引 ………………………………………………………… 164

1.1 言語とその働き

第1章 総論

1. 言語の定義

(1) 言語はコミュニケーションのための道具であり、人間が思考や感覚を表現したり、意志を伝達したりするためにその社会で共通して使用する記号の体系である[1]。

(2) 日本語や英語などのように、自然発生的に生まれた言語を自然言語という。これに対して、エスペラント語やコンピュータのためのプログラミング言語など人為的に作られた言語を人工言語という。

2. 記号としての言語

ソシュール（Ferdinand de Saussure）は言語の基本的特徴について次のことを指摘する。

(1) 所記（signifié）と能記（signifiant）

① 言語を記号として体系的にとらえ、「言語記号が結ぶのは、ものと名前ではなくて、概念と聴覚映像である」（『一般言語学講義』）とする。

② 言語記号は所記（概念）と能記（聴覚映像）との結合である。

(2) 言語の恣意性（arbitrariness）と線状性（linearity）

① 恣意性とは、能記と所記との結合は本来的必然的なものではなく、それぞれの言語社会で偶然に結びついていることをいう。

② 線状性とは、語が文において、ある一定の順序で並ぶことをいう。時間軸において一音一語ずつ順番に（一次元的に）発せられ、聴覚的に展開される。

(3) 連辞（syntagme）と範列（paradigme）

① 連辞（「統合」「統辞」とも）とは、線条的に継起することばの諸要素の結合をいう。文において、各要素はふつう同一クラスに属する一定数の他の要素との入れ換えが可能である。

---

1) 広義には、動物間のコミュニケーションにおける発声や動作、コンピュータを操作するためのプログラミング言語や人間における身振りを通したコミュニケーション（身振り言語・身体言語などという）などを含む。

② 範列（「連合」とも）とは、上記のような入れ替えが可能な潜在的関係にある要素の集合をいう。

3. 言語の二重分節（double articulation）
　マルティネ（André Martinet）は、二重分節こそが人間の言語を最も特徴づけるとする。数少ない言語単位を体系的に持ち、その組合せによって多くのメッセージが伝えられる。
(1) 上位レベルの第一次分節はことばを構成する表意的な最小単位（形態素）である。形態素はそのまま語（単語）ともなる。
(2) 下位レベルの第二次分節は表意的ではなく弁別的な最小単位（音素）である。

図1.1　言語の二重分節

4. 近年の主要な言語学研究
(1) ノーム・チョムスキー（Avram Noam Chomsky）の理論
　① 適切な言語形式を構成する言語能力（linguistic competence）と、実際の言語行動である言語運用（linguistic performance）との別を指摘する。
　② 文法を、適切な文を新たに産出する有限個の規則の集合としてとらえ抽象的な深層構造を構成する句構造規則と、それを具体的な表層構造に導く変形規則とによって、文が生成されるという生成文法（変形文法）を提唱する。
(2) 認知言語学
　① 人間は事態をどのように認識するか、それがどのように具体的に言語として表現されるかを研究するのが認知言語学である。
　② 人間の心理や身体的感覚に即して自然言語のさまざまなあり方を探求するもので、特に意味論が主たる領域となっている。

1.2 言語研究の諸分野

第1章 総論

1. ラングとパロール

ソシュールはラングを記述・研究する対象として扱う。

(1) ラング（langue、「言語」とも訳す）は、ある言語社会の成員に共通の財産となっている、慣習としての抽象的一般的な言語をいう。

(2) パロール（parole、「言」とも訳す）は、ある個人によって、その社会に共通な慣習としての言語が実際にある時、ある場所で使用された、具体的個別的なものをいう。

2. 共時態と通時態

(1) ソシュールは、言語のある特定時点における状態を共時態（synchrony）、言語のようすを時間軸に沿ってとらえた諸相を通時態（diachrony）と名づけて、両者を峻別した。

(2) それまで歴史的研究に偏りがちであった言語研究に、言語の構造性や体系性という視点をもたらし、通時態にまして共時態の研究が重要であると主張した。ただし、この両者はいずれも言語の一側面であって、いわば車の両輪のようなものである。

3. 言語の諸単位

言語は音によって語られ、その音（音韻）と意味とが結びついた語（単語）を用い、文法という規則に基づいて表現される。話し言葉に対して、書き言葉では、その音や語を文字によって書き表す。

音（音韻）── 語（語彙）── 文（文法）
（音素　音節　単語（形態素））
文字

(1) 言語は、音・文字・語・文法という側面に大きく分けられる。

(2) 音は物理的な音声（phone）と、ある言語で意味の区別に機能する抽象的な音韻（phoneme）に分けられる。

(3) 音声の最小単位を単音、音韻の最小単位を音素と呼び、それぞれにおいて

最小の一まとまりの音と意識される単位を音節という。

(4) 語（word）は単語とも呼ばれ、音（音韻）と意味とが結びついたもので、その最小の単位を形態素（morpheme）という。語は文を構成する最小単位であり、範列的関係で語彙的意味を、連辞的関係で文法的意味（職能）を有する。これを、特定の言語または方面で用いられる総体として扱う場合、そのまとまりを語彙（vocabulary）という。

(5) 文法は、文における規則的な事実の体系的なまとまりをいう。

(6) 音（音韻）や語を視覚的に伝達する符号を文字といい、音素文字にはアルファベット（ローマ字）など、音節文字には平仮名・片仮名など、表語文字には漢字などがある。

(7) 文を最小単位として、その統一のある集合体を文章、また、話されたり書かれたりした、1つのまとまりで展開する文の集合を談話（テキスト）と呼ぶ。

(8) 文体は文章における特徴をいう。「ですます体」などという場合の類型的文体と、「漱石の文体」などという場合の個性的文体とが区別される。

4. 研究分野の諸相

(1) 音韻を研究する分野を音韻論、音声を研究する分野を音声学という。

(2) 語彙を扱う分野を語彙論、意味に関する研究分野を意味論という。語誌（語史）は語の歴史的な変化を記述するもので、語彙を対象とした場合は語彙史という。

(3) 文法を研究対象とする分野を文法論（または文法学）、文章、談話、文体を対象とするものをそれぞれ文章論、談話論、文体論と称している。

(4) 文字を研究する分野は文字論（または文字学）と呼ばれる。

(5) 地域・性別・年齢・職業など属する社会集団の違いや、場面の相違に応じて言葉に違いのある現象を位相ととらえ、その違いが現れた語を位相語という。また、人間社会のさまざまな事象を言語と関係づけて研究する分野が社会言語学である。

(6) 言語の歴史的な研究分野には、特定の時代・時期を対象とするもの、時間の流れに沿って言語事象を記述しようとするものなどがある。

(7) 2つ以上の言語を、系統とは無関係に比べてその異同を明らかにしようとするのが対照言語学である。

1.2　言語研究の諸分野　　5

| 1.3　日本語とその変遷 | 第1章　総論 |

1.　日本語と国語

(1) 日本語（Japanese）は日本国の公用語のことである。

(2) 国語（national lunguage）は国家の言語、国民の言語という意味であり、日本国では日本語をさす。

(3) 「国語」が日本語であるのは、日本語を母国語（自国語）として育った日本人の場合に限られていて、「国語」は国家ごとに異なるといってよい。

(4) 客観的に相対的に世界の中の一言語として見た場合には、「日本語」という言い方が用いられる。

2.　共通語と標準語

(1) 共通語とは、ある地域の方言がその使用範囲を全国にまで拡大し、互いの意思や感情を伝え合うことのできる言語をいい、日本語では東京、特に山の手の言葉をさす。

(2) 共通語と同じような意味で、標準語という語が用いられることもあるが、これは、共通語の運用上における不具合な点を、国家的な機関によって是正するなどの、人為的に整備されたものを指す。

(3) たとえば、computer は「コンピューター」とも「コンピュータ」とも書かれるが、どちらか一つを正しいとするなど、その規範を国家的に定める言語体系が標準語である。しかし、現代では自然に存在している言語を共通に用いているという実態からみて、「共通語」と呼ぶのがふさわしい。

3.　言 語 変 化

(1) 言語変化とその要因…話し手およびそれを含む社会において、新しい言い方が好まれたり便利であったりすることから、言語は常に変化する。

　① パロールの変異は古い言い方と新しい言い方の「ゆれ」を生じ、話し手およびその言語社会にその選択を迫る。

　② ラングという体系の保守によって変化を免れることもあれば、変異を容認（許容）することによって体系を作り替えることもある。

　③ 体系調整には論理性・明晰性・経済性・類推などの諸要求が関与し、新

たな均衡を求めて体系の再構築へ向かう。

④ 他の言語との接触によって、ピジン[1]、クレオール[2] などの変種を生み出す一方、語彙の借用、用法の変化など既存の言語体系に少なからぬ影響を与える。

⑤ 新旧の言い方に住み分けができ、均衡がとれれば共存する。

(2) 日本語の変遷…現代日本語は日本語の歴史の流れの中に存在する。

① 音韻…五十音図で言えば、ヤ行のエ、キ、エ、ヲを失った一方、撥音・促音、そして拗音・長音などを生じさせた。

② 語彙…固有語（和語）のほかに、中国語から借用した漢語（字音語）を次第に多用するようになり、16 世紀中葉以降は外来語も用いる。

③ 文法…主格、目的格を表す「が」「を」、また接続詞の発達に見られるように論理性を増し、「ただろう（←けむ）」「ているだろう（←らむ）」など分析的表現に向かうというように、明晰化を一つの傾向としている。

④ 文字…漢字を借用し、訓の用法を獲得する一方、平仮名・片仮名を生み出した。

(3) 日本語の系統

① 複数の言語が共通の祖語に遡ることを証明する比較言語学（comparative linguistics）の手法による日本語の系統は、いまだ不明である。これまで、北方系のアルタイ諸語、南方系のオーストロネシア語族、ドラヴィダ語族などと同系統であるという説が提唱されてきた[3]。

② 北方起源説は、語頭に r、l 音がない、母音調和がある、人称・性・数・格の変化がない、後置詞を用いる、修飾語が被修飾語の前に来ることなどを指摘する。

③ 南方起源説は開音節であること、頭子音が 2 つ以上重ならないこと、人称・性・数・格の変化がないことなどを指摘する。

---

1) ピジン（pidgin）とは、現地人と外国人との間など異言語間のコミュニケーションにおいて自然に生じた混成語のこと。"Long time, no see."（久しぶりです）の類で、英語と現地語とが融合したものを「ピジン英語」と呼ぶ。

2) クレオール（creole）とは、ピジンが母語として話されるようになった言語をいう。旧植民地など、現地に有力な言語がない地域に多く見られる。

3) 複数の言語が共通の祖語に遡ると証明された場合、一括して「語族」という。

第2章 音声・音韻

2.1 音声と音韻

2.1.1 音声

1. 音声

　人が話をするときに発する音（言語音）を「音声」という。音声は、意思の伝達に用いられる音で、肺から出た空気（呼気）が、のど・口・鼻などを通って、外へ吐き出される過程で作られる[1]。この過程で用いられる器官を「音声器官」という。同じ器官によって出された音であっても、くしゃみ・せき・しゃっくり・口笛などは音声に含まれない。

2. 発声

　肺からの空気がのどを通るとき、声を出したり出さなかったり、声の高さを変えたりすることができる。これは声帯の働きによる。このような肺〜のど（喉頭）における音（声）の生成を「発声」という。声帯は、のどの中央部（のど仏のところ）にある左右一対の粘膜のひだで、開いたり閉じたりする。

(1) 有声音…声帯を振動させて出す音。ふだん呼吸をしているときには、声帯の間（声門）は空気を通すために開いているが、ここを狭めて空気の流れで圧力をかけると、声帯を振動させることができる（「声」が出る）。

(2) 無声音…声帯を振動させないで出す音。

3. 子音と母音

　空気の流れが妨げられて出る音を「子音（consonant）」といい、空気の流れ

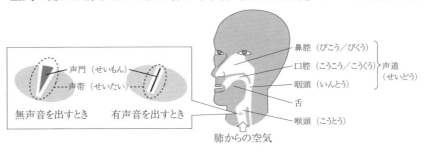

図 2.1　音声器官 (1)

---

1) 肺からの呼気によらない音声もあるが、日本語の音としては一般的でないので、ここでは触れない。

がとくに妨げられずに出る音を「母音（vowel）」という。

4. 調　　音

　音声器官の位置を変え、空気の流れに影響を与えることによって、さまざまな音を作り出すことを「調音」（または構音）という。子音の調音では、どこで空気を妨げるか（調音点、または調音部位）と、どのように空気を妨げるか（調音法）が重要で、これによって音の種類が決まる（それぞれの音には、調音点と調音法から名前がつけられている）[2]。

(1) 調音点…調音点の呼び方としては、主に上あごの部分の名称が使われる。たとえば、後舌が持ち上がり軟口蓋に接触して（または、近づいて）出る音（[k][g] など）は「軟口蓋音」と呼ばれる。

(2) 調音法…主なものを挙げる。
　① 舌や唇で口腔内に閉鎖を作る（破裂音、または閉鎖音）。
　② 舌や唇で口腔内に閉鎖を作り、鼻腔に空気を通す（鼻音）。
　③ 舌端などを震わせる（ふるえ音）。
　④ 舌端などで上あごを弾く（はじき音）。
　⑤ 狭いすき間を作り、そこに空気を通す（摩擦音）。
　⑥ 舌を上あごにつけ、その脇に空気を通して摩擦音を出す（側面摩擦音）。
　⑦ やや広いすき間を作り、そこに空気を通す（接近音）。
　⑧ 舌を上あごにつけ、その脇に空気を通して接近音を出す（側面接近音）。
　⑨ 破裂音の閉鎖を開放すると同時に摩擦音を出す（破擦音）。

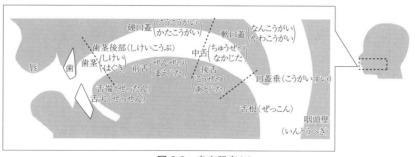

図 2.2　音声器官(2)

---

2) 調音点と調音法で分類される音は「子音」である。「母音」は、舌や唇のとる状態から名前がつけられている。

2.1.2 単音と音素

第2章 音声・音韻

2.1 音声と音韻

1. 単　音

人の口から出た音声（発話）は、いろいろなレベルに応じて、いくつかのまとまり（単位）に分けることができる。音声の単位の中で最小のもの（子音や母音）を「単音（phone）」と呼ぶ。

表2.1　音声における単位の例

サカナガツレタ	イントネーションによるまとまり（文・句）	表意レベルの単位
サカナ（ガ）｜ツレタ	アクセントによるまとまり（語・文節）	
サ｜カ｜ナ	実質的な音のまとまり（音節）	表音レベルの単位
s｜a｜k｜a｜n｜a	音声学的な音の最小単位（単音）	

｜：単位の句切れを示す。⌒：音の高さの変化を示す。

2. 国際音声記号（IPA）

音声について研究する分野を「音声学」という[1]。音声学では、さまざまな言語の音を扱うため、すべての言語音の表記を目指す記号体系として「国際音声記号」（または国際音標文字、IPA：International Phonetic Alphabet）が考案され、これが広く用いられている。この記号体系では、調音の観点から、「ここでこうして作り出す音をこの記号で表す」と機械的に定めている。具体的な言語音の記述は、その音に最も近い音を表す記号を用いて行う[2]。

3. 音　素

言語の違いに関係なく認められる音の最小単位が「単音」であるのに対し、個別の言語において音の最小単位と認められるものを「音素（phoneme）」と呼ぶ。音素は、その言語において意味の区別に関係しない類似の音を1つにまとめて設定される。音声学的に細かく見ると、1つの音素には複数の音（「異

---

1)音声学は、調音を扱う分野（調音音声学）、音響を扱う分野（音響音声学）、知覚を扱う分野（聴覚音声学）に分けられる。ここでは、主に調音の観点から、音声を見ていく。
2)IPAを用いてどこまで細かく音声を示すかは、場合によって異なる（より細かな表記を「精密表記」、そうでないものを「簡略表記」と呼ぶ）。IPAが外国語辞書などで「発音記号」として使われる場合は、かなり便宜的な「簡略表記」と考えてよい。

音」と呼ぶ）が含まれることがある[3)]。

例：ラ行子音　日本語のラ行の子音には、はじき音［ɾ］のほかに、側面接近音のl（エル）［l］に近い音が現れることがあり、また、まれに巻き舌（ふるえ音）のr（アール）［r］が聞かれることなどもある。いずれで単語を発音しても意味の違いをもたらさないため、これらは1つの音素（/r/）の異音と認められる[4)]。

例：カ行子音　日本語のカ行の子音は、後ろに続く母音が何かによって、調音点が多少変わる。また、語頭などで息を伴って発音されることが多い（「有気音」という）。これらは子音の現れる環境の違いによるもので、すべて1つの音素（/k/）の異音と認められる。

音素のように特定の言語において単位となる音（または、その体系）を「音韻」と呼び、音韻を研究する分野を「音韻論」（または音素論）と呼ぶ[5)]。

表 2.2　子音に使用される主な音声記号（肺気流）[6)]

調音点／調音法	両唇音	唇歯音	歯音	歯茎音	後部歯茎音	そり舌音	硬口蓋音	軟口蓋音	口蓋垂音	咽頭音	声門音
破裂音	p　b			t　d		ʈ　ɖ	c　ɟ	k　ɡ	q　ɢ		ʔ
鼻音	m	ɱ		n		ɳ	ɲ	ŋ	ɴ		
ふるえ音	ʙ			r					ʀ		
はじき音		ⱱ		ɾ		ɽ					
摩擦音	ɸ　β	f　v	θ　ð	s　z	ʃ　ʒ	ʂ　ʐ	ç　ʝ	x　ɣ	χ　ʁ	ħ　ʕ	h　ɦ
側面摩擦音				ɬ　ɮ							
接近音		ʋ		ɹ		ɻ	j	ɰ			
側面接近音				l		ɭ	ʎ	ʟ			
その他の記号（一部）	歯茎・硬口蓋摩擦音 ɕ ʑ　有声両唇・軟口蓋接近音 w 破擦音　ts, tʃ, tɕ, dz, dʒ, dʑなど										

同じ枠内に2つの記号がある場合は、右が有声音、左が無声音。

3) 音素は、意味の区別にかかわる音の種類といえる。似ている音であっても、その違いによって意味が変わる（別の語になる）なら別の音素になり、多少音が違っていても、意味の区別にかかわらなければ同じ音素となる。

4) 一般に、音韻（音素）は // に入れて示し、音声（単音）は［ ］に入れて示す。個別の言語における音素の数はだいたい二十～三十数個であるため、音素記号にはローマ字がそのまま（ときに補助符号を付けて）使われることが多い。

5) 日本の伝統的な音韻研究では、五十音図の各行に共通の音（子音）を「音」、各段に共通の音（母音）を「韻」として、五十音を「音韻」と呼ぶことが多かった。

6) IPA 2015 年改訂版による。

2.1.3 子音の分類

第2章 音声・音韻
2.1 音声と音韻

1. 子音の分類

前項では、音素を「類似の音（異音）の集合」としたが、ここでは「それぞれの音素には他の音素と区別される（対立する）特徴がある」という観点から、調音上の特徴によって、日本語（現代共通語）の子音音素を分類する。

(1) 鼻音…口腔内に閉鎖を作り、鼻腔に空気を通して調音する。この調音法を特徴とする音素には、マ行子音 /m/ とナ行子音 /n/ がある。

(2) 破裂音…口腔内に閉鎖を作り、閉鎖を開放して調音する。これを典型的な調音法とする音素には、パ行子音 /p/、バ行子音 /b/、「タ・テ・ト」の子音 /t/、「ダ・デ・ド」の子音 /d/、カ行子音 /k/、ガ行子音 /g/ がある。

(3) 摩擦音…狭いすき間に空気を通し、周囲と摩擦させて調音する。この調音法を特徴とする音素には、サ行子音 /s/ とハ行子音 /h/ がある。

(4) 破擦音…破裂音の閉鎖の開放と同時に摩擦音を出して調音する。この調音法を特徴とする音素には、「チ・ツ」の子音 /c/ がある。また、摩擦音にも破擦音にもなる（両者に対立のない）音素にザ行子音 /z/ がある（文頭や丁寧な発音では破擦音になりやすい）。

(5) 流音…[r]や[l]のような音をいう（調音法にはいろいろある）。これには、ラ行子音 /r/ がある。

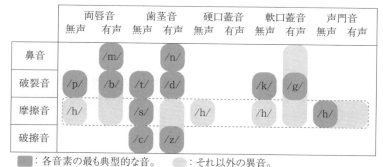

図2.3　日本語の子音音素(1)

(6) 半母音…やや広めのすき間に空気を通して出す音をいう。これには、ヤ行子音 /j/（/y/ を使うこともある）とワ行子音 /w/ がある[1]。「接近音」ともいう。

図 2.4　日本語の子音音素(2)

表 2.3　日本語の子音音素とその主な異音

音素	主な異音
/k/	[k]（「カ・ク・ケ・コ」の子音）、[kʲ]（「キ」の子音、[c]と書かれることもある）
/g/	[g]（「ガ・グ・ゲ・ゴ」の子音）、[gʲ]（「ギ」の子音、[ɟ]と書かれることもある）、[ŋ]（語中で鼻音の「ガ・グ・ゲ・ゴ」の子音）、[ŋʲ]（語中で鼻音の「ギ」の子音）、[ɣ]（語中で摩擦音の「ガ・グ・ゲ・ゴ」の子音）、[ɣʲ]（語中で摩擦音の「ギ」の子音）
/s/	[s]（「サ・ス・セ・ソ」の子音）、[ɕ]（「シ」の子音、[ʃ]と書かれることもある）
/z/	[dz]（「ザ・ズ・ゼ・ゾ」の子音）、[dʑ]（「ジ」の子音、[dʒ]と書かれることもある）、[z]（主に母音間で摩擦音の「ザ・ズ・ゼ・ゾ」の子音）、[ʑ]（主に母音間で摩擦音の「ジ」の子音、[ʒ]と書かれることもある）
/t/	[t]（「タ・テ・ト」の子音）
/d/	[d]（「ダ・デ・ド」の子音）
/c/	[tɕ]（「チ」の子音、[tʃ]と書かれることもある）、[ts]（「ツ」の子音）
/n/	[n]（「ナ・ヌ・ネ・ノ」の子音）、[nʲ]（「ニ」の子音、[ɲ]と書かれることもある）
/h/	[h]（「ハ・ヘ・ホ」の子音）、[ç]（「ヒ」の子音）、[ɸ]（「フ」の子音）、[ɦ]（母音間で有声音の「ハ・ヘ・ホ」の子音）（ほかに軟口蓋音[x][xʲ]も聞かれる）
/b/	[b]（「バ・ブ・ベ・ボ」の子音）、[bʲ]（「ビ」の子音）、[β]（語中で摩擦音の「バ・ブ・ベ・ボ」の子音）、[βʲ]（語中で摩擦音の「ビ」の子音）
/p/	[p]（「パ・プ・ペ・ポ」の子音）、[pʲ]（「ピ」の子音）
/m/	[m]（「マ・ム・メ・モ」の子音）、[mʲ]（「ミ」の子音）
/j/	[j]（「ヤ・ユ・ヨ」の子音）（拗音の表記にも使う）
/r/	[ɾ]（「ラ・ル・レ・ロ」の子音）、[ɾʲ]（「リ」の子音）、（語頭や「ン」の直後では[l][lʲ]に近い音になる）
/w/	[w]（「ワ」の子音、[ɰ]と書かれることもある）

[kʲ]などの[ʲ]は、硬口蓋化（前舌が硬口蓋に向かって持ち上がること）を表す。

---

1) ワ行子音 /w/[w]は、両唇と軟口蓋の2か所を調音点とする（「二重調音」という）。

2.1　音声と音韻　　13

2.1.4 母音の分類

第2章 音声・音韻
2.1 音声と音韻

1. 母音の分類

母音は、声道内でとくに空気の流れを妨げられずに作り出される音（ふつうは有声音）である。母音は、子音とは異なり、舌の位置・口の開き方・唇の形によって、分類される。

(1) 舌の位置…舌のいちばん盛り上がっている位置がどこか（舌が前に出ているか、後ろに引っ込んでいるか）によって、「前舌・中舌・後舌」に分類される。

(2) 口の開き方…口の開きの広さはどうかによって、「狭・半狭・半広・広」に分類される（口の開きが狭いと、舌が上に上がる）。

(3) 唇の形…唇が丸められているかいないかによって、「円唇・非円唇」に分類される。

これらの基準によってイギリスの音声学者ダニエル・ジョーンズ（D. Jones）が定めた「基本母音」18 個を、IPA の母音図に従って図 2.5 に挙げる[1]。[i] が最も狭くて最も前寄りの母音、[ɑ] が最も広くて最も後ろ寄りの母音である。

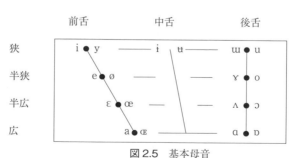

図 2.5　基本母音
並んでいる 2 つの母音は、右が円唇、左が非円唇。

---

[1] この図は概念図であって、実際の舌の位置関係をそのまま示すものではない。なお、IPA の母音図では、中央部も母音記号で埋められている（図 2.6 参照）。

2. 日本語の母音音素

　日本語（現代共通語）の母音音素は5つある。これは区別される（対立する）母音の数で、音声的にはもっと多くの異音が聞かれる。

(1)「ア」段の母音 /a/ …非円唇・前舌と後舌の間・広母音。IPA（簡略表記）では、ふつう [a] と書かれる。母音の現れる環境によって、前寄り（「アイ」の「ア」など）になったり、後ろ寄り（「アオ」の「ア」など）になったりする。

(2)「イ」段の母音 /i/ …非円唇・前舌・狭母音。IPA（簡略表記）では、ふつう [i] と書かれる。無声子音に挟まれた場合などには、息だけで発音する（無声化した）母音 [i̥] も現れる（[̥] は無声化を表す）。

(3)「ウ」段の母音 /u/ …やや円唇・後舌（やや中舌寄り）・狭母音。IPA（簡略表記）では、唇の丸めの少なさを強調して、非円唇母音の [ɯ] で書かれることが多い（円唇母音の [u] を使うこともある）。また、「ス・ツ・ズ」の母音は中舌母音になり、[ɯ̈] と書かれることが多い（[̈] は中舌化を表す）。無声子音に挟まれた場合などには、無声化した母音 [ɯ̥] や [ɯ̥̈] も現れる。

(4)「エ」段の母音 /e/ …非円唇・前舌・半狭母音〜半広母音。IPA（簡略表記）では、ふつう [e] と書かれる。

(5)「オ」段の母音 /o/ …円唇・後舌・半狭母音〜半広母音。IPA（簡略表記）では、ふつう [o] と書かれる。

　以上の5母音をIPAの母音図の枠にあてはめると、図2.6のようになる。

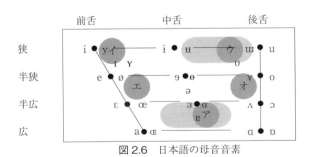

図2.6　日本語の母音音素

	第2章　音声・音韻
## 2.2.1　音節とモーラ	2.2　音節と音節構造

1.　音節とモーラ

　音節（syllable）は、音声の実際的なまとまりとなる単位である。たとえば、「テガミ（手紙）」や「ハガキ（葉書）」を区切って発音する場合、「テ・ガ・ミ」「ハ・ガ・キ」となるが、この仮名1字に相当するものが音節に当たる。

　「キッテ（切手）」や「ユービン（郵便）」の場合は、日本語を母語とする者であれば、ふつう「キ・ッ・テ」「ユ・ー・ビ・ン」のように区切るであろうが、「キッ・テ」「ユー・ビン」のような区切り方も可能である（日本語非母語話者、幼児、一部地域の方言話者などにこう区切る者が多いと思われる）。こういったことから、日本語の音のまとまりとして、「ン」「ッ」「ー」などを独立した単位とする場合としない場合の2つのレベルのものを考えることができる。前者は「モーラ（mora）」と呼ばれ、後者が「音節」と呼ばれることが多い。

(1) 音節…音声の実際的なまとまりとなる単位。母音を中心にしたまとまりで、「ン」などを独立したものとはしないレベルの単位。「キ」「テ」「キッ」「ユー」「ビン」などは、すべて1音節となる（モーラでいうと、「キ」「テ」は1モーラ、「キッ」「ユー」「ビン」は2モーラになる）[1]。

(2) モーラ…音声の時間的な長さに基づく単位。「ン」などを独立したものとするレベルの単位。「拍」ともいう。ほぼ仮名1字が1モーラとなる（ただし、「キャ」などは、「大字+小字」で1モーラ）。各モーラはほぼ等しい時間で発音される（この性質を「等時性」という）。俳句や短歌は、この単位によって、「五七五」「五七五七七」と音数を数える。

表2.4　音節とモーラ

	キッテ（切手）			ユービン（郵便）			
音節	キッ		テ	ユー		ビン	
モーラ	キ	ッ	テ	ユ	ー	ビ	ン
	2音節3モーラ			2音節4モーラ			

[1] かつての日本語の研究においては、モーラを「音節」とする（呼ぶ）ことが多かった。なお、日本語の方言の中には、モーラを単位とせずに音節だけを単位とする方言もある（古代日本語もそうだったとする説もある）。このような方言（言語）は「シラビーム方言（言語）」と呼ばれる（「シラビーム」とは「音韻論的音節」のこと）。

16　第2章　音声・音韻

2. モーラの分類

日本語のモーラを、日本語学の用語を用いて、分類する。

(1) 直音…「ア・カ・サ・タ・ナ」など、仮名1字で表記されるモーラ。「子音音素1つ+母音音素1つ」または「母音音素1つ」で構成される。

(2) 拗音…「キャ・キュ・キョ」など、仮名で「大字+小字」で表記されるモーラ。「子音音素1つ+半母音音素1つ+母音音素1つ」で構成される（/j/と /w/ が半母音音素となる）。

(3) 特殊音素…以下のものを「特殊音素」（または特殊拍）という。いずれも直前のモーラと合わせて2モーラで1音節となる。

 ① 撥音（はねる音）…仮名で「ン」と表記されるモーラ。音素記号は /N/。

 ② 促音（つまる音）…仮名で「ッ」と表記されるモーラ。音素記号は /Q/。

 ③ 長音（引く音、引き音）[2]…長音符号で「ー」と表記されるモーラ。音素記号は /R/。

以上で日本語のモーラはすべてカバーされる。

(4) その他の用語

 ① 清音・濁音…「ガ・ザ・ダ・バ」など、濁点「゛」を付けた仮名で表記されるモーラを「濁音」といい、濁点を付けない仮名で表記されるモーラを「清音」という（カ・サ・タ・ハ行の音についていうことが多い）。清音・濁音は、もともとは無声音・有声音を表す用語であったが、今日では必ずしも音声的事実によらず、ふつう仮名の書き方によって呼ばれる[3]。

 ② 連母音…「タイ」「コイ」「カエル」「タオル」などに含まれる母音音素の連続（/ai/、/oi/、/ae/、/ao/など）を「連母音」と呼ぶ[4]。連母音は、特殊音素と同じように2モーラで1音節となることが多い。

---

2)「ー」を含む音節全体（たとえば、「ユー」）を「長音」と呼ぶこともある。

3) たとえば、ハ行音・バ行音・パ行音は、今日の子音の発音からすると、バ行とパ行が有声音と無声音のペアになるが、仮名に付ける符号によって、ハ行音が「清音」（符号を付けない）、バ行音が「濁音」（濁点を付ける）、パ行音が「半濁音」（半濁点「゜」を付ける）と呼ばれる。この三者には、「1本（ぽ

ん）・2本（ほん）・3本（ぼん）」のような対応（交替）が見られる。

4) 連母音は、音声学の用語である「二重母音」とは異なる。二重母音は、母音が切れ目なく移っていくものをいう。日本語の/ai/は、ふつうの発音では、二重母音になるが、ゆっくり丁寧に発音すると、/a/ と /i/ がはっきり切れるので、「連母音」と呼ぶ。

		第2章　音声・音韻

2.2.2　現代日本語のモーラと音声

第2章　音声・音韻
2.2　音節と音節構造

1.　現代日本語のモーラ

現代日本語（共通語）のモーラを、五十音図の枠組みで一覧にして示す。

表2.5　現代日本語のモーラ

アイウエオ /a i u e o/ [a i ɯ e o]			
カ キ ク ケ コ /ka ki ku ke ko/ [ka kʲi kɯ ke ko]	ガ ギ グ ゲ ゴ /ga gi gu ge go/ [ga gʲi gɯ ge go]	キャ キュ キョ /kja kju kjo/ [kʲa kʲɯ kʲo]	ギャ ギュ ギョ /gja gju gjo/ [gʲa gʲɯ gʲo]
サ シ ス セ ソ /sa si su se so/ [sa ɕi sɯ se so]	ザ ジ ズ ゼ ゾ /za zi zu ze zo/ [dza dzi dzɯ dze dzo]	シャ シュ ショ /sja sju sjo/ [ɕa ɕɯ ɕo]	ジャ ジュ ジョ /zja zju zjo/ [dza dzɯ dzo]
タ チ ツ テ ト /ta ci cu te to/ [ta tɕi tsɯ te to]	ダ デ ド /da de do/ [da de do]	チャ チュ チョ /cja cju cjo/ [tɕa tɕɯ tɕo]	
ナ ニ ヌ ネ ノ /na ni nu ne no/ [na nʲi nɯ ne no]		ニャ ニュ ニョ /nja nju njo/ [nʲa nʲɯ nʲo]	
ハ ヒ フ ヘ ホ /ha hi hu he ho/ [ha çi ɸɯ he ho]	バ ビ ブ ベ ボ /ba bi bu be bo/ [ba bʲi bɯ be bo]	ヒャ ヒュ ヒョ /hja hju hjo/ [ça çɯ ço]	ビャ ビュ ビョ /bja bju bjo/ [bʲa bʲɯ bʲo]
	パ ピ プ ペ ポ /pa pi pu pe po/ [pa pʲi pɯ pe po]		ピャ ピュ ピョ /pja pju pjo/ [pʲa pʲɯ pʲo]
マ ミ ム メ モ /ma mi mu me mo/ [ma mʲi mɯ me mo]		ミャ ミュ ミョ /mja mju mjo/ [mʲa mʲɯ mʲo]	
ヤ ユ ヨ /ja ju jo/ [ja jɯ jo]			
ラ リ ル レ ロ /ra ri ru re ro/ [ɾa ɾʲi ɾɯ ɾe ɾo]		リャ リュ リョ /rja rju rjo/ [ɾʲa ɾʲɯ ɾʲo]	
ワ /wa/ [wa]			

特殊音素	ン /N/　　ッ /Q/　　ー /R/　　（音声は省略）
外来語音 （主なもののみ）	シェ /sje/　[ɕe]　　ジェ /zje/　[dze]　　チェ /cje/　[tɕe] ティ /ti/　[tʲi]　　ディ /di/　[dʲi]　　ファ /hwa/　[ɸa] フィ /hwi/　[ɸʲi]　　フェ /hwe/　[ɸe]　　フォ /hwo/　[ɸo]

// 内は音素表記、[] 内は代表的な音声の IPA 表記。

18　　第2章　音声・音韻

2. 口蓋化

五十音図の各行において子音の発音はほぼ同じであるが、イ段音（「キ・シ・チ・ニ・ヒなど」）については、調音点（調音部位）が他の子音とやや異なる（表2.5では、各行のイ段音に他と違う音声記号が使われている）。これは、後に続く前舌母音 [i] に影響されて、前舌が硬口蓋に向かって盛り上がるためである。この現象を「口蓋化」（詳しくは硬口蓋化）という。口蓋化は拗音にも見られる。拗音の仮名表記に用いられる「ャ・ュ・ョ」は、拗音にヤ行子音（硬口蓋音 [j]）のような口蓋化が起こっていることを示すものとなっている。拗音を音素表記するときは、口蓋化を半母音 /j/ の挿入ととらえて、/kja//kju//kjo/（「キャ」「キュ」「キョ」）などと表す。

3. 母音の無声化

母音はふつう有声音であるが、[i] や [ɯ] が無声子音（[k] [kʲ] [s] [ɕ] [t] [tɕ] [ts] [ç] [ɸ] [p] [pʲ] など）に挟まれた場合などに、声を出さずに息だけで発音されることがある。これを「母音の無声化」という。

例：キシ（岸）/kisi/ [kʲi̥ɕi]（[̥] は無声化を表す）。

ピカピカ /pikapika/ [pʲi̥kapʲi̥ka]

スキ（好き）/suki/ [sɯ̥kʲi]

フク（服）/huku/ [ɸɯ̥kɯ]

シュクシャ（宿舎）/sjukusja/ [ɕɯ̥kɯɕa]

ほかに、助動詞の「デス」「マス」の「ス」なども無声化することが多い。

母音の無声化には地域差があり、ほとんど起こらない地域もある。

4. ガ行鼻音

「カガミ（鏡）」や「カギ（鍵）」などに含まれる語頭以外のガ行子音 /g/ は、破裂音 [g] [gʲ] ではなく、鼻音 [ŋ] [ŋʲ]（「カ゚ガミ」「カ゚ギ」のように鼻にかかる発音）で発音されることがある。この鼻音化したガ行音を「ガ行鼻音」（ガ行鼻濁音、鼻濁音）と呼ぶ（発音辞典などでは「カ゚キ゚ク゚ケ゚コ゚」と表記されることがある）。これは放送などでは標準的な発音とされるが、この音を用いない人（地域）も多い。

2.2.3 特殊音素

第2章 音声・音韻
2.2 音節と音節構造

1. 特殊音素

撥音「ン」/N/、促音「ッ」/Q/、長音「ー」/R/ は、単独でモーラになるが、単独では音節を作らない「特殊音素」である。特殊音素は、必ず音節末に位置し、音節の頭に来ることはない。

現代日本語の音節構造を図示すると、次のようになる[1]。

図 2.7　日本語の音節構造

2. 撥音「ン」/N/

撥音は、鼻音のモーラである。音素としては1つであるが、直後に来る音に合わせて、それと同じ位置で調音される(「逆行同化」という)ため、多くの異音を持つ。

撥音の異音の主なものを挙げる[3]。

(1) [m] [p] [b]（両唇音）の直前で…両唇音 [m]。
　例：サンポ（散歩）/saNpo/ [sampo]
(2) [n] [t] [d] [ts] [dz]（歯茎音）の直前で…歯茎音 [n]。
　例：モンダイ（問題）/moNdai/ [mondai]

---

1) すべての音節がこのような構造をとるわけではない。音節は必ず母音を持つが、子音や半母音、特殊音素などは必須の要素ではない。つまり、音節は母音を中心にしたまとまりといえる。なお、母音で終わる音節を「開音節」、子音で終わる音節を「閉音節」という。現代日本語（共通語）の音節は、/N/、/Q/ で終わるものを除いて、すべて開音節である。

2) 世界の諸言語における典型的な音節構造は、「頭音（onset）+母音（nucleus）+尾音（coda）」というものである（日本語の音節構造に当てはめると、頭音は子音（+半母音）に、尾音は特殊音素類に当たる）。「母音+尾音」を「韻（rhyme）」という（「韻を踏む」の「韻」に当たる）。

3) いずれも丁寧に発音した場合は、口蓋垂音 [ɴ] になりやすい。

(3) [k] [g] [ŋ]（軟口蓋音）の直前で…軟口蓋音 [ŋ]。

　　例：サンカ（参加）/saNka/ [saŋka]

(4) 語末で…口蓋垂音 [ɴ] など。

　　例：サン（三）/saN/ [saɴ]

(5) 母音や [j] [w] [s] の直前で…鼻音化した母音 [ã] [ĩ] [ũ] [ẽ] [õ] など（[˜] は鼻音化を表す）。

　　例：センイ（繊維）/seNi/ [seĩi]　　カンワ（緩和）/kaNwa/ [kaũwa]

3.　促音「ッ」/Q/

　促音は、直後に来る子音が早めに調音されるモーラである（これも逆行同化である）[4]。外来語を除き、ふつう [p] [t] [k] [s] など無声子音の前に現れる。IPA による表記には、いくつかの方法があり、たとえば「イッコ」（1 個）は、[ikko] [ik˺ko] [ik:o] などと表記される（[˺] は破裂音における無開放（破裂がないこと）を、[:] は長く延ばして発音することを表す）。

　促音の異音の主なものを挙げる。

(1) [p] の直前で… [p]。

　　例：トッパ（突破）/toQpa/ [top˺pa]

(2) [t] の直前で… [t]。

　　例：アサッテ（明後日）/asaQte/ [asat˺te]

(3) [k] の直前で… [k]。

　　例：サッカ（作家）/saQka/ [sak˺ka]

(4) [s] の直前で… [s]。

　　例：ホッサ（発作）/hoQsa/ [hossa]

4.　長音「ー」/R/

　長音は、直前の母音を伸ばして発音するモーラである[5]。発音は、直前の母音によって異なるが、1 つの音素とされる。IPA では、[:] で表す。

　　例：カード /kaRdo/ [ka:do]　　シート /siRto/ [ɕi:to]

　　　　セーコー（成功）/seRkoR/ [se:ko:]

---

4) 長く強く発音される子音というとらえ方もできる。

5) 現代仮名遣いでは、ア列の長音は「あ」（「おかあさん」など）、イ列の長音は「い」（「にいさん」など）、ウ列の長音は「う」（「くうき」など）、エ列の長音は「え」（「ねえさん」など）または「い」（「ていねい」など）、オ列の長音は「う」（「とうきょう」など）または「お」（「おおい」など）で表記される。

2.2　音節と音節構造　　*21*

2.2.4 連濁・連声・表情音

第2章 音声・音韻
2.2 音節と音節構造

1. 連濁

2つの語（要素）が結びついて1語となるときには、さまざまな音変化が起こるが[1]、後部要素の語頭の音が濁音になる現象はとりわけよく見られる（たとえば、「ナマ（生）＋コメ（米）→ナマ<u>ゴ</u>メ（生米）」）。このような複合語に見られる濁音化を「連濁」という。

連濁は、複合語中で清音が、それに対応する濁音に変わる現象であるが、これは仮名における清音・濁音の対応関係によっている（必ずしも音声的な無声・有声の対応関係になっているわけではない）[2]。

例：ハコ（箱）/hako/［hako］→コ<u>バ</u>コ（小箱）/kobako/［kobako］

連濁は、名詞と名詞の複合だけでなく、さまざまな品詞の間の複合において起こる。

例：名詞＋動詞→名詞　　　　　ヨコ<u>ガ</u>キ（横書き）、タビ<u>ダ</u>チ（旅立ち）

　　形容詞＋動詞→名詞　　　　ハヤ<u>ザ</u>キ（早咲き）、ナガ<u>バ</u>ナシ（長話）

　　形容詞＋形容詞→形容詞　　ウス<u>グ</u>ライ（薄暗い）

　　名詞＋形容詞→形容詞　　　モノ<u>ガ</u>ナシイ（もの悲しい）

連濁は、後部要素の語頭が清音であれば必ず起こるというわけではない。連濁がどのような条件下で起こるのか、その法則は必ずしもはっきりしないが、連濁が起こりにくい場合について、ある程度の傾向は知られている。連濁は、漢語では起こりにくく（例外：証券会社、単行本）、外来語ではほとんど起こらない。和語については、次のような傾向が見られる。

(1) 後部要素が濁音を含む場合は連濁しない。

　　例：カケ<u>ソ</u>バ（掛け蕎麦）、ツチ<u>カ</u>ベ（土壁）、ヨコ<u>ハ</u>バ（横幅）

(2) 前部要素と後部要素が対等の関係にある場合は連濁しない。

---

1) 濁音化以外に、促音の挿入（例：一人<u>っ</u>子）、撥音の挿入（例：赤<u>ん</u>坊）、半濁音化（例：すき<u>っ</u>ぱら）、母音交替（例：さ<u>か</u>屋）、アクセント変化などが起こる（4.3.1項注2）。

これらは、複合語としてのまとまりを示すとともに、複合語における前部要素と後部要素の境界を示す点で共通する機能を持つ。
2) ハ行音 /h/ とバ行音 /b/ は、音声的には対

例：アシコシ（足腰）、スキ<u>キ</u>ライ（好き嫌い）、ヨミ<u>カ</u>キ（読み書き）

(3)「動詞＋動詞→動詞」の場合は連濁しにくい。

例：トビ<u>タ</u>ツ（飛び立つ）、ノミ<u>コ</u>ム（飲み込む）、ハシリ<u>サ</u>ル（走り去る）

(4)「名詞（目的語）＋動詞（2モーラ）→名詞」の場合は連濁しにくい。

例：カネ<u>カ</u>シ（金貸し）、サカナ<u>ツ</u>リ（魚釣り）、モノ<u>シ</u>リ（物知り）

2．連　　声

「観音・因縁・反応・陰陽（師）・雪隠」などの語は、後ろの漢字の読みに音変化が起こっている。これは前部要素のもともとの末尾の音（[n]［m］［t]）が後部要素の頭の音（母音や［j］［w]）の前に繰り返されたもので、このような現象を「連声」という。

例：因縁　イン（もともとの末尾音は［n]）＋エン　→イン<u>ネ</u>ン

　　陰陽　オン（もともとの末尾音は［m]）＋ヨー　→オン<u>ミ</u>ョー

　　雪隠　セツ（もともとの末尾音は［t]）＋イン　→セッ<u>チ</u>ン[3]

連声は、中世の日本語に多く見られるが、今日この現象が新たに起こることはほとんどなく、少数の漢語の中にその痕跡が見られるだけである。

3．表　情　音

笑い声、泣き声、叫び声、うめき声、舌打ち、咳払い、ため息などは、言語音ではないが、音声器官を用いて作られ、ある種の感情を表出する。このような音を「表情音」と呼ぶ。どんな音が表情音として使われるか、また、ある音がどんな感情を表すかについては、言語による違いも見られる。たとえば、「チェッ」という舌打ちの音（音声として用いる場合は「吸着音」という）は、日本語や英語では不愉快な気持ちを表すが、中国語では賞賛を表す場合にも使われる（ただし、今日では、さげすむ場合に使われることが一般的になっているという）。また、日本語に独特なものとして、かつてよく見られた、話の継ぎ目に発せられる「スー」という息を吸い込む音（かしこまった態度を表す）などもある。

応しない（調音点・調音法が異なる）が、清音・濁音の関係にある。これは古い日本語においてハ行子音が［p］であったという歴史的事情によるものと考えられる（［p］と［b］は無声音・有声音として対応する）。

3)これらの語は、いずれも元のモーラ数（いずれも4モーラ）を保っている（「イネン・オミョー・セチン」などのようにはなっていない）。

	第2章　音声・音韻
2.3.1　日本語のアクセント	**2.3　アクセント**

1.　アクセント

　ある言語をその言語らしく発音するためには、子音や母音を正確に調音するだけでは不十分である。その言語らしさを決めているのは、むしろ、音節以上のレベルに見られる、音の高さ、強さ、長さ、速さなどに関する社会的習慣である（こういった要素を総称して「プロソディー」という）。

　その中で、個々の語について定まっている音の強弱や高低に関するきまりのことを「アクセント」という。アクセントには、語のどこを高く発音するかが重要になる「高低アクセント」（ピッチアクセント）と、語のどこを強く（そして、高く、長く、明瞭に）発音するかが重要になる「強弱アクセント」（ストレスアクセント）とがある。日本語のアクセントは高低アクセントであり、英語やロシア語などのアクセントは強弱アクセントである[1]。

　アクセントに関しては、以下の表のように2つのとらえ方があり、それと呼応していくつかの表記法が行われている。

表2.6　アクセントのとらえ方と表記法

アクセントの とらえ方	「アクセント」という用語の 使用例	アクセントの 表記法の例
際立って（高く、または強く）発音される箇所を指す。	日本語（共通語）の「チョコレート」は「レ」にアクセントがあるが[2]、英語の chocolate は choc にアクセントがある。	レ ③ チョコレート チョコレート
高低や強弱の配列を指す。	「チョコレート」は「低高高低低」というアクセント持つ。	チョコレート チョコレート ○○●●○

　③は、第3モーラの意味。

---

1)中国語などに見られる音節内における音の高低に関するきまり（「声調」または「トーン」という）は、語中のどこかを際立たせるものではなく、定まった高低パターン（種類）を持つものであるが、広い意味では「ア

クセント」に含まれる。日本語の諸方言における単語の高低パターン（種類）も「声調」（単語声調）と呼ばれることがある。

2)日本語学では、「『レ』に『アクセント核』がある」、または「『レ』と『ー』の間に『ア

2. アクセントの機能

アクセントの重要な機能として、語のまとまりや切れ目を示す機能（分節機能、または統語機能）がある。たとえば、現代日本語（共通語）のアクセントには、①1つの語において高く発音される箇所は1箇所しかない、②語の第1モーラと第2モーラとの間には高低差がある、という特徴があるが、これによって語（文節）のまとまりや切れ目が示される。たとえば、「コ**ロッケパ**ン」（太字は高く発音するモーラ。以下同じ）は「コ**ロッケ**（と）、パン」（2語）であり、「コ**ロッケパン**」は「コ**ロッケパン**」（1語）であることがアクセントによってわかる。

ほかに、アクセントには、「ハ**シ**（箸）」と「ハ**シ**（橋）」の違いに見られるように、同音異義語を区別する機能（弁別機能）もある。

3. アクセントの型

現代日本語（共通語）は、個々の語について、どのモーラ（まで）を高く発音するかが定まっていて、その高低の配置には決まった型が見られる。その型の種類は、品詞や語構成によって多少異なるが、大きく分けて、語中にアクセント核のない（第2モーラ以降ずっと（名詞では、助詞「が」などまで含めて）高く発音する）「平板式」と、語中にアクセント核のある（どこかで高さが下がる）「起伏式」の2つの型がある。

起伏式は、名詞などではさらに、アクセント核の位置によって、頭高型・中高型・尾高型に分かれる。名詞の型の数は、語のモーラ数ごとに決まっていて、「モーラ数 +1」であるが、それぞれの型に属する語彙の数には偏りがある。

表2.7 名詞のアクセントの型（1〜4モーラ）

		1モーラ	2モーラ	3モーラ	4モーラ
平板式・型		ケ（**ガ**）毛	カ**ゼ**（**ガ**）風	サ**カナ**（**ガ**）魚	ウ**ケツケ**（**ガ**）受付
起伏式	尾高型		カ**ギ**（ガ）鍵	オ**トコ**（ガ）男	オ**トート**（ガ）弟
	中高型			サ**カ**イ（ガ）境	オ**シエ**ゴ（ガ）教え子
					ウ**ズマ**キ（ガ）渦巻
	頭高型	**テ**（ガ）手	**カ**サ（ガ）傘	**イ**ノチ（ガ）命	**カ**マキリ（ガ）蟷螂

和語の例を挙げた。網掛け部分は、和語の語彙が少ない型。

クセントの滝』がある」という。現代日本語（共通語）では、アクセント核の位置が決ま

れば、語全体の高低の配列が決まる。

	2.3.2　体言・副詞のアクセント		第2章　音声・音韻
			2.3　アクセント

1.　名詞のアクセント

　現代日本語（共通語）の名詞（体言）のアクセントには、平板型・頭高型・中高型・尾高型がある[1]。個々の名詞がどの型になるかは、語種や語構成によってある程度決まっている。たとえば、和語の単純語（1～3モーラ）や1・2字漢語（1～4モーラ）には、平板型か頭高型になるものが多い。また、外来語は、後ろから数えて3モーラ目にアクセント核が来る「−3型」[2]が多数を占める（1・2モーラの語は、多くが頭高型になる）。

表2.8　名詞のアクセントの型（所属語彙が多い型）

	1モーラ	2モーラ	3モーラ	4モーラ	5モーラ
和語	平板型 (ト、ハ、ヒ) ●型 (キ、テ、ハ)	平板型 (アメ、カゼ、ミズ) ●○型 (アメ、カサ、ハル) ○●型 (アシ、カギ、ヤマ)	平板型 (サカナ、サクラ、ヒガシ) ●○○型 (イノチ、スガタ、ミドリ)	「2.　複合名詞のアクセント」参照	「2.　複合名詞のアクセント」参照
漢語	平板型 (イ・サ・シ) ●型 (エ・シ・ジ)	●○型 (エキ、カグ)	平板型 (カテー、マンガ) ●○○型 (カゾク、テンキ)	平板型 (ウンテン、ガッコー) ●○○○型 (ケーザイ、オンガク)	「2.　複合名詞のアクセント」参照
外来語	●型 (ド、レ、ミ)	●○型 (バス、ペン)	●○○型 (ホテル)	○●○○型 (スポーツ) ●○○○型 (ボーナス)	○●●○○型 (スクリーン)

○は低いモーラ、●は高いモーラを示す。（）内は例。

2.　複合名詞のアクセント

　2つの要素からなる複合名詞のアクセントは、主に後部要素によって決まる[3]。たとえば、後部要素が2モーラのものは、前部要素の最後のモーラまで

---

1) 語末から数えて何モーラ目にアクセント核があるかによる型のとらえ方もあり、各型を「0型（平板型）、−1型（01型）、−2型（02型）、−3型（03型）」などと呼ぶ。アクセントの規則を見る場合には、こちらが有効

である。

2) 後ろから3モーラ目が特殊音素類（「ン」「ッ」「ー」「イ」「エ」など）の場合や最後のモーラが特殊音素類の場合は、アクセント核が1つ前のモーラに移る（例：ボーナス、カロリー）。

が高くなる場合（−3型）が多いが、平板型になる場合もある。

(1) −3型になる後部要素…豆（まめ）、虫（むし）、員、院、炎、会、学、国、人（じん）、税など

　　例：ソラマメ（空豆）、カブトムシ（甲虫）、ブツリガク（物理学）

(2) 平板型になる後部要素…色（いろ）、型（かた）、村（むら）、計、性、製、中、表、病、用など

　　例：サクライロ（桜色）、カミガタ（髪型）、コージチュー（工事中）

　　また、後部要素が3〜4モーラ（主に漢字2字）のものでは、後部要素の1モーラ目までが高くなる場合が多い[4]。

　　例：サイコーキオン（最高気温）、キカイコーギョー（機械工業）

3.　固有名詞のアクセント

　　固有名詞（人名・地名）のアクセントは、たいてい平板型か−3型になる（1・2モーラの語は、ほぼ頭高型になる）。

(1) 人名の例：

　　① 平板型…マサル、ヨシエ、カズヨ、フミオ、ヤマダ、スギヤマ

　　② −3型…サトシ、トシコ、ユータ、ノブヒコ、ヒロタ、ヨシカワ

(2) 地名の例：

　　① 平板型…オーサカ（大阪）、トーキョー（東京）、ヒロシマ（広島）

　　② −3型…イワテ（岩手）、キョート（京都）、シズオカ（静岡）

4.　副詞のアクセント

　　副詞は、ほかの品詞からできた（転成した）ものが多く、語構成もさまざまであり、アクセントについて簡潔にまとめることは難しい。ここでは、例として、ほぼパターンが決まっている擬音語・擬態語（オノマトペ）のアクセントを挙げる。

(1) 「ABAB（と）」型…頭高型　例：キラキラ（ト）、フワフワ（ト）

(2) 「AっBり」「AんBり」型…中高型（−2型）　例：サッパリ、コンガリ

　　なお、動詞や形容詞からできた「ABAB（と）」型の副詞のアクセントは、中高型（−2型）になることが多い（例：イキイキ（ト）、サムザム（ト））。

---

3) ここに挙げたのは、複合名詞が1つの単位として発音されるものである。複合名詞には、2つの単位として発音されるものもある（例：コーシコンドー（公私混同））。

4) 後部要素が中高型の場合は、後部要素のアクセントを生かす場合も見られる（例：エンゲーサクモツ（園芸作物））。なお、後部要素が5モーラ以上の場合は、後部要素のアクセントを生かすのがふつうである（例：コーソクエレベーター（高速エレベーター））。

2.3.3　用言のアクセント

第2章　音声・音韻
2.3　アクセント

1.　動詞のアクセント

　現代日本語（共通語）の動詞のアクセントは、五段活用や一段活用といった活用の種類にかかわらず、2つの型しかない。終止形についていうと、平板型と−2型（後ろから数えて2モーラ目にアクセント核がある型）だけである[1]。その他の活用形のアクセントについても、2つの型しか現れない（ただし、必ずしも終止形と同じアクセント型になるわけではない）。

　以下に、終止形のアクセント型が平板型になるものと、−2型になるものとに分けて、主な活用形（＋助詞・助動詞）のアクセントを挙げる。

　なお、受け身・使役・可能の動詞は、もとの動詞と同じ型（終止形についていえば、平板型は平板型、−2型は−2型）になる（例：ヨブ→ヨバレル、タベル→タベサセル、タノシム→タノシメル）。

表 2.9　動詞の活用形（＋助詞・助動詞）のアクセント

終止形の アクセント	終止形 連体形	連用形 中止	…ない（なかった）	…ながら …たい	…て …た
平板型	ヨブ	ヨビ	ヨバ ナイ （ナカッタ）	ヨビナガラ	ヨンデ
	アラウ	アライ	アラワ ナイ （ナカッタ）	アライナガラ	アラッテ
	ウマレル	ウマレ	ウマレ ナイ （ナカッタ）	ウマレナガラ	ウマレテ
−2型	モツ	モチ	モタ ナイ （ナカッタ）	モチナガラ	モッテ
	タベル	タベ	タベ ナイ （ナカッタ）	タベナガラ	タベテ
	イタメル	イタメ	イタメ ナイ （ナカッタ）	イタメナガラ	イタメテ

終止形の アクセント	…（よ）う	…ます（ません/ました）
平板型	ヨボー	ヨビ マス （マセン/マシタ）
	アラオー	アライ マス （マセン/マシタ）
	ウマレヨー	ウマレ マス （マセン/マシタ）
−2型	モトー	モチ マス （マセン/マシタ）
	タベヨー	タベ マス （マセン/マシタ）
	イタメヨー	イタメ マス （マセン/マシタ）

終止形の アクセント	…ば
平板型	ヨベバ
	アラエバ
	ウマレレバ
−2型	モテバ
	タベレバ
	イタメレバ

---

1)「カエル（帰る）」「カンガエル（考える）」「トール（通る）」などは、後ろから2モーラ目に特殊音素類（「エ」「ー」）があるため、アクセント核が1つ前のモーラに移っている。

28　第2章　音声・音韻

2. 形容詞のアクセント

　形容詞のアクセントも、動詞と同様に、現代日本語（共通語）では、2つの型しかない。終止形についていうと、平板型と−2型だけである[2]。その他の活用形のアクセントについても、2つの型しか現れない（ただし、必ずしも終止形と同じアクセント型になるわけではない）。

　以下に、終止形のアクセントが平板型になるものと、−2型になるものとに分けて、主な活用形（+助詞・助動詞）のアクセントを挙げる。

表2.10　形容詞の活用形（+助詞・助動詞）のアクセント[3]

終止形の アクセント	終止形 連体形	…です	連用形 （ない/なかった）
平板型	クライ	クライデス	クラク（ナイ/ナカッタ）
	ツメタイ	ツメタイデス	ツメタク（ナイ/ナカッタ）
−2型	ヒロイ	ヒロイデス	ヒロク（ナイ/ナカッタ）
	スクナイ	スクナイデス	スクナク（ナイ/ナカッタ） スクナク（ナイ/ナカッタ）

−2型の「ヒロクナイ」「ヒロクナカッタ」などの「ナ」は、中ぐらいの高さになる。

終止形の アクセント	…て	…た	…ば
平板型	クラクテ	クラカッタ	クラケレバ
	ツメタクテ	ツメタカッタ	ツメタケレバ
−2型	ヒロクテ	ヒロカッタ	ヒロケレバ
	スクナクテ	スクナカッタ	スクナケレバ
	スクナクテ	スクナカッタ	スクナケレバ

3. 形容動詞のアクセント

　形容動詞のアクセントは、名詞のアクセントに準じる（語幹が名詞に相当する）。以下に、主な活用形のアクセントの例を挙げる。

表2.11　形容動詞の活用形のアクセント

	語幹	終止形	連体形	…です	…で
平板型	ジョーブ（丈夫）	ジョーブダ	ジョーブナ	ジョーブデス	ジョーブデ
起伏型	シズカ（静か）	シズカダ	シズカナ	シズカデス	シズカデ

---

2)「オーイ（多い）」は、後ろから2モーラ目に特殊音素「ー」があるため、アクセント核が1つ前のモーラに移っている。

3)形容詞のアクセントの2種類には多くのゆれが見られる。平板型を−2型で発音する人が多くなってきている。（例：クライ→クライ）。

2.3.4 アクセント型の対応

1. アクセント体系のタイプ

日本語のアクセントは地域差が大きい。全国には多様な方言アクセントがあるが、その特徴によって、いくつかのタイプに分けることができる。

(1) 東京式アクセント

共通語のアクセント（東京のアクセント）と類似するもので、最も広く分布する。どこで音が下がるか（または、まったく下がらないか）によって、語のアクセント型が決まる。名詞の型の種類は「モーラ数＋1」ある。

(2) 京阪式アクセント

京都のアクセントと類似するもので、近畿・四国・北陸などに分布する。高く始まるか低く始まるか（高起か低起か）と、どこで音が下がるか（または、まったく下がらないか）によって、語のアクセント型が決まる[1]。型の種類は東京式より多く、語の弁別に有利である。

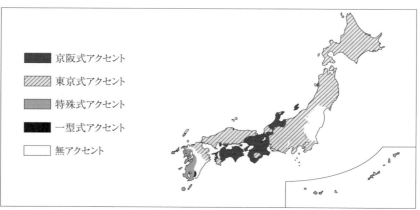

図2.8　全国のアクセント分布（『NHK 日本語発音アクセント辞典 新版』（日本放送出版協会，1998）をもとに作成。）

---

[1] 表2.12の京都（京阪式）の例でいうと、「ウシ」が高起・下がり目なし、「タビ・ヤマ」が高起・下がり目あり、「ソラ」が低起・下がり目なし（語（文節）の最後のモーラが高くなる）、「アキ」が低起・下がり目あり、となる。

(3) 特殊式アクセント

　九州西南部などに見られる。九州西南部のアクセントは、語（文節）の最後の音節が高くなる型と、最後から2番目の音節が高くなる型との2つの型しかなく、「二型式アクセント」と呼ばれる。

(4) 一型式アクセント

　鹿児島県と宮崎県の県境周辺に見られる。語（文節）の最後の音節が高くなる型しかなく、「尾高一型式アクセント」とも呼ばれる。

(5) 無アクセント（崩壊アクセント）

　(1)〜(4)のアクセント地域の間に分布する。語における音の高低の配置に一定の型がない。発音が平らな調子になることが多いため、これを一型式に含めることもある（尾高一型式に対して、「平板一型式アクセント」と呼ばれる）。

2. アクセント型の対応

　各地のアクセント体系の間には、規則的な型の対応が見られる。そこには系統関係があると考えられている[2]。

　以下に、平安時代の京都のアクセントの種類を枠組みとして、京都（京阪式）・東京（東京式）・鹿児島（二型式）・都城（一型式）における2モーラ名詞のアクセント型の対応を示す。

表2.12　アクセント型の対応（2モーラ名詞）

類	例	京都（古代）	京都（京阪式）	東京（東京式）	鹿児島（二型式）	都城（一型式）
第1類	飴 牛 梅 顔 口 酒	ウシ	ウシ ウシガ	ウシ ウシガ	ウシ ウシガ	ウシ ウシガ
第2類	石 歌 川 旅 夏 雪	タビ	タビ タビガ	タビ タビガ	タビ タビガ	タビ タビガ
第3類	足 家 腕 馬 月 山	ヤマ	ヤマ ヤマガ	ヤマ ヤマガ	ヤマ ヤマガ	ヤマ ヤマガ
第4類	跡 息 瓜 肩 空 松	ソラ	ソラ ソラガ	ソラ ソラガ	ソラ ソラガ	ソラ ソラガ
第5類	秋 雨 影 声 猿 窓	アキ̇	アキ̇ アキ̇ガ	アキ アキガ	アキ アキガ	アキ アキガ

「キ̇」は、モーラ内で高から低に下降するもの。現代の京都（京阪式）では、第5類のモーラ内下降がなくなりつつあり、また、第4類は第5類に合流しつつあるという（例：アキ̇→アキ、ソラガ→ソラガ）。

---

[2]京阪式アクセントから東京式アクセントが生まれ、さらに、「東京式→二型式→一型式→無アクセント」と発生していったという説などがある。

2.4.1 イントネーション

第2章 音声・音韻
2.4 イントネーションとプロミネンス

1. イントネーション

　語にはそれぞれ決まったアクセント（音の高低の配置）があるが、具体的な発話の中では、その上にさらに、語より上のレベルにおける音の高低の変化（および、それに伴う音の強さや長さの変化）が起こる。これを「イントネーション」という。たとえば、「雨」は「アメ」という頭高型のアクセントを持つが、会話の中では「アメ↗(雨?)」（疑問の上昇調）のようになったりする[1]。

　イントネーションは、文の構造や意味に応じて現れる。以下に、イントネーションの主な機能を挙げる。

(1) 話し手の表現意図や気持ち（モダリティ）を表出する

　イントネーションによって、話し手の表現意図や気持ち（疑問、主張、要求、驚き、不信、あきれなど）が表される。これは、主に文末における音の高低変化に現れる。たとえば、疑問文には上昇調（↗）が、その答えの断定文には下降調（↘）が、ふつうの平叙文には平板調（→　実際にはやや下降する）が現れやすい。例として、「飲む」のイントネーションをいくつか挙げる。

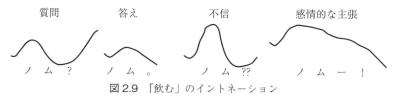

図2.9　「飲む」のイントネーション

(2) 句のまとまりを作る

　ふつうの発話の中では、語（文節）を一つ一つ区切らずに、続けて発音することが多い。このまとまり（イントネーションによる句）の中では、語のもともとのアクセントが弱まる傾向にあるが、先頭の語のアクセントは保たれ、そ

[1) イントネーションは、基本的には語のアクセント（アクセント核の位置）を変えない。たとえば、「雨?」のイントネーションは∧のようになる（アクセントによる下降に続いて、イントネーションによる上昇が起こる。頭高型であっても、語頭の有声音は最初に低く始まる）。

の句の始まりが示される。

　例：トリガ（鳥が）＋トブ（飛ぶ）→トリガトブ（鳥が飛ぶ）
　　　ウミニ（海に）＋イク（行く）→ウミニイク（海に行く）

このようなまとまりには、文節間の関係が影響する。1つの句としてまとまりやすいのは、前の文節が後ろの文節の意味を限定する場合である。たとえば、次の文は、文字で書くと文節間の関係が不明で、意味があいまいになるが、イントネーションによって関係（意味）を示すことができる。

　例：「きのうもらった本を読んだ」

2. リズム

　言語におけるリズムとは、音の強弱や高低、長短などの配列が一定の間隔で繰り返されることをいう。日本語では、モーラのまとまりが等時性をもって繰り返され、リズムを作るといわれる（「モーラリズム」などという）。

　日本語のリズムとしては、俳句や短歌などに見られる5モーラや7モーラの繰り返しがその代表と見られることが多いが、これは韻文のリズムであり、話し言葉にそのまま現れるものではない。話し言葉にはむしろ2モーラを1単位とするリズム（「（2モーラ）フット」などという）が多く見られる[2]。

　例：「間もなく電車がまいります。黄色い線までお下がりください」
　　　［マモ］［ナク］［デン］［シャガ］［マイ］［リマ］［ス・］
　　　［キー］［ロイ］［セン］［マデ］［オサ］［ガリ］［クダ］［サイ］
　　　（［ ］は2モーラのまとまり、「・」は休止モーラ）

---

[2] 五七五のリズムも、2モーラ・4モーラを単位とする四拍子リズムだと解釈されることがある（例：｛［あき］［ふか］｝｛［き・］［・・］｝｛［とな］［りは］｝｛［なに］［を・］｝｛［する］［ひと］｝｛［ぞ・］［・・］｝、｛［ふる］［いけ］｝｛［や・］［・・］｝｛［・か］［はづ］｝｛［とび］［こむ］｝｛［みづ］［のお］｝｛［と・］［・・］｝（この両者は休止モーラの位置が異なるが、これは、第2句が、意味上のまとまりとして、「4＋3」になるか「3＋4」になるかによる））。なお、2モーラ単位は、ふつう、特殊音素類を含む音節（「長音節」または「重音節」という）1つか、特殊音素類を含まない音節（「短音節」または「軽音節」という）2つからなる。

2.4.2 プロミネンス

1. プロミネンス

プロミネンスとは、発話の一部分が音声的に強調（卓立）されることをいう。とくに文のある部分が他の部分より際立って発音されることを指すことが多い。たとえば、「3時に店に行く」という文において、「3時に」が焦点（中心の情報）になると、「3時に」が高く（そして、強く、長く、明瞭に）発音され、それ以降が低く、弱くなる。また、「店に」が焦点になると、「店に」が高く（そして、強く、長く、明瞭に）発音される。これらはそれぞれ、他の時間ではないこと、他の場所ではないことを強調している。プロミネンスはこのような対比的な強調に現れる音変化である[1]。

プロミネンスとアクセントやイントネーションとの関係は、次のようになる。

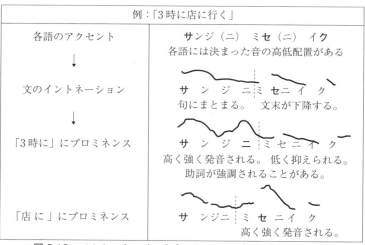

図2.10 アクセント・イントネーション・プロミネンスの関係

[1) 対比的な強調に対して、「このバッグ、とっても安かったんだ」における「とっても」や、「あつーいお茶が飲みたい」における「あつーい」のような、程度の高さなどを情緒的に表す強調は、「強度強調」や「インテンシティー」などと呼ばれることがある。

2. ポーズ

ポーズとは、発話の休止（途切れ）のことをいう。ポーズには、物理的な無音状態だけでなく、直前の音が延びている状態などを含めることもある。

ポーズは息継ぎのほか、イントネーション、リズム、プロミネンスなどを構成する要素としても働く。

イントネーションにおけるポーズ	例：きのうもらった本を読んだ。（読んだのがきのう） キノー　モラッタホンオヨンダ ↑ 句の切れ目を示す
リズムにおけるポーズ	例：このバスは東京行きです。 ［コノ］［バス］［ワ・］［トー］［キョー］［ユキ］［デス］ ↑ 2モーラ単位のリズムを調整する
プロミネンスにおけるポーズ	例：3時に店に行く。 サンジニ　ミセニイク ↑ 焦点となる部分の終わりを示す

↑がポーズの入る可能性のある箇所。

図2.11　イントネーション・リズム・プロミネンスにおけるポーズ

3. プロソディーとポライトネス

音の高さ、強さ、長さ、速さ、ポーズなど（プロソディー）には、話し手の聞き手に対する態度や配慮など（ポライトネス）も現れる。たとえば、一般的に、聞き手に対する配慮が大きいときには、ポーズを多めにとって、ゆっくりと話すことが多い。

また、場面や状況によるプロソディーの違いも見られる。たとえば、パーティーなどでは、進行役は、声を高くしたり強くしたり、声の調子を変えたりして、場を盛り上げるようにする。反対に、葬儀などでは、進行役は、声を低く抑え、しめやかな雰囲気が保たれるように図る。

このほかに、仲間内や同世代間で使われる独特のアクセントやイントネーションなどについても、仲間に対する配慮と考えることができる。

2.4　イントネーションとプロミネンス　　*35*

3.1.1 文字の機能

第3章 文字・表記

3.1 文字とは

1. 文字とは

　文字とは、平面図形の形をとる記号であり、言語を視覚的に表す働きを持つ。文字というときには、その1字ずつを指すほか、その集合（体系）をまとめて指すこともある。文字は、「もじ」とも「もんじ」とも読む。

　文字の基本的な役割は、次の2点にある。

(1) 言語の表記

(2) 情報の記録

　絵画や標識のたぐいと異なり、言語を表記する文字は、情報の確実な記録・蓄蔵へとつながり、時間と空間を超えて他者へ情報伝達を可能にするという革新をもたらし、人類に新たな文明と有史時代を生み出した。文字は、筆記・入力などの書記行為により、紙面、画面などに表示され具体的に現れる。印刷、押印、複写などの手段で複製することもできる[1]。

2. 文字の造られ方

　文字は、言語のどの面と結びつくかによって、次の2種に大別できる。

(1) 表意文字…主に意味の面に結びつく。

(2) 表音文字…主に音韻の面に結びつく。

　その表意文字のうち、同時に音韻も示し、1字が語の単位と一致する傾向が顕著なものは、「表語文字」とも呼ばれる。漢字は、現在使用されている文字の中で、ほとんど唯一の表語文字である。アラビア数字は表意性が高い。

　また、表音文字は、さらに音韻に対する分析の仕方によって、次に2種に分かれる。ハングルは、その両方の性質を兼ね備えた文字である。

(1) 音節文字…ひらがな「あ」、カタカナ「ア」、イ文字（中国南部）など

(2) 単音文字…ローマ字「A」、アラビア文字・チベット文字など

---

1) 一方で、空書、砂に記す文字など、原則と　　　して後世に残らないものもある。

3. 文字と言語・文化

　言語によっては文字を持たないものもあるなど、言語と文字との関係は一定ではない。同一言語が複数の文字で記されるだけでなく、逆に系統さえも異にする言語が同じ文字を使用するように、文字が言語の違いを超えて共有されるケースもある。

　文字は、古代より社会的な慣習、文化として存続し、宗教、政治などの権威や各種の文化事象と結びつきやすい[2]。共通の文字を持つ地域同士がそれらとのかかわりによって同一の文化圏を構成するとみなされることがある。

(1) シュメール文字文化圏…古代メソポタミア
(2) エジプト文字文化圏…古代エジプト
(3) 漢字文化圏…東アジア
(4) アラビア文字文化圏…アフリカ北部、中近東などイスラム社会
(5) インド文字文化圏…インド周辺
(6) ローマ字文化圏…西ヨーロッパ、南北アメリカ大陸など

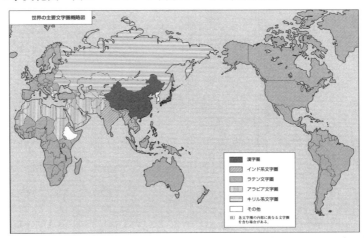

図 3.1　世界の主要文字圏概略図（『言語学大辞典　世界文字辞典』（三省堂、p.1170）。文字圏の分類にはさまざまなものがある。）

---

2) 文字の読み書き能力は、教育やメディア接触などの文字習得機会により変化する。文字は人為が加えられ、改革が行われる反面、時空を超越しうる性質にもより固定的なものとして認識されやすく、一般に規範意識が強く抱かれる。

3.1.2　文字の分類	第3章　文字・表記
	3.1　文字とは

1.　世界の文字

　人類が有史時代に入って以来、世界では数百種類の文字が使われてきたといわれている。その中には、メソポタミアの楔形文字やエジプトのヒエログリフのように、古代に栄えたが、現在では一般に使われることがなく、古代文字となっているものもある。クレタ島の線文字Aなど、いまだに解読されていない文字も残っている。

　世界の主要な文字は大別すると2つの大きな源流から生まれたものである。

(1) フェニキア文字系統…アラム文字、ヘブライ文字、ギリシャ文字、ローマ字、キリル文字（ロシア文字）、アラビア文字、インドの諸文字（悉曇文字<ruby>悉曇<rt>しったん</rt></ruby>など）、タイ文字、チベット文字、パスパ文字（中国元朝）など

(2) 漢字系統…漢字、朝鮮・日本製漢字、チュノム、西夏文字、口訣、吏吐<ruby>吏吐<rt>りと</rt></ruby>、平仮名、片仮名など

　15世紀に朝鮮半島で造られたハングルも、漢字の影響を受けつつパスパ文字などの影響も受けたものとして位置付ける説も示されている。

　個々の字は、互いに引き合い張り合う関係を持つ文字体系をなす。簡易化だけでなく、弁別を求め、また字体の衝突を避けるなどして、変化も生じる[1]。文字は、音韻に比べて保守的で変化を受け入れようとしない性質を持つ一方で、個々の要素の形には時間の経過とともに種々の面で恣意性が強まり、とくに識字者が少ない時代には、権威者により、人為による改変も時には可能であった[2]。

2.　日本の文字

　日本語を表記する文字は、上記のうちの複数の文字が採用されたもので、そ

---

1) 同一言語内でも、複数の文字体系や文字の選択が行われ、時代による変化が起こるほか、同じ時代であっても、地域、集団、個人や場面による様々な差、すなわち変異が確認できることがある。正書法の確立した社会で

あっても、程度の差こそあれ同様である。
2) 文字は、分節性を有し、配列に際しては線条性を備えるが、その具体的なあり方は、縦か横（左右）に向けて文字を書き連ねていく方向（書字方向）と合わせて、言語ごとに規

れらが混用され、世界でもまれな多様性を有している[3]。
(1) 漢字…一、人、山
(2) 平仮名…の、は、を
(3) 片仮名…ル、セ、ア
(4) ローマ字… s、a、n

　ローマ字も、日本語を書き表すための文字体系の一つとして、使用されている。上記のうち漢字は、文字としての体系が大きく、さらに日本では読み方や字の意味用法も多岐にわたっているため、その体系全体の構成や個々の字同士の関係が十分には把握できないことがある。

図 3.2　待合室
都内の JR 駅で。中国語は簡体字で「候车室」。韓国語は、日本の「待合室」をそのまま朝鮮漢字音で読み、それをハングルで表記したもの。

定されている。
3) 日本の文字は、比較的早くから大衆化、実用化が進む一方で、遊戯、さらに芸術の対象としても扱われてきた。ロシア文字であっても、JIS 規格に採用されたために、「ё」「д」などが飾りの付いたローマ字や「顔文字」の一部として若者の間で利用されることがある。

3.2.1　漢字とその字体	第3章　文字・表記
	3.2　漢　字

1.　漢字とは

　漢字は、今から3000年以上前に、中国大陸の地で生まれた文字であり、古代の中国語を書き表すために造られたものであった。中国語の持つ、単音節で孤立語的な性質を表記するのには適した字であり、その後、形や用法を変えながら、現在に至るまで用いられている。古代文明のなかで生まれた、

(1) メソポタミアの楔形文字

(2) エジプトのヒエログリフ

などがすでに使われなくなっていることと比べ、殷代に現れた漢字は、世界のあらゆる文字の中で、使用されている期間が最も長い文字といえる。

2.　漢字の字体

　文字の形態は、視覚的に認識できるものであり、具体的には個々の点画に基づき、1字としてまとまりを持つ。世界の文字の中で漢字は、その形態が複雑である。古代の絵画のような形で書かれた甲骨文字・金文の時代から、次第に書きやすい形へと変化してきた。それらは次のような段階を経てきた。

　漢字の個々の形態には、抽象的な「字体」と、具体化した「字形」がある。漢字の体系全体に共通するデザインは「書体」と呼び、篆書・隷書・草書・行書・楷書などがあり、書道芸術としても発展した。書体は、印刷文字では、明朝体やゴシック体などのフォントを指すことがある。

3.　漢字の字体の使用法

　漢字の字体には、成り立ちや歴史、用法、典拠、政策などを根拠として、正しいとされる字つまり正字のほかに、以下のようにみなされる異体字がある。

(1) 新字…戦後の漢字政策で採用された字（旧字の逆）（体（體）、畳（疊））

(2) 俗字…一般に使われることがあるが正しくはないとされる字

　　　　（嶋（島）、旺（曜））

(3) 略字…正しいとされる字の字体を省略した字（才（第）、门（門））

40　第3章　文字・表記

表3.1　漢字の書体

出現年代	書体の名	山	鳥
殷代周代	甲骨文字金文		
秦代	篆書		
漢代	隷書		
	草書		
	行書		
三国時代	楷書	山	鳥

表3.2　印刷用フォント

明朝体	令	込
ゴシック体	令	込
教科書体	令	込
正楷書体	令	込
ナール体	令	込
勘亭流	令	込

　こうした字体のなかには、「專」（専）のように規範意識により、略字、俗字ではなく間違っているとみなされ、誤字として批判されるものもある（なお、「専門」を「専問」と書くのは誤用・誤表記）。これらの使用には個人差や場面による差も大きい。これらには、社会や場面による位相としてとらえられるものもある。地名に使われる漢字には、「新潟」が新潟県内で「新泻」と書かれるなど、あたかも語における方言語形のように地域による差も見受けられる。

　日本では、漢字の字種や字体が人間の心理と結びつき、かもし出されるイメージが文字使用の際の選択に影響を与えることがある。文字は大きくは諸文化へ影響を及ぼし、言語面でも語・語彙、音韻などに影響を与え、ひいては音声言語にも影響する。一方、使用する字体がメディアの制約を受ける場合もある[1]。

---

1)スマートフォンなどでは、一般に「鬱」という字は点画が間引きされたものが表示されることがある。また、JIS漢字の影響で、例えば「摑む」は「掴む」としか入力表示できない機材もある（多くの新聞紙面では逆になる）。

3.2.2　漢字の成り立ち	第3章　文字・表記
	3.2　漢字

1.　中国での漢字の成り立ち

　5万字以上あるとされる漢字は、原則として4つの方法によって造られているといわれている。

(1)象形文字…物の形をかたどり、それを指す。「山」「馬」

(2)指事文字…図や記号を用いて抽象的な概念を表現する。「上」「下」「刃」

という単体の漢字（文）のほかに、それらを組み合わせた漢字（字）として、

(3)会意文字…象形や指事などを意味に着目し組み合わせ、別の意味を表す。

　「林」「信」「歪」（ワイ　ゆがむ）

(4)形声文字…象形や指事などを意味と発音に着目し組み合わせ、別の意味を

　　表す。「清」（セイ）「校」（コウ）「菓」（カ）

がある。これらの方法により、数多くの漢字（字）が生み出されてきた[1]。

　ほかには「図書館」を「圕」と書くといった合字なども造り出されたことがあったが、伝統的にほとんどの漢字は以上の4つの方法で生み出されてきた。特に中国では、中国語を表記するために生み出された形声文字が漢字全体の90％近くを占めているといわれている。

　これらの造字法は、エジプトのヒエログリフなどの古代文字の字源にも、共通するところがある。

　漢字の使用法としては、ほかに意味の転化による転注、発音の転化による仮借などもある。転注は、その内容について諸説あるが、一説に、「楽」という字が「音楽」を意味する「ガク」という語から、「たのしい」を意味する「ラク」をも表すことにもなった、というような字義の変化を指すという。仮借は、ノコギリをかたどった「我」が、一人称の「ガ」と同音であったために、一人称の表記に使用するに至ったというたぐいの現象を指し、漢字にはしばしば見られるものであった。(5)転注、(6)仮借と、先の象形から形声までと合わせて「六書」と呼ばれる[2]。

---

1)個々の字の太古の時代の字源については、後人の解釈による説にとどまるものが多い。

2)　漢字は、発音だけでなく意味も持ちつけたため、それらが形態とともに歴史的な変

42　　第3章　文字・表記

2. 日本での漢字の成り立ち

　日本では中国の漢字を受け入れる中で、奈良時代以前から日本独自の漢字の用法を生み出し、さらに日本独自の漢字を造り出してきた。
(1) 国訓…中国の漢字とは意味が異なるもの
　　「椿」つばき（中国では霊木などの名）、「鮎」あゆ（中国ではナマズ）
(2) 国字…日本で造り出された漢字
　　「畑」はた・はたけ、「働」はたらく、「峠」とうげ
　「働」は、「動」が日本で使われていく過程で、「はたらく」という訓読みを獲得し、「うごく」と区別する必要もあって、「にんべん」を付加することで生まれたものである。後には「動」という旁の部分から「ドウ」という音読みも生み出され、「労働」「稼働」「自働」などの熟語も構成するようになる。

　訓読みを表すために、会意文字の方法により造り出されたものが多いが、ほかには六書には当てはまらない、「日下」→「昻」、「麻呂」→「麿」、「久米」→「粂」などの合字も生み出され、今なお固有名詞などで使われている。

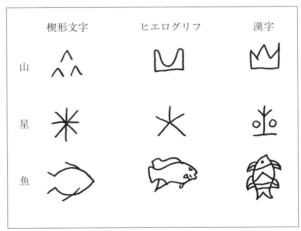

図3.3　楔形文字・ヒエログリフ・漢字の比較

転を経てきた。たとえば、漢字は表語文字としての性質が強いが、万葉仮名として使われた場合には、表意性は原則として排除されている。

3.2.3　音　訓	第3章　文字・表記
	3.2　漢　字

1.　漢字音とは

　漢字は、中国では中国語（漢語）を表記するものであり、本来、漢語の発音だけを有していた。それは時代によって変化し、また地域による変異（方言差）を常に有してきた。周辺各国では、それらを漢字音として受け入れた。それぞれ、

(1) 朝鮮漢字音　　　　　　　　例：金　kim・kɯm　国　kuk

(2) 越南（ベトナム）漢字音　　　金　kim　　　　　国　quốc

(3) 日本漢字音　　　　　　　　　金　kin・kon　　　国　koku

と呼ぶ。日本では、漢字音を段階的に受け入れて、日本語の中に摂取してきた。漢字に当てた和語すなわち字訓に対して字音という。

　中国語では漢字1字で単音節を表すが、日本語ではそれが1拍か2拍で受容された。たとえば「行」という字であれば、「いく」「おこなう」といった訓読みの他に、「コウ」「ギョウ」などの音読みがある。

(1) 行（ギョウ（ギヤウ））

　呉音、すなわち南北朝時代（420〜589年）の南方の「呉」地方から百済を経由して6・7世紀頃に伝来したとされる発音（実際にはより雑多な発音）が日本化したもの―「行水」「修行」など。

(2) 行（コウ（カウ））

　漢音、すなわち唐代の長安（現在の西安）辺りでの発音（推定音価 [ɦʌŋ] など）が遣唐使などによって7・8世紀頃に日本にもたらされて日本風に変化したもの―「行為」「現行」など。

(3) 行（アン）

　唐音、すなわち鎌倉時代から江戸時代にかけて禅僧や商人たちが伝えた南方の杭州や寧波（ニンポー）を中心とする地の発音が日本化したもの―「行火（アンカ）」「行灯（アンドン）」など。

　多くの語に用いられるようになっている漢音と異なり、呉音は日常の生活用語や仏教語などに残っている。唐音は、中国から宋代以降に伝わった個別の語

に見られる程度である（宋音をこれから切り出すこともある）。

「関」を「クワン」とするように、字音仮名遣いであれば、古い漢字音を彷彿とさせる例もある。漢音のうち「明」の「ベイ」を新漢音とするなど、個々の字音の認定には細部では諸説がある。ほかにも、「意」（オ）など、日本に伝えられた時代がさらにさかのぼる古音がある。

また、「輸」（ユ）のように形声文字の声符からの類推読み（百姓読み）など、日本で独自に生じた慣用音などもある。国字にさえも「働」のように漢字に準じて発音が与えられ、「錻力（ブリキ）」のように漢語に直接は由来しないものも生じた。

日本漢字音は、音素の数が少なく声調も失ったため、「詮索」「穿鑿」（ともにセンサク）など同音異義語が多数生じた。「字典」から「辞典」「事典」など語の派生も起こした。

2. 訓 読 み

訓とは、中国では、漢字の意味に関する注釈を指したが、日本では、ある漢字に対応するとみなされた和語（やまとことば）を指すようになった。さらに、外来語を含めて、漢字の音読み以外の読み方全般を指すものとなっている。社会的に定着した訓をとくに定訓と呼ぶ。

漢字と訓は、1対1になるとは限らず、複雑な関係となることが多かった。

(1) 一字多訓…「生」（なま、うぶ、き、いきる、はえる、など）

(2) 異字同訓…「測」「計」「量」（はかる）

「生」は、字が一般化し、元々中国で字義が広がり多義字となっており、それに加えて近い意味を持つ和語が複数あったため、多数の訓読みが発生した[1]。

音読みと訓読みを交ぜて語を造り、また使うことがある。

(1) 湯桶読み…手本（てホン）、夕飯（ゆうハン）

(2) 重箱読み…新芽（シンめ）、降灰（コウはい）

---

[1] 訓読みにも位相（名乗字など）や、地域差が見られる。たとえば「谷」という字を「た に」ではなく「や」のように読む地名や姓は、本来は関東の方言による訓読みである。

3.2 漢 字　　45

	第3章　文字・表記
## 3.3.1　万葉仮名	3.3　仮　名

1.　万葉仮名とは

　万葉仮名とは、日本語を書き表すために、漢字の元の意味とは直接の関係はなく、音訓などを利用して表音的に用いたものを指す。中国でも早くより「卑弥呼」「邪馬台」など、同様のことを行っているが、それらは日本の万葉仮名と異なり、仮借による表記として区別される。日本では、5世紀ごろの金石文から見られるが、奈良時代の『万葉集』に多用されているため、万葉仮名（真仮名）と呼ばれる。漢字（真名）を仮名として用いたと見ることもできる。

例：春過而 夏来良之 白妙能 衣乾有 天之香来山

　　（春過ぎて　夏来るらし　白栲の　衣干したり　天の香具山）

（『万葉集』巻1、28）

2.　万葉仮名の分類

　奈良時代の『古事記』『日本書紀』『風土記』などの文献、特に『万葉集』では、多様な万葉仮名が使用されている。大きくは以下のように分けられる。

(1)字音仮名…阿・安（あ）、加・可・賀・箇（か）、難波（なには）

(2)字訓仮名…吾・足（あ）、髪・鹿・蚊・香（か）、夏樫（なつかし）

(3)戯書（ざれがき・ぎしょ）…丸雪（あられ）、少熱（ぬる）、山上復有山（いで）

　上記のように1字で1音節を表すとは限らなかった。

例：丸雪降 遠江 吾跡川楊 雖苅 亦生云 余跡川楊

（霰降り　遠つ淡海の　吾跡川楊　刈れども　またも生ふといふ　吾跡川楊）

（『万葉集』巻7、1293）

　戯書は、文字面から得られる面白さなど、効果を狙ったと考えられるものである。「山上復有山」は中国から入ってきた表現であり、そのとおりに書いてみると「出」というような字になり、『万葉集』では「色二山上復有山者」で「色に出でば」と読まれている。「こひ」（恋）を「孤悲」、「かは」（川）を「河波」とするものなど、字音仮名（音仮名）でも字義を考慮したと考えられるものもある[1]。

3. 奈良時代以降の万葉仮名

万葉仮名が使われていく中で、平安時代には、多くの平仮名、片仮名がそこからも派生している。しかし、同時代に編纂された『琴歌譜』、『新撰万葉集』なども、万葉仮名で歌が表記されており、その後も文章を漢字だけで綴る真名本などで使われ続けた。

今日でも、日本語の語句や文章を漢字だけで記そうとする遊びでは、万葉仮名と同様の方法が現れる。たとえば、「よろしく」を「夜露死苦」と記すことは一部で定着したが、メールやLINEなどで「…するかも」を「…する鴨」と変換するたぐいのことも行われている。このたぐいは、表記法として見た場合にその場限りであって体系性に欠ける。方法に新奇なものも加わっており、人の名前や店名など固有名詞にも、その方法は受け継がれている。

図 3.4 万葉仮名（宮内庁正倉院事務所蔵『万葉仮名文書』）

【翻字】
■和可夜之奈比乃可皮／利尓波於保末之末
須美／美奈美乃末知奈流奴
【読み下し文】
我が養ひの代はりには、おほまします〔み〕
南の町なる奴…

図 3.5 現代の漢字の表記による遊びとデザイン（資料提供は Club T）

---

1)「けむかも」に「鶏鵡鴨」と鳥偏の字を並べることで、切れ字を示す効果も指摘されている。

	第3章　文字・表記
## 3.3.2　平仮名	### 3.3　仮　名

1.　平仮名の成立

　日本語を表記するための万葉仮名は、奈良時代の末には1音節につき1字へと収束する傾向を呈しつつあった。また、楷書での筆画の煩雑さを避け、また美しく書きたいという要求から、草書体で記されることがあった。それを草仮名と呼ぶ。奈良時代のうちに「つ」「と」「へ」に近い形などが現れている。字種が減った草仮名が、平安時代に入ってさらに崩れて体系的に簡略化されたものが平仮名である。片仮名と同じく、表音文字、音節文字である[1]。

2.　平仮名の役割

　漢字が男性の文字として意識されたのに対し、平仮名は女性の文字として位置付けられ、「女手」という名称も与えられた[2]。『土左日記』で紀貫之が自身を女性に仮託しているのも、そのためであるとされる。一方、『古今和歌集』によって平仮名が和歌などを表記するための文字としての地位を確立した。

　平安時代のうちに、平仮名は、2字3字と連綿しうる流麗な形態を造り上げ、書道芸術の一つとして頂点に達し、また女流の仮名文学を開花させた。平安時代の平仮名文は、やがて漢字平仮名交じり文へと発達し、現代の通常の表記体の源流となった。

　平仮名には、多くの字の形が併存し、ときに種々の使い分けも生じた。1900年の「小学校令施行規則」改正で、平仮名は1音節に付き1字とされ、その字の形もほぼ今日のものに定まった。そこで選ばれなかったものは変体仮名と呼ばれるようになり、女性の名前に見られたほか、店の看板などで和風を感じさせる効果をもたせるものとして用いられている。現代では「さ」「そ」「ゆ」など、点画の断続が意識されることがあるが、元より正誤にかかわることではない。

　例：「そば」を「𛀙ば」、「うなぎ」を「うふぎ」、「しるこ」を「しる𛁈」

　「うふぎ」の「ふ」は「奈」によるもので、「な」とは崩し方が異なるだけで字源は同じである。

---

1)平仮名は、弘法大師が造り出したものだといわれることもあったが、今日では特定の個人の作ではなく、自然に発生したものと考えられている。

於己曽止乃保毛与呂遠
おこそとのほもよろを
衣計世天祢部女礼恵
えけせてねへめれゑ
宇久寸川奴不武由留
うくすつぬふむゆる
以幾之知仁比美利為
いきしちにひみりゐ
安加左太奈波末也良和无
あかさたなはまやらわん

図3.6 平仮名の字源

「つ」は「州」から、「ん」は「毛」からといった説もある。元の万葉仮名が「與」ではなく「与」というように略字であったものが少なくない。

図3.7 生そば

静岡県内のそば屋で。「中華そば」は現行の平仮名だが、「生（き）そば」は変体仮名（楚者に基づく）。変体仮名の方が、和食のイメージを喚起させやすいためであろう。

【翻字】
尾之音　お　うゐのおくやまに書之故也
おく山　おほかた
おもふ　おしむ
おとろく　おきの葉
おのへのまつ　はなをおる
時おりふし

図3.8 定家仮名遣による平仮名表記（『下官集』，東京大学国語研究室蔵）

2) 平仮名の名称は『日葡辞書』（1603-04年）に見えるのが古く，「ひら」とは平凡である，並であるの意で，当時「通用の仮名」であったことに由来するとされる。

3.3　仮名　49

	第3章 文字・表記
## 3.3.3 片仮名	### 3.3 仮 名

1. 片仮名の成立

奈良時代に万葉仮名が行われる中で、「加」（か）「多」（た）「牟」（む）など、一字で一音を表すもののうち、「タ」（多）「ム」（牟）「ツ」（州か川か）など漢字の一部分のみ記し、残った部分を省略したものも現れた[1]。

平安時代には、そうした文字が仏典などの狭いスペースに、訓点などを急いで書き込むために記され始めた。漢字をよく理解した僧侶によって、画数の少ない漢字や漢字の一部分を抜き出すことなどによって生み出され、社会で選択されつつ定着していったものが片仮名である。こうした字の成り立ちにより、「かた」すなわち「不完全」という意味を込めた名称である。片仮名は表音文字であり、音節文字である[2]。

2. 片仮名の役割

片仮名は、主に以下で実用された。

(1) 仏典や漢籍の漢文への音訓の注記・送り仮名の記入

(2) 辞書の音訓の記入

(3) 漢字片仮名交じり文の表記

平安時代のうちに片仮名だけでも文章が記されるに至った。漢字片仮名交じり文も行われ、明治以降にも法令などの表記に採用された。

一方、江戸時代においては漢字平仮名交じり文の中で、外来語や音読み、終助詞、口語音、オノマトペなどを表記する機能を獲得し、今日でも、生物の名（エビ）、俗語（キモい）、ロボットの音声など、漢字や平仮名とは異なる意味やニュアンス、音そのものを示そうとして使用されることがある[3]。

漢字を廃止ないし節減して、カタカナを国字とするべきだとする意見もある。

---

1) 朝鮮では、すでにこうした仮借を簡易化して朝鮮のことばを表記する方法があった形跡があるため、渡来人などを通じて影響が及んだとも考えられている。

2) 平安時代以降の長い間、片仮名に統一された字体はなく、また個々人や宗派によってもさまざまな形が共存した。それらは異体仮名と呼ばれることがあるが収斂してい

ア	阿	イ	伊	ウ	宇	エ	江	オ	於
カ	加	キ	幾	ク	久	ケ	介	コ	己
サ	散	シ	之	ス	須	セ	世	ソ	曽
タ	多	チ	千	ツ	川	テ	天	ト	止
ナ	奈	ニ	二	ヌ	奴	ネ	祢	ノ	乃
ハ	八	ヒ	比	フ	不	ヘ	部	ホ	保
マ	末	ミ	三	ム	牟	メ	女	モ	毛
ヤ	也			ユ	由			ヨ	与
ラ	良	リ	利	ル	流	レ	礼	ロ	呂
ワ	和	ヰ	井			ヱ	恵	ヲ	乎

図 3.9　片仮名の字源

「ケ」は「个」(「箇」の異体字)、「ツ」は「州」「門」、「ユ」は「弓」、「ヱ」は「慧」、「ワ」は「輪」を略した記号「○」(「〇」)、「ン」は「尓」からといった説もある。なお、撥音符「ン」は撥音を表す記号から、長音符「ー」は漢字「引」の右側の部分からといわれる。

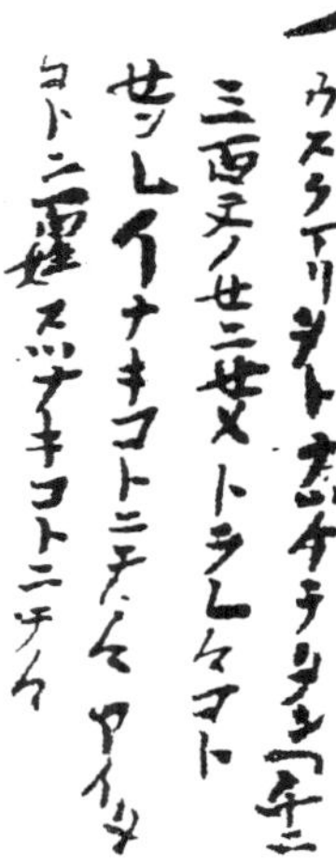

【翻字】
ウスクマリタトナツケテタンヘチニ
三百文ノセニセメトラレ候コト
センレイナキコトニテ候アイタ
コトニ百姓スツナキコトニテ候

図 3.10　鎌倉時代の片仮名（高野山金剛峯寺霊宝館蔵、東京大学資料編纂所編『大日本古文書 六』より転載）

図 3.11　片仮名「ヱ」の使用例（資料提供はサッポロビール株式会社）

った。1900 年の「小学校令施行規則」改正で片仮名の字体はほぼ今日のものに定まった。

3)そこには、歴史的な経緯のほかに、形態が直線的であり、情緒性に乏しいと意識されることも関連していると思われる。

	第3章 文字・表記

3.4.1 ローマ字

3.4 ローマ字

1. ローマ字とは

今から3000年ほど前に、フェニキア語を話す人々によって地中海世界で使われ始めたフェニキア文字は、やがてヨーロッパに伝わり、それぞれの言語を表記するために母音を表記するなど独自に追加や改良がなされ、そこで唯一の文字として定着をみた。

(1)古代ギリシャ…ギリシャ語表記のためのギリシャ文字

(2)古代ローマ……ラテン語表記のために、伝播したギリシャ文字を改良したローマ字（アルファベット）

さらにその亜流が各種生まれていく。たとえば中世のロシアでは、ギリシャ文字からロシア語を表記するためにキリール文字（ロシア文字）が生まれた。

ローマ字は、上記のとおり、ギリシャ文字から生じた文字である。「J」「V」「W」など次第に字種を増し、現在、英語では26字からなる文字体系となっている[1]。西ヨーロッパの各地へ広まり、それぞれの言語を表記している。単音文字であるが、綴りとして組み合わさることで、音節や語を表記する。

ギリシア文字	A α	B β	Γ γ	Δ δ
ロシア文字	A a	Б б (B b)	Г г	Д д
ローマ字	A a	B b	C c (G g)	D d

図3.12　ギリシャ文字からの派生の例

2. 世界のローマ字

ローマ字は、大きくは表音文字に分類されるが、実際には文字と発音との対応関係は、言語ごとに約束事が異なっている。「A」（派生した小文字はa）が英語で「エイ」、ドイツ語やフランス語などで「ア（ー）」というように文字の名称自体にも異なりがある（これは英語に起こった音韻変化が要因となってい

る）。

　また、「R」の音声も言語による差が大きい。綴りではその差はいっそう甚だしい。たとえば「Ja」という綴りは通常、

(1) 英語やフランス語では「ジャ」（音声は英［dʒə］、仏［ʒa］など互いに異なる）

(2) ドイツ語では「ヤー」［ja］

(3) スペイン語では「ハ」［xa］

のように発音される。

	A	B	C	D
英語	エイ	ビー	スィー	ディー
ドイツ語	アー	ベー	ツェー	デー
フランス語	ア	ベ	セ	デ

図3.13　各国でのアルファベットの呼称

　ことに英語は、同じ綴りでも単語や意味ごとに発音を異にするケースが少なくない。フィンランド語のように、綴りと発音が常に規則的である言語はむしろまれであり、多くは時代の変化とともに古くに定まった綴りが原則として正書法として維持される。いわば歴史的仮名遣いのように残るのである。

　言語ごとにローマ字の合字化や記号の付加が中世以降積極的になされ、現在でも、スペイン語の「ñ」、ドイツ語の「ß」、フランス語の「ç」、北欧諸言語の「Æ」などが公式に採用されている。

　ローマ字が伝播した地では、ヨーロッパ、アメリカ、オセアニアの諸大陸のほか、さらにそれらの言語とともに、あるいは文字だけがアメリカ大陸、オセアニア大陸、アジア、アフリカ大陸などへと伝播し、ベトナム、トルコなど、言語に合うように一部に記号を加えるなどし、公用文字とした地も少なくない。

　中国や韓国、日本でも、初学者向け、難字への注記、補助的な表記やパソコンの入力用などとして、ローマ字とその各種の綴りが教育、使用されている。

---

1) 古英語では、「æ」「œ」という合字やルーン文字の「Þ」（thに対応）「Þ」（wに対応）なども用いられていた。

3.4　ローマ字　　53

	第3章　文字・表記
## 3.4.2　ローマ字の綴り方	3.4　ローマ字

1.　日本語とローマ字

　日本語は、中国から伝来した漢字、漢字から生じた平仮名、片仮名を使用することで表記がなされてきた。梵字による表記はまれであった。

　室町時代には、種子島に鉄砲が伝来し、次いでキリスト教の布教も始まった1549年ころより、ローマ字も日本人の知るところとなった。当初は、ポルトガル語を表記するローマ字によって、主にポルトガル式の綴りが用いられた[1]。例えば「平家」は「Feique」と記された。

　日本語をローマ字で表記すると、仮名や漢字よりも倍くらいの字数を要するが、費やす紙面はほとんど変わらない。漢字仮名交じり文を廃止して、国際性、簡易性などを考慮し、ローマ字を国字とする提案（ローマ字論）もしばしばなされてきた。「上がる」と「挙げる」、「細い」と「挟む」のようなものでも、「agaru」「ageru」、「hosoi」「hasamu」と記せば、互いの語源や語義と語形の関連が見た目で明白となる。

2.　ローマ字の綴り方

　江戸時代には、蘭学の興隆にともなってオランダ語の流入が起こり、一部で日本語をオランダ式にローマ字で綴る例も現れた。ラ行には「r」ではなく「l」を当てるものもあった。

　幕末より、国力の増したイギリスやアメリカから英語が伝わってきたため、ローマ字の綴り方も変化する。子音は英語式で、母音は英語式（ウをooなど）ではなくイタリア語（ラテン語）、ドイツ語式という方式が広まり、ヘボンが『和英語林集成（第3版）』でそれを採用したため、ヘボン式と呼ばれるようになった。

　それに対して、明治期には、ローマ字は日本人の音韻意識により五十音図に沿った綴りとすべきとする主張も台頭し、日本式と呼ばれるようになる。ほかにも独自のローマ字表記が生じ、文部省は1937年に日本式の修正案を訓令により公布したが、かえって3つの方式が並び立つことになった。1954年には新

---

1)キリシタン版と呼ばれる活字印刷物の中には、ローマ字で日本語を書き表した文献も数多く刊行され、当時の日本語の音韻の状況を知る大きな手掛かりともなっている。

54　　第3章　文字・表記

たな内閣告示・訓令「ローマ字のつづり方」によって、戦前の訓令式を第1表に掲げてこれによるものと位置付け、ヘボン式と日本式も「国際的関係その他従来の慣例をにわかに改めがたい事情にある場合に限っては」「さしつかえない」ものとされた[2]。

	し	ち	ちゃ	ぢゃ	つ	ふ	を
ヘボン式	shi	chi	cha	ja	tsu	fu	o
日本式	si	ti	tya	dya	tu	hu	wo
訓令式	si	ti	tya	zya	tu	hu	o

Guiojinno coto．

Aru guiojin amiuo fiquni, fiqucotomo canatanu fodo, ain, a vomó voboyetareba, nanifana vi ojia voxu zxto iium yorobucotoga caguini note, figi agaxte ináreba, vucua maređe, ixidomođe atta to

図3.14 ローマ字の方式による綴りの違い（左）と天草版（キリシタン版）のローマ字表記（右）

外来語をそのまま原綴りで「USA」「BBC」などと記すほかに、「FAX」「in」「UP」のように記すこともある[3]。パソコン入力では、仮名や漢字を呼び出すための手段として利用されており、「lyu」で「ゅ」、「xa」で「ぁ」、「xtu」で「っ」となるなど、特異な方法も見られ、ローマ字表記に影響も現れている。

図3.15 駅名のローマ字

左は小田急線新宿駅の表示「Shinjuku」。ヘボン式となっていて、「Sinzyuku」はここでは用いられていない。右は東京メトロの新橋駅の表示「Shimbashi」。やはりヘボン式であり、「Sinbasi」とはなっていない。

2) 固有名詞の表記ではいずれの方法によっても違和感が呈されることがあり、「大阪」は「Ôsaka」「Oosaka」ではなく「Ōsaka」「Osaka」ではいけないのか、「王」監督の「Oh」はどうかなどと問題にされることがある。駅名の表記には、「Shimbashi」のようにヘボン式が優勢であり、また外務省はパスポートでの表記をそれによる原則を定めた。英語圏以外の人には、逆に読みにくさも生じ、その表示が誰のためのものかを考える必要がある。

3) 入力時にはキーボードの操作が節約され、「うp」（up）「kwsk」（詳しく）のように新奇な表記が現れることがある。

文化審議会国語分科会では、ローマ字の綴り方について改定に向けた審議が行われている。

3.4 ローマ字

| 第3章　文字・表記 |
| 3.5　表記法 |

3.5.1　正書法

1.　正書法とは

　言語をどのように文字や記号によって書き表すか、その基準と個々の語についての規則やそれをまとめたものを正書法という。

　英語では、実際の発音とローマ字による綴りとの間に、相当の差が生じている。たとえば、[náit]という発音に「night」という綴りがあり、そう記せば「夜」という意味だと定められている。また「knight」というスペルならば「騎士」という意味だと決まっている。それらは、現在、大文字やイタリックに変えることはできても、ほかの文字や綴りでは書きようがない。

　表記上の補助記号として「．（ピリオド）」や「、（カンマ）」「？（クエスチョンマーク）」などの使用法にも細かい規定が設けられ広く認められている。そうした言語には正書法が存在しているといえる。

2.　日本語と正書法

　日本語は、現在、漢字仮名交じり文を用いるという大きな方法については、昭和41年に中村梅吉文部大臣により、国語の表記の前提とするとの発言などを経て、ほぼ自明の前提として位置付けられている。スペースを用いた「分かち書き」を駆使すれば、平仮名だけで日本語の文章を書くこともでき、ローマ字だけで日本語の文章を記すことも可能ではある。

　漢字に仮名を交えると、分かち書きと似た語と語の関係を示す効果が生じるが、それは必ずしも明確なものになるとは限らない。そして1語ごとに、たとえば「ねこ」は漢字で「猫」と書くか、平仮名で「ねこ」と書くか、片仮名で「ネコ」と書くかについては、必ずしも決まっていない[1]。また、漢字で書く場合であっても、どの漢字を選ぶのがよいかなど、一般に迷うことが少なくない[2]。

---

1) 街中に見られる「空き缶ゴミ」の語には、メディアによって何通りもの揺れが見られる。それぞれの表記に何らかの効果が期待できるとしても、表記感が共有されるとばかりはいえず、日本語学習者にも負担を掛けさせることになる。

　正書法の確立していない状況で、こうした語をインターネット上で検索しようとすれば、曖昧検索ができてもなおも漏れが生じてしまう恐れがある。

国語政策の中では、漢字や表記に関する規則が内閣告示・訓令などによって示されている。現行の内閣告示・訓令は以下の5つである（括弧内は公布年）。

(1) 常用漢字表…1981年（2010年に改定）

(2) 送り仮名の付け方…1973年（2010年に常用漢字に合わせて一部改正）

(3) 現代仮名遣い…1986年

(4) 外来語の表記…1991年

(5) ローマ字のつづり方…1954年

「常用漢字」の前の「当用漢字」は、1850字以外の漢字は使わないという制限色の強いものであったが、「常用漢字」は「目安」となり、他も「標準」といった価値判断を含む用語を避け、「よりどころ」と位置付けられている。

日本語での数字の表記や、繰り返し記号や句読点など補助的な符号による表記についても、内閣や文部省（現 文部科学省）、国語審議会（現文化審議会国語分科会）などにより、いくつかの指針が示されてきた[3]。

6　「トゥ」「ドゥ」は、外来音トゥ、ドゥに対応する仮名である。
　〔例〕　トゥールーズ（地）　ハチャトゥリヤン（人）　ヒンドゥー教
　　　注　一般的には、「ツ」「ズ」又は「ト」「ド」と書くことができる。
　　　〔例〕　ツアー（tour）　ツーピース　ツールーズ（地）　ヒンズー教
　　　　　　ハチャトリヤン（人）　ドビュッシー（人）
7　「ヴァ」「ヴィ」「ヴ」「ヴェ」「ヴォ」は、外来音ヴァ、ヴィ、ヴ、ヴェ、ヴォに対応する仮名である。
　〔例〕　ヴァイオリン　ヴィーナス　ヴェール
　　　　　ヴィクトリア（地）　ヴェルサイユ（地）　ヴォルガ（地）
　　　　　ヴィヴァルディ（人）　ヴラマンク（人）　ヴォルテール（人）
　　　注　一般的には、「バ」「ビ」「ブ」「ベ」「ボ」と書くことができる。
　　　〔例〕　バイオリン　ビーナス　ベール
　　　　　　ビクトリア（地）　ベルサイユ（地）　ボルガ（地）
　　　　　　ビバルディ（人）ブラマンク（人）ボルテール（人）
8　「テュ」は、外来音テュに対応する仮名である。
　〔例〕　テューバ（楽器）　テュニジア（地）
　　　注　一般的には、「チュ」と書くことができる。
　　　〔例〕　コスチューム　スチュワーデス　チューバ　チューブ　チュニジア（地）

図 3.16　外来語の表記（内閣・文部科学省の指針による。抜粋）

---

2) 選手を「変える、替える、代える、換える」か迷った挙げ句に「かえる」と仮名に開く、ということが新聞記事でさえも行われることがある。

3) 日常的に行われる顔文字や絵文字の類は、国語政策の中では位置付けられていない。

3.5.2　仮名遣い	第3章　文字・表記
	3.5　表記法

1.　仮名遣いとは

　日本語の音韻（音声ではない）に対し、仮名を用いてどのように書き表すか
という方法のことを仮名遣いという。特にそれに対する法則性や基準のことを
指す。「仮名遣」とも書く。主な仮名遣いには、次のものがある。

(1) 歴史的仮名遣い　　例：かをり　　　　ゆくへ

(2) 定家仮名遣い　　　　　　かほり　　　　ゆくゑ

(3) 現代仮名遣い　　　　　　かおり　　　　ゆくえ（行方）

2.　各種の仮名遣いの特徴

　歴史的仮名遣いは「旧仮名（遣い）」ともいわれ、平安時代中期辺りに、文
献を記す際に、当時の音韻に対して行われた仮名の用法による基準である[1]。

　鎌倉時代初期に現れた定家仮名遣いは、歌人の藤原定家がまとめた仮名遣い
であり、日本語の音韻が変化した後の文献や語のアクセントに基づく習慣によ
り制定された。それに語の例が増補されながら、歌道、物語などで実際に用い
られた。「かをり」（香り）を「かほり」と書くのは、これに合致するものである。

　表音的な仮名遣いは、江戸時代以前に萌芽し、戦前に体系的に試みられるよ
うになり、戦後に至って国語政策として制定された。昭和21年に「現代かな
づかい」、昭和61年に「現代仮名遣い」が内閣告示・訓令として公布されてい
る[2]。

---

1) なお、「上代特殊仮名遣」と呼ばれるもの
は、奈良時代における万葉仮名の遣い分けか
ら発見されたもので、音韻の差によるとの説
とそうではないとする説とがある。歴史的仮
名遣いの当時の日本語の音韻は、いろは四十
七字と一致する。これが表音的な表記法であ
ったことが中世以降知られなくなり、法則性
が見失われたが、江戸時代に僧契沖が中古ま
での文献での仮名の使用例を帰納することで
見出した。それが国学者らによって受け継が
れ、明治時代から終戦直後までの間、国語政

策として教育にも採用され、仮名遣いの国家
的基準とされた。
2) そこでは、表音的とはいっても、助詞に
「は」「へ」「を」を残し、「はなぢ」「つづみ」
「とおる」（「とほる」による）などを認める
点で、歴史的仮名遣いの影響が見られる。ま
た、現代人の語源意識によるとして、「つま
ず（づ）く」「いなず（づ）ま」なども定め
られた。これは「新仮名（遣い）」とも呼ば
れ、現在、仮名遣いの社会的な規範となって
いる。

3. 字音仮名遣い

「王」(オウ) の「ワウ」、「甲」の「カフ」など、和語ではなく漢字音に対する字音仮名遣いは、『韻鏡』などによる漢字音に対する研究によって進展した[3]。なお個々の字音については説に一定しない部分も残っている[4]。

4. 外来語の表記

外来語の表記には、仮名遣いと類似する現象があり、「バレー」「バレエ」、「ボール」「ボウル」は語の区別の機能をもつ。「ライブ」「ライヴ」、「キーウィー」「キウイ」「キューイ」などの揺れは、原語の綴りや音韻と関わることがある。これらについては、国語政策の中では「外来語の表記」として別に片仮名の用い方が取り決められ、ローマ字による表記についても「ローマ字のつづり方」が示されている。

図 3.17 『大全早引節用集』
「ぢ」に「地」「痔」など、現代仮名遣いと異なるものが見られる。

```
5  次のような語は、「ぢ」「づ」を用いて書く。
 (1) 同音の連呼によって生じた「ぢ」「づ」
    例 ちぢみ (縮)  ちぢむ  ちぢれる
       ちぢこまる
       つづみ (鼓)  つづら  つづく (続)
       つづめる (約△)  つづる (綴*)
    〔注意〕「いちじく」「いちじるしい」は、
          この例にあたらない。
 (2) 二語の連合によって生じた「ぢ」「づ」
    例 はなぢ (鼻血)  そえぢ (添乳)
       もらいぢち  そこぢから (底力)
       ひぢりめん
       いれぢえ (入知恵)  ちゃのみぢゃわん
       まぢか (間近)  こぢんまり
```

図 3.18 現代仮名遣い
(内閣・文部科学省の指針による。抜粋)

---

3) 字音「コウ」には5種の書き分けがあったが、明治期には、「かう かふ こう こふ くわう」を「こー」と簡易化する棒引き仮名遣いが、「小学校令施行規則」により国定教科書に用いられたことがあった (和語の感動詞の表記も含む)。現在、「ケータイ」(けいたい) は、単語としてこの表記がかなり定着している。

4) 和語の仮名遣いにも同様の「疑問仮名遣い」と呼ばれる例がある。

	第3章 文字・表記
## 3.5.3　送り仮名	### 3.5　表記法

1.　送り仮名とは

　現代の日本語は、主に漢字と平仮名とを混用して表記される。また、その漢字は和語を表記する、つまり訓読みがなされることがある。そのため、和語のどの部分までを漢字で書き、どこからを平仮名で書くか、ということが問題となる。そういう場合に、語の付属的な部分に記される仮名のことを送り仮名と呼ぶ。かつては、添え仮名、捨て仮名などの名称もあった（意味に差のあることも）。

　『万葉集』でも「見留」（みる）などという表記があり、また宣命書きや漢文訓読の場で送り仮名が使用され、さらに漢字仮名交じり文での使用が起こり、種々の慣用も生じたが、元より臨時に付される性質のものであったこともあって、個人においても揺れがあるなど、十分に統一されることはなかった[1]。

2.　送り仮名の規則

　送り仮名は、「送り仮名の付け方」（1973年告示訓令、1981年、2010年に一部改正）という内閣告示・訓令によって定められている。

　それによれば、「いかない」「いきます」「いく」などと活用する動詞「いく」（行く）は、語幹の「い」を漢字とし、活用語尾の「く」を平仮名で書けばよい。「おこなう」（行う）も「おこなわない」「おこないます」「おこなう」などと活用するので、やはり「行う」と書くのが「本則」とされている。ところが、それらは「いった」、「おこなった」では、ともに「行った」と表記されてしまい、語形の判断が文脈に依存し、時には区別できなくなる。そこで誤読を避けるために後者に「行なった」を「許容」として認めている。つまり、振り仮名の代わりとなって語形を特定し、明示する機能が送り仮名にはある。

　名詞では、たとえば「幸」（さち）が本則、「幸せ」「幸い」が例外とされる[2]。

　戦前には、送り仮名の規則が不明確であったため、たとえば「少くない」と

---

1)明治以降、送り仮名法についての案が官民を挙げて示されたが、なるべく少なく送るもの、逆に多めに送るもの、中には漢字には2音節を受け持たせるとするものや、語尾の1字だけを送ればよいとするものもあった。

いう表記がなされた場合、「すくない」なのか「すくなくない」なのか、どちらなのかが文中で分からなくなることがあり、問題であった。この規則では「汚い」と同様に「少い」となるはずであるが、先の混同を避けるために、「本則」から外れる「例外」として「少ない」（「少なくない」）とされた。

　ほかに、以下のような不規則性が内在している。

(1) 恐れ：虞…「日本国憲法」に由来する後者は例外として送り仮名がない

(2) 押さえる：抑える…「押す」による前者は「さ」から送るのが本則

　本則と、慣用に基づく例外、許容が混ざったこの規則は、やや複雑にみえるうえに、「お話しします」の「おはなし」は名詞ではなく動詞の連用形であるから送り仮名が必要などという文法上の知識や、一般での「意識」をも要求するものであり、運用に際し、しばしば混乱が生じている。その一方で、「もうしこむ（み）」は、以下のように示されている（「書」はほかの漢字に置換可能）。

(1) 本則…「申し込む」「申し込み」、慣用により「申込書」

(2) 許容…「申込む」「申込み」「申込」

このために「申込書によりお申し込み下さい」といった表記が見受けられる。

本則　活用のある語から転じた名詞及び活用のある語に「さ」、「み」、「げ」などの接尾語が
　　　付いて名詞になったものは、もとの語の送り仮名の付け方によって送る。
　　〔例〕
　　(1) 活用のある語から転じたもの。
　　　　動き　仰せ　恐れ　薫り　曇り　調べ　届け　願い　晴れ
　　　　当たり　代わり　向かい　／　狩り　答え　問い　祭り　群れ
　　　　憩い　愁い　憂い　香り　極み　初め　／　近く　遠く
　　(2) 「さ」、「み」、「げ」などの接尾語が付いたもの。
　　　　暑さ　大きさ　正しさ　確かさ　／　明るみ　重み　憎しみ　／　惜しげ
例外　次の語は、送り仮名を付けない。
　　　　謡　虞　趣　氷　印　頂　帯　畳　／　卸　煙　恋　志　次　隣　富　恥　話
　　　　光　舞
　　　　折　係　掛（かかり）組　肥　並（なみ）巻　割

図 3.19　表記の本則（通則 4、内閣・文部科学省の指針による）

---

2) この方式を広げ、「紅」では「べに」とも「くれない」とも読めるために、「くれない」の場合には「紅い」と書くような方法がとられることもある。ただ、「後」では「のち」「あと」の区別ができないなど、いつも弁別の機能を果たしているわけではない。江戸時

代には「一ト月」のように書けば、「イチガツ」との区別が明示できた。今日では俳句など一部に残る方法である。

「自ら」の前かふりがなの位置の先頭に小さく「オ」「ミ」を書き、オノズカラ・ミズカラを表す迎え仮名もあった。

3.5　表記法　　61

3.5.4　常用漢字	第3章　文字・表記
	3.5　表記法

1.　常用漢字とは

　法令、公用文書、マスメディア（新聞、雑誌、テレビ）など一般での使用漢字を示す「当用漢字表」は、戦前の諸案を受けて作成され、戦後の漢字政策を代表するものであったが、1981年に制定された「常用漢字表」によって廃止された。「常用漢字表」に含まれる漢字を常用漢字とよぶ。その「常用漢字表」も、改定作業が文化審議会国語分科会においてなされ、2010年に内閣告示・訓令として公布された。そこでは、情報化時代の進展に対応するために、191字の追加と5字の削除などが盛り込まれている。字種では、使用頻度が高くとも見送られてきた「誰」「頃」「俺」や「崖」「腺」なども入った。

2.　字　　　種

　戦後の漢字政策では、以下のように字種が増加しつつある。「塾」「猫」「癒」「凹」「凸」などは常用漢字で採用されたものである。

(1) 当用漢字表…1946年、1850字

(2) 常用漢字表…1981年、1945字

(3) （改定）常用漢字表…2010年、2131字

　「（改定）常用漢字表」では、初めて固有名詞の漢字も一部採用することになった。「崎」「潟」「覇」などは、「常用漢字表」で普通名詞を表記するために採用されたものとされているが、結果的には県名や都市名をもこれらで表記することができた。「ケイ（京阪）」など地域名の音訓も含まれてはいたが（計数にも用いられる）、「（改定）常用漢字表」では、都道府県名に含まれる「熊」「媛」「茨」「栃」などがすべて採用された。姓に多用される「藤」は「葛藤」「藤（ふじ）・藤色」といった語の表記のために採用された。一方、「嬉」「嘘」「噂」など、ふだん訓読みでしか用いられないもの、「絆」など頻度数は高くとも採用に至らなかったものもある。

3.　字　　　体

　字体すなわち文字の骨組みは、当用漢字で、通行の略字が大幅に採用された。「仏」「沸」のように定着度の差による字体の差も顕在化した。常用漢字で

も、「挿」など略字が採用されたが、「襲」「竜」のように整合しないものも増えた。（改定）常用漢字では、対応が分かれた。

(1)「亀」「麺」「曽」「痩」など一部の略字が採用された

(2)「塡」「賭」「謎」のようにいわゆる康熙字典体が「通用字体」とされた

これは、主に大手印刷会社などの印刷字体や国際的な文字コードとの関連によるものである[1]。「塡」「箋」などには手書きの際に限って、習慣があると認めた略字も示された。「鬱」のような 29 画に及ぶ複雑な字も入ることは、情報化時代の電子機器を利用して打てる漢字という観点を象徴するものといえる。

4. 用　　法

　世の中での使用実態や表記の合理性などを考慮し、「（電車が）込む」に「混む」を追認するなど、「（改定）常用漢字表」でも削除される音訓よりも追加される音訓のほうが多くなっている。現実の文字生活の実態を一定の程度まで反映したものとなっているが、「お腹」「寿司」など、なお採用されないものもある。付表の熟字訓のたぐいには、当て字や 1 語だけのための読みを含むものも含まれている。

雨	ウ	雨量、降雨、梅雨	五月雨（さみだれ）時雨（しぐれ）梅雨（つゆ）「春雨」、「小雨」、「霧雨」などは、「はるさめ」、「こさめ」、「きりさめ」。
	あめ	雨、大雨	
	あま	雨雲、雨戸、雨具	
唄	うた	小唄、長唄	↔歌
鬱	ウツ	憂鬱	
運	ウン	運動、運命、海運	
	はこぶ	運ぶ	
雲	ウン	雲海、風雲、積乱雲	
	くも	雲、雲隠れ	
永	エイ	永続、永久、永遠	
	ながい	永い、日永	↔長い

図 3.20　（改定）常用漢字表（抜粋）

1)筆で字を書いていた時代と異なり、見るための文字と書くための文字という二重構造が一般に理解を得られがたくなっており、字体の細部の差への抵抗感が示されることがある。とくに教育の立場を中心に、漢字政策としての整合性を期待する意識が強い。

4.1.1　語と語彙

第4章　語　彙
4.1　単語と語構成

1.　語　と　は

　人間をとりまく世界は、現実であれ想像の産物であれ、さまざまな要素が連なって成立している。人間は体験したり想像したりする、モノ・状態・性質・動作・数量などの一つ一つに「名前」を付け、世界の一部分を言葉を使って写し取って、他の何かと区別している（4.1.2項）。その「名前」を語または単語という[1]。語は音声・文法・意味・文字など、言語全般に関係する。

2.　語　彙　と　は

　単語という言葉は日常会話でも「受験英単語」などと使われるが、語彙は単語ほどなじみ深い言葉ではない。語彙の‘彙’には‘集まり’の意味があり、個別の語とは異なる。語彙を研究する分野を語彙論という。

　語彙は、

　「一定の範囲で使用される語の体系的な集合体」

と定義される。この「一定の範囲」というのは、個人・集団・時代・作品・使用場面・使用地域・言語など、さまざまに限定した使用範囲のことである。「源氏物語の‘あはれ’という語彙」などの表現がしばしば見られるが、この場合は特定の言葉を指しているので、語または単語というのが正しい。

3.　語　の　性　格

　語は言語の中でばらばらに存在するのではなく、互いに何らかの関連をもって存在している。われわれは、言語社会から与えられた語を使って、組み立ての規則（文法）に合わせて文を作り、コミュニケーションを行っている。

　何を語と認めるかは文法論の違いによって異なるが[2]、一般的な性格は、

(1)語は形式（音の連続）と意味が結合した統一体である。

(2)語は言語社会ごとに共有され、蓄えられている。

(3)語は文を作るもととなる。

---

1)単語を分析していくとさらに小さな成分に分けられるため、単語と言わずに語と呼ぶ、とする考え方がある。また、語は文法論の立場で使い、単語は語彙論の立場で使う、とする考え方もあるが、ここでは区別せずに用いる。

(4) 語の総体である語彙は文法とともに言語活動の基本的な概念である。

のようにまとめられる。文法的な性格でグループ分けした語彙を品詞という（5.2 節）。

　語に語彙的な面と文法的な面のあることは、オーソドックスな外国語学習で辞書と文法書が必要になることからも実感できる。そして、既存の語をリストアップした目録は辞書や索引となる。

4. 語　　　形

　語は一定の形をもつ。それを語形という。語形は、表記上の違いは問題にしない。すなわち、「さびしい／サビシイ／寂しい／淋しい」は表記の違いであって、語形の違いではない。

　また、文法的な機能の違いも語形の違いではない。たとえば、動詞の「読む」は「ヨマ（ない）／ヨミ（ます）／ヨメ（ば）／ヨン（で）」などと変化するが、「ヨム」を代表として考え、「読む」の語形ととらえる。

　同じ意味を指す語でも、現れ方（形式）が異なるものを語形のゆれと呼ぶ。

(1) むつかしい／むずかしい

(2) さびしい／さみしい

(3) やはり／やっぱり／やっぱし／やっぱ

これらは「話し言葉：書き言葉」、「硬い：柔らかい」、など、文体上の差は認められるが、意味の核心部分に明確な違いはない。

---

2) 鈴木（1972）は、語は語彙的意味と文法的意味の統一体であるという立場から、学校文法では語と認める助詞・助動詞を語の一部とする考え方をとる。学校文法では「さくら／が」と 2 語とするものを、「さくらが」「さくらを」「さくらに」と、助詞を付けた形で 1 語と考える。

表 4.1　語彙的意味と文法的意味

文法的な側面 ＼ 語彙的な側面	〈桜〉	〈山〉	〈馬〉	〈子ども〉
——が（主体など）	さくらが	やまが	うまが	こどもが
——を（直接対象など）	さくらを	やまを	うまを	こどもを
——に（くっつくところ、あい手など）	さくらに	やまに	うまに	こどもに

鈴木（1972）による。

4.1.2　語の単位と形態素	第4章　語　彙
	4.1　単語と語構成

1.　語の長さとまとまり

語には短いものから長いものまである（以下で言う音節はモーラと重なる。音節とモーラの関係は2.1.1項参照）。

(1) 1音節…カ（蚊）、キ（木）、ク（苦）、ケ（毛）、コ（子）、など

(2) 2音節…アイ（愛）、ウエ（上）、オカ（丘）、キク（菊）、など

(3) 3音節…アタマ（頭）、イズミ（泉）、ウナギ（鰻）、など

これらは常識的に語としての形も意味もひとまとまりになっている。しかし、

(4) 年末ジャンボ宝くじ

(5) セイタカアワダチソウ（植物名）

(6) 包括的核実験禁止条約機構準備委員会（機関名）

などになると、いくつかの意味の切れ目を入れることができる。どこまでを上限として1語とするかは難しい問題であるが、長い語はいくつかの意味の小さなまとまりの組み合わせでできていることがわかる（4.3.1項）。

2.　語 の 単 位

語は文を作る要素でもあるから、逆に、文を形式と意味の両方から分析し、得られた結果が語であるともいえる。たとえば、次の例文を区切ってみると、

文　　：庭に花が咲く。

文節：庭に / 花が / 咲く。

語　　：庭 / に / 花 / が / 咲く

音節：ニ / ワ / ニ / ハ / ナ / ガ / サ / ク

音素：n / i / w / a / n / i / h / a / n / a / g / a / s / a / k / u　　　小

となる。'/' で区切った結果は音節（またはモーラ）・音素レベルでは意味を持たず、語より大きな単位には意味が備わっている[1]。ただし、「庭　花　咲く」に比べると、「に　が」は文法的意味しかなく、語としての独立性が弱い。

---

1) ただし、「庭・花・咲く」は語彙的意味を持つが、助詞「に・が」はそれだけで具体的な何か指す語彙的意味を持たない。「に」は〈場所〉、「が」は〈主体〉を表す語に付いて、

文の中で語の果たす役割を表しているだけである。助詞、助動詞などのこうした機能を文法的意味と呼ぶ。

そのため、学校文法で言うところの助詞・助動詞（付属語）を語と認めない立場もある。言語構造の研究はこのような言語単位を設定する必要がある。言語単位は研究目的によって異なる[2]。

3. 形　態　素

　ある語の意味の面に注目して分析していくと、

(1)北風　→　キタ　＋　カゼ

となる。北風は〈キタ〉と〈カゼ〉の組み合わせである。ところが、

(2)風下　→　カザ　＋　シモ

のように、〈カゼ〉の意味を持つ部分が〈カザ〉の形で〈シモ〉と結びついている語もある。同様に、

(3)アメリカ人　→　アメリカ　＋　ジン

(4)寒さ　→　サム　＋　サ

は、〈アメリカ〉と〈ジン〉、〈サム〉と〈サ〉が結びついて 1 語となっている。(1)〜(4)の〈キタ〉〈カゼ〉〈カザ〉〈シモ〉〈アメリカ〉〈ジン〉〈サム〉〈サ〉はそれぞれ意味の単位となっている。このような語を分析して得られる語以下の単位を形態素という。

(a) 形態素は意味をになう最小の単位である。

(b) 形態素は語基と接辞に分けられる（4.3.1 項）。

　これらのうち、〈キタ〉〈カゼ〉〈シモ〉〈アメリカ〉〈サム〉は語としての資格もあり、自立できる（＝自立形態素または独立形態素）が、〈カザ〉〈ジン〉〈サ〉は常に何かと結びつかなければ自立できない（＝非自立形態素または拘束形態素）。特に〈サ〉は名詞を作るための付加的要素なので接辞と言う。また、意味の中核は同じである〈カゼ〉〈カザ〉は、どちらも/風/の意味を担っているので語基とも言う。ただし漢語（字音形態素）では語基か接辞かを明確にしがたいものもある（4.3.2項）。〈カゼ〉を代表形態とすると、〈カザ〉は〈カゼ〉の異形態であるという。

　形態素を考えるときは、共時的な意識に基づいて観察することが前提であり、語源にさかのぼって分析することとは別に考えるべきである[3]。

---

2)たとえば、新聞の 1 面にはどの程度の語彙が使用されるか、といった語彙量を調べる目的ごとに単位を設定することがある（4.5.1項 注 1 ）。

3)たとえば、「まつげ（睫）」の語源は「ま（目）＋つ（ノ）＋け（毛）」だが、現代語では切り離せないものとして 1 形態素と考える。

4.1　単語と語構成　　67

4.2.1 意味

第4章 語彙
4.2 意味

1. 意味とは

意味の定義には多くの見解が出されていて、それぞれに一長一短があるといわれる。ある言語単位に注目して、その言語単位の使われ方を意味として規定しようとすれば、「場の意味」「文の意味」「語の意味」などに分けられるが、一般的には語の意味（語義）を指すことが多い。

2. 語の意味

語は一定の形と意味とが結びついたものである。言い換えれば、語は語形と意味を兼ね備えることで成り立っている。語形は音の連続として現れ、それを文字に写すことによって目に見える形になる。しかし、意味は目に見えるものではなく、

(1) 言語表現をキャッチして頭の中に実体やイメージ、概念などと結びつけることができる[1]。

---

1) たとえば、日本語で /neko/ という音の連続する形式は〈古くから人間に飼われ、ねずみを捕る動物〉という意味とセットで単語が成り立っている。これを勝手に /ne/ と /ko/ に分けたり、/kone/ と並び方を変えたりすると〈ネコ〉の意味をなさない。また、日本語で /neko/ という語形（音素の連続）が指示対象（実体としてのネコ）と結びついているのは必然的なものではなく、恣意的な関係である（図4.1）。語・語形・意味・指示対象の関係は次の図のように表される。

これは、意味に関する代表的な説で、心理主義の立場からの「イメージ（心的映像）」にもとづいている。このほかに、ある語の使われ方が、他の語と区別するときに必要な特徴（示差的特徴または弁別的特徴）に意味の本質を見出すという考え方などもある。

図4.1 語とイメージ〈ネコ〉

(2) ある語が何を指すのかは、言語社会ごとに決まっており、ある言語社会の
　　もとでの社会的な約束事である[2]。

という考え方が一般的である。一方、指示対象が明確である語とは異なり、
「しかし」「〜が〜」「〜た」などの接続詞・助詞・助動詞などは指示対象を言
語の外に求めることはできない。そこで、

(a) 指示対象が言語の外にある場合の意味を語彙的意味という。

(b) 言語の枠の中で言語の構造などに関わる場合の意味を文法的意味[3]という。

のように分けて考える。一般に、語の意味と呼ぶのは、語彙的意味である。

3. 意義素・意味特徴

　たとえば、「泳ぐ」という語について意味を考えよう。泳ぎ方にはさまざま
な方法があるが、

(1) 人間や動物が　〈主体〉

(2) 水面や水中を　〈場所〉

(3) 手足やひれなどを使って　〈手段〉

(4) 目的の方向に移動する　〈動作〉

という要素を共通に見いだすことができる。このような意味に関する共通要素
を意義素と呼ぶ[4]。意義素に関してまとめると、以下のようになる。

(a) ある語の指示する対象から具体的、個別的な特徴を排除し、一般化された
　　意味の総体を意義素と呼ぶ。

(b) 意義素はさらに小さな意味特徴（意義特徴）に分けられる[5]。

(c) 意義素の特定は原則として語源と関わらない。

---

2) 日本語を使う社会で言う 'イヌ' は、英語
の社会では 'dog'、中国語の社会では 'gou'、
と決まっていて、それぞれの社会の構成員は
その結びつきを壊さずに言葉を使っている。
もし、個人個人で勝手に変えられるならば、
コミュニケーションは成立しなくなる。
3) 動詞、形容詞、副詞などは、語彙的意味と

文法的意味の両方を持つといわれる。文法的
意味しか持たない語を「機能語」とも呼ぶ。
4) 辞書的意味や一般的意味も意義素と同じよ
うに使われることがある。
5) 意義素という概念は、服部四郎が提唱し、
國廣哲彌が継承、発展させた。國廣は用語と
して「意義特徴」を用いる。

4. 語彙の構造と意味

親族名詞である「兄・弟・姉・妹」と 'brother・sister'、温度形容詞「あつい・さむい・つめたい」と 'hot・cool' などを比べると、それぞれの意味特徴が異なることがわかる。意義素や意味特徴を構造的にとらえることができるものとしては、日本語のコソアド体系が代表的な例として挙げることができる。

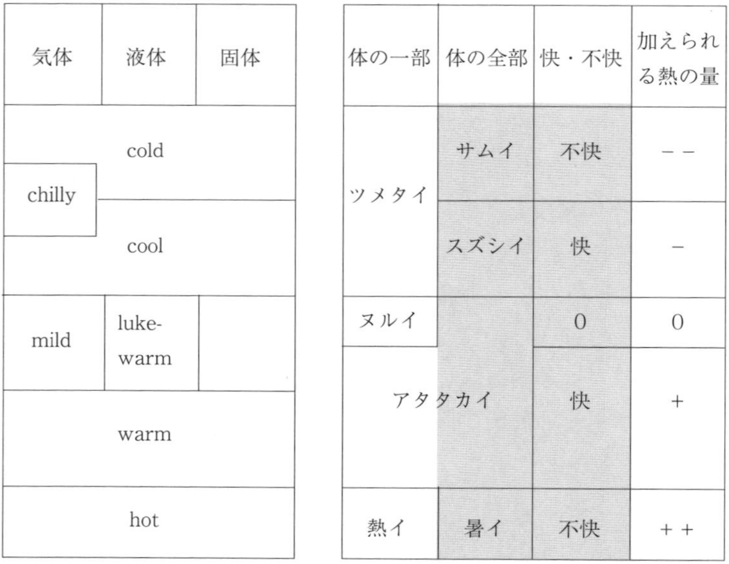

気体	液体	固体
	cold	
chilly		
	cool	
mild	luke-warm	
	warm	
	hot	

体の一部	体の全部	快・不快	加えられる熱の量
ツメタイ	サムイ	不快	－ －
	スズシイ	快	－
ヌルイ		0	0
アタタカイ		快	＋
熱イ	暑イ	不快	＋ ＋

図 4.2　英語と日本語の温度形容詞の体系図（國廣（1967）による）

5. 慣用句の意味

「手を焼く」「顔が広い」などの慣用句は、複数の語が結びついてできているが、「手、焼く」「顔、広い」などの個々の語の意味を押さえ込み、それぞれ〈困る〉〈交際範囲が広い〉という意義素と対応しているので、「足を焼く、腕を焼く」「頭が広い、頬が広い」のようにほかの語には置き換えられない。

70　第 4 章　語　彙

4.2.2　意味関係

第4章　語　彙

4.2　意　味

1.　語彙の意味的体系と意味関係

　語はそれぞれがバラバラに存在するわけではなく、語どうしが何らかの関連をもって意味による体系的まとまりをなしている。ある語を中心に置いて相互の意味のつながりを分析すると、いくつかの意味関係を考えることができる。

2.　類　義　語

　2語以上の語の間で意味がほとんど同じである場合を類義語（または同義語・同意語）という。類義語を考える際には、以下の観点が必要だといわれる。

(1) 認識的意味（指示対象のとらえ方に関するもの）

　　例：宿屋／旅館／ホテル、あがる／のぼる

(2) 感情的意味（言語使用者の下す評価に関するもの）

　　例：食べる／召し上がる、死ぬ／くたばる

(3) 文体的価値（文体差や語感[1]に関係するもの）

　　例：きょう／本日、さそう／いざなう、集まり／つどい

　(1)は、指示対象とその重なり具合によって、図 4.3 のように分類できる。

分類	A. 等価関係	B. 包摂関係	C. 共通関係	D. 隣接関係
例	卓球／ピンポン 投手／ピッチャー ふたご／双生児	先生／教師 なおす／治療する 木／樹木	机／テーブル きれいだ／美しい 勉強する／まける	貯金／預金 生徒／学生 警報／注意報

図 4.3　認識的意味

1) 語感分析の観点として、以下の7点が挙げられる。括弧内の例語のうち、左の語から見て、右の語にそのような語感があるとされる。

　① 古めかしい感じ（映画・活動写真）

　② 新鮮な感じ（買い物・ショッピング）

　③ 改まった感じ（決める・定める）

　④ 優雅な感じ（目・まなこ）

　⑤ 下品な感じ（ごはん・めし）

　⑥ いやしめる感じ（言う・ほざく）

　⑦ 忌まれる語感（手洗い・便所）

2) 語は語形が変われば同一の意味を持たない、という立場に立てば、完全な同義語は存在しないことになる。

Aの等価関係にある語は、指示対象だけを考えるか、その語に付随する付加的な意味まで考えるかどうかで等価だとしても同義ではないと考えられる[2]。たとえば、卓球とピンポンの2語に「スポーツ競技として」と「娯楽として」という質的な差を見出すことができる。こうした違いは既存の語と新語、あるいは語種の違いに関係することが多い。

Bの包摂関係（包括関係）にある語どうしは、上位語と下位語の関係になる。たとえば、動植物の分類では上位と下位の関係が明確に線引きされ、「動物＞哺乳類・爬虫類・鳥類・両生類…」、「哺乳類＞イヌ・ウマ・クジラ…」となる。つまり、言語の意味にも上位と下位の関係が成り立つ。ただし、上位語と下位語の関係にある語のすべてが類義関係になるわけではない。

Cの共通関係では、重なる部分と重ならない部分がある。語が結びついて文や句を作るとき、意味的条件によって結びつく語に制限のあることを共起制限（選択制限）と呼ぶ[3]。たとえば、「きれいだ」と「美しい」は意味と用法の面から共起制限があると考えられる。

Dの隣接関係は共通関係に近い。専門用語としては「生徒・学生」の場合、中学生・高校生を「生徒」、短大生・大学生を「学生」とする区別があるため重ならない語どうしの関係といえる。ただし、日常語では明確に区別しがたいこともある。

3. 対 義 語

ある意味特徴で対立する語のセットを対義語という[4]。

(1) 対義語の分類

対義語は、主に以下のような観点から分類される[5]。

---

3) 共起制限は表4.2のように表すことができ　る。

表4.2　共起制限

きれいだ	美しい
きれいな花（紅葉・山・景色）	美しい花（紅葉・山・景色）
きれいに装う（咲いている）	美しく装う（咲いている）
φ	美しい過去（話）
φ	美しい友情（師弟愛・人情）
きれいな水	φ
きれいに食べてしまう	φ

国立国語研究所（1965）をもとに作成。

① 相補関係（X と Y で、X を否定すれば Y になる）

　　例：表 / 裏、出席 / 欠席、当たる / はずれる、等しい / 異なる

② 相対関係（X と Y が、X 〜 Y の間に程度の差を示すことができる）

　　例：大きい / 小さい、多い / 少ない、高い / 低い、高い / 安い、長い / 短い

③ 反対関係（X と Y で、動作の方向性や対象への視点が反対である）

　　例：着る / 脱ぐ、結ぶ / ほどく、売る / 買う、上り坂 / 下り坂

(2) 対義語意識

　対義語は語のペアの意味特徴だけを対立させるのではなく、語種、文体的特徴、品詞がそろったときに意識されやすい。

① 同じ語種…夫 / 妻（×ワイフ）、高価だ / 安価だ（×チープだ）

② 同じ文体的特徴…父 / 母（×おふくろ）、生まれる / 死ぬ（×くたばる）

　しかし、同じ品詞間で対応する語が欠けている場合は、異なる品詞のペアも対義語として認めることがある。

③ 異なる品詞…ある（動詞）/ ない（形容詞）、同じだ（形容動詞）/ 違う（動詞）、きたない（形容詞）/ きれいだ（形容動詞）

(3) 対語

　意味特徴の対立が明確ではないが、セットになる語群を対語（「たいご」または「ついご」とも）と呼ぶ。

　　例：グー・チョキ・パー、気体・液体・固体、春・夏・秋・冬、優・良・可・不可、日・月・火・水・木・金・土、など

---

4) 一般には反対語、反意語という用語で呼ぶこともあるが、「反対語」としてペアになる語の関係は一様ではないため、ここでは対義語と呼ぶ。対義語は意味関係による何らかの類縁性があることから、類義語に含めて考える場合もある。たとえば、「兄 / 弟」は〈年齢の上下〉の意味特徴で対立するが、〈同じ親の男の子供〉という意味特徴には共通点があり、類縁性があると考えることができる。

5) 対義語を分類する観点としては、ほかにも

　・両極性にもとづく対義語…例：満点 / 零点　北極 / 南極　最高 / 最低

・反照関係にもとづく対義語…例：上り坂 / 下り坂　入り口 / 出口　教える / 教わる

・たがいに相手を前提とした対義語…例：親 / 子　夫 / 妻　先生 / 生徒　医者 / 患者

・変化に関する対義語…例：あがる / さがる　つく / 離れる　寝る / 起きる　誕生 / 死亡

などが挙げられる（村木（2002）をもとに作成）。

4.2.3 意味変化

第4章 語彙
4.2 意味

1. 語源・語誌

　語の発生段階における意味と形態を語源といい、語源を明らかにする学問を語源学（etymology）という。日本語はそれ自体の系統が明らかになっていないため、それ以上さかのぼることのできない語源を突き止めるには多くの困難がともなう。そのため、ある語についてできるだけ古い意味と形式にさかのぼり、その意味・形態・用法などの変遷を語誌として記述することが多い[1]。

　また、語の発生に関しては、次のように派生という見方が可能なものもある。

・派生…ある語根から意味や形態に関連性のある語が生まれること[2]。

　　例：語根 as → <u>as</u>a　　<u>asita</u>　　<u>asita</u>　<u>asu</u>　　<u>asate</u>
　　　　　　　　　（'朝'の意）　（'明日'の意）　（'明後日'の意）

2. 意味領域の変化

　語は時間をかけて意味変化を起こすが、大きく分けて次のように2つの方向がある。

(1) 拡大…語の原義よりも広くなり、一般化する。

　　例：めし（米を炊いた食べ物→食事全般）

　　　　瀬戸物（瀬戸地方で生産された陶磁器→陶磁器全般）

(2) 縮小…語の原義よりも狭くなり、特殊化する。

　　例：つま（男女いずれからもいとしい人の呼称→妻）

　　　　とり（鳥類全般→食用としてのニワトリ）

---

1) 語誌は語史と書かれることもあるが、語誌のほうが文化的背景をも含む広い概念と考えられている。
2) 語根とは、通時的な観点から一定の手続きによって抽出された理論上の最小単位である。ただし、「派生」という用語は接辞をともなう「さびしさ」「おかしみ」のような語を指して使うのが一般的である。

3. 転　　　義

　原義（またはある時点での語義）から見て、その語が新しい意味を獲得することを転義という。転義を類似性や近接性という観点で分類することがあるが、実際にはそれらが複合して明確に分けにくいこともある[3]。

(1) 類似性…指示対象の形状や感覚として共感できるという共通性

　　例：骨（〈人の、魚の…〉動物の身体を支える器官→〈傘の、障子の…〉道
　　　　具などを支える材料や構造）

　　　　辛い（〈とうがらしが、わさびが…〉舌が刺激を受ける味覚→〈先生が、
　　　　評価が…〉苦しいほどきびしい）

(2) 近接性…関連性の深さからの転用

　　例：目（動物の視覚的器官→見ること、見方、評価、など）

　　　　一服する（茶やタバコをのむ→休憩する）

また、もとの語の価値が変化することも転義に含めて考えられる。

(3) 上昇・下落…価値や評価がプラスやマイナスに変化。

　　例：しあわせ（めぐり合わせ（±0）→幸福（＋））

　　　　貴様（尊称（＋）→卑称・蔑称（－））

4. 単義語と多義語

　長い時間の経過の中で、原義に新しい語義が次々と加わっていくと、多義語となる。

(1) 単義語とはある語形に対して1つだけ意味が対応している語をいう。

(2) 多義語とはある語形に2つ以上の意味が対応している語をいう。

(3) 和語は多義性を持ち、漢語・外来語も日常語化すれば多義語となる。

(4) 専門用語、なじみのうすい漢語、外来語などは多義語になりにくい。

(5) 多義語では漢字表記によって意味の細分化を行うことがある。ただし、明
　　確に書き分けられるものではない。

　　例：あう（合う・会う・逢う・遭う・遇う、など）

　　　　とる（取る・捕る・撮る・採る・執る・盗る・獲る・摂る、など）

---

3)これらは比喩として考えれば、類似性は隠喩、近接性は換喩と呼ばれる。その表現がレトリックとしての臨時的な意味から社会的にも定着した表現となれば、転義と考えてよい。

	第4章　語　彙
# 4.3.1　語構成と造語法	## 4.3　語構成と造語法

1. 語　構　成

(1) 語構成とは

　ある特定の時点で、ある語について語構成というときには以下の両面がある。

　① すでに存在する語の構造（語構造）について

　② 新しい語の成分や造語の方法（造語法）について

　このような研究分野を語構成論という。ただし、①と②は明確に区別できるわけではなく、両者はふつう重なりあう。造語法は語形成ともいう。

(2) 語構成から見た語の分類

　語を形態素に分けたとき、語基と接辞の2つに分けられる[1]。

　形態素 ┤語基…語の意味的な中核を担う。
　　　　　接辞（接頭辞・接尾辞）…常に語基と結合して語の一部となり、形式的意味を添えたり、品詞性を決定したりする。

　そのうえで、語構成から見ると、語は以下のように分類される。

　語 ┤単純語…語基が1つだけで語となることができる。
　　　　　例：手、足、春、風、花、見る、回る、安い
　　　合成語[2] ┤複合語…2つ以上の語基によって語となる。
　　　　　　　　┤統語構造：語基の品詞性による統語関係での結合。
　　　　　　　　┤並立構造：前項と後項が対等な資格での結合。
　　　　　　　　┤重複構造：同じ語基の繰り返しによる結合。
　　　　　派生語…語基に接辞が付いて語となる。
　　　　　　例：お祝い、たのしさ、子供っぽい、不自由、合理的

---

1) 語基がそのままの形で単語となることができるものを自立語基、常に他の語基と結合して単語となることができるものを結合語基と呼ぶことがある（4.1.2項）。

2) 合成語では、前項と後項の結合にともなって変音現象が見られることがある（2.2.4項）。

① 連濁　例：ヤマ＋サト→ヤマザト（山里）

② 音便　例：ヒキ＋カク→ヒッカク　ブチ＋ナグル→ブンナグル

③ 母音交替　例：/ame/＋/oto/→/amaoto/（雨音）

④ 半濁音化　例：ツキ＋ハシル→ツッパシル　アケ＋ハナシ→アケッパナシ

⑤ 音韻添加　例：/haru/＋/ame/→/harusame/（春雨）

2. 複合語の構造

複合語の成り立ちはそのパターンが複雑なので改めて整理しておく。

(1) 統語構造…語基の品詞性による主な結合パターンは以下のようになる[3]。

　① N + N → N（山道、春風、本棚）
　② N + V → N（花見、山歩き、卵焼き）[4]
　③ N + V → V（裏返す、根付く、巣立つ）
　④ N + A → A（心細い、名高い、色白-ナ、気長-ナ）
　⑤ V + N → N（落ち葉、下り坂、乗り物）
　⑥ V + V → V（歌い上げる、思い出す、逃げ切る）
　⑦ V + V → N（書き初め、飲み過ぎ、申し合わせ）

(2) 並立構造…前項と後項がトで結ばれ、類義と対義の関係に分類できる。

　　　類義関係（野山、月日、道路）　　対義関係（うらおもて、男女）

(3) 重複関係…いわゆる畳語（山々、神々、泣き泣き、休み休み）。

3. 高次結合の合成語

合成語では複合と派生が繰り返して行われると長い語ができる。この場合、1回目の結合を1次結合、2回目を2次結合、…と呼び、最終的な結合の部分で複合語か派生語かが区別される。

---

⑥音韻脱落　例：/kawa/ + /hara/ → /kawara/
（川原）

このほかに、アクセントの変化、音韻融合、連声などもある。

3) 略号は [N：体言類語基（名詞、数詞に相当）、A：相言類語基（形容詞、形容動詞に相当）、V：用言類語基（動詞に相当）、M：副言類語基（副詞、連体詞などに相当）] の意である。他のパターンには以下のようなものもある。① V + A → A（例：粘り強い）、② A + N → N（例：安物）、③ A + V → N（例：早起き）、④ A + N → N（例：自由人）、⑤ M + N → N（例：とんとん拍子）

4) 複合語の統語関係による結合には潜在的な助詞を介していることがわかる。[N + V → N] のパターンで考えると、以下のように多様な格関係で結合していることがわかる。

　NガVスル（主格）例：日暮れ、値上がり
　NヲVスル（対格、目的語）例：金持ち、湯沸かし
　NヲVスル（移動格）例：家出、川下り
　NデVスル（具格）例：バター炒め、砂遊び
　NニVスル（帰着格）例：里帰り、人まかせ
　NデVスル（場所格）例：島育ち、雲隠れ

4.3　語構成と造語法　　77

4.3.2　漢語の構造

第4章　語　彙
4.3　語構成と造語法

1.　字音形態素

　1字漢語は意味上、和語の単純語に相当し、名詞以外に和語の文法形式と結合して種々の品詞となる。

　　名詞：愛、語、差、図、…　　動詞：案–ずる / じる、信–ずる / じる、接–する、…

　　形容動詞：変–な、妙–な、楽–な、…　　　副詞：現–に、実–に、特–に、…

　しかし、いわゆる熟語となった漢語は見かけ上品詞性が必ずしも明瞭でない。そのため、和語と同様に語構成を考えることがむずかしい面がある。そこで、漢語の構成要素として「字音形態素」という概念が導入される[1]。

　字音形態素は品詞性にもとづいて以下のように分類されるが、所属が複数にわたるものも少なくない（野村（1988）による）。

(1)語基・① 体言類語基…N（名詞、数詞に相当。客、駅、気など）

　　　　② 相言類語基…A（形容詞、形容動詞に相当。急、新、独など）

　　　　③ 用言類語基…V（動詞に相当。接、帰、集など）

　　　　④ 副言類語基…M（副詞、連体詞などに相当。最、再、予など）

(2)接辞・⑤ 接頭辞…無、不、非、未　など

　　　　⑥ 接尾辞…的、然、性、化　など

2.　2字漢語の構造

　2字漢語は漢語の中で最も基本的なもので、意味上は複合語に相当するが、現代語ではその意識が薄れて単純語に相当することが多い。字音形態素をもとに、2字漢語の結合パターンを示すと以下のようになる（野村、1988）。

(a)補足…述語成分（V、A）によって要求されるNが格関係をもつ。

　　N＋A：胃弱、性善、民主　　A＋N：有害　無人　多才

　　N＋V：地震、肉食、前進　　V＋N：降雨　読書　登山

---

1)たとえば、漢字「後」の読みには、ゴとコウがあり、それぞれ「後日（ゴジツ）/今後（コンゴ）」「後年（コウネン）／後悔（コウカイ）」のように使い分けられる。つまり、漢字「後」はゴとコウという2つの形態素を文字で表しているということになる。字音形態素は、語基と接辞に分けられ、語基を自立語基・派生語基・結合専用語基に分けられる（野

(b) 修飾(1)…連用修飾関係にある。
　　A＋V：博学、静観、細分　　V＋V：競泳、代弁、歓談
　　M＋V：必要、皆勤、予感　　M＋A：最高、至近、特大
(c) 修飾(2)…連体修飾関係にある。
　　A＋N：幼児、難題　　V＋N：祝日、支店　　N＋N：山脈、牛乳
(d) 並列…類義関係の語基が対等の資格で並ぶ。
　　N・N：道路、身体　　A・A：温暖、堅固　　V・V：増加、破壊
(e) 対立…対義関係の語基が対等の資格で並ぶ。
　　N⟷N：天地、左右　　A⟷A：高低、遠近　　V⟷V：生死、去就
(f) 重複…重複関係にある。　□＝□：段々、個々、黙々、近々
(g) 補助…接辞（■で表す）を含む結合となる。
　　■←□：不明、非常、未完、所定　　□→■：史的、全然、悪化
(h) 省略…ある語の省略形からなる。
　　経済（←経世済民）、　農協（←農業協同組合）、　医大（←医科大学）
(i) 音借…漢字の意味と関係なく字音による語表記。
　　葡萄、玻璃、刹那、旦那、砂利、時計、面倒

3.　3字漢語の構造

　3字漢語の多くは、2字漢語と1字漢語の結合による。以下の結合パターンでは、接辞を含むものと含まないものに分けることも可能である[2]。
　　［(□□)＋■］型　例：文化人、機関車、事務員、現代的
　　［■＋(□□)］型　例：肺結核、急停車、不完全、各委員
　明治期に2字漢語によって多くの新漢語が生まれた後に、「──性」「──化」「──的」などと結合して生まれた3字漢語も多く、現代語でも新語を作る有力なパターンとなっている。

村、1988)。
2) ほかに並立関係にあるものや2字漢語を結合させた3字漢語もあるが、数は多くない。
　　［□・□・□］型
　　　例：雪月花、松竹梅、市町村

　例：重軽傷、陶磁器

4.3.3　造語と命名

第4章　語　彙
4.3　語構成と造語法

1. 造 語 法

　新しい単語を造ることを造語といい、新しい語の生産力を造語力という。造語法は語構成の分析から新たに語が造られていく過程を考察するため、語構成と重なるところも多い。語根創造以外は既存語の利用による。

(1)語根創造…オノマトペ（音象徴語）を造る。他言語に比べると、日本語ではこの方式による造語が活発に見られる。畳語形式になるものが多い。

　　　例：がちゃん、ぞわっ、びしびし、めろめろ、わなわな

(2)合成（複合・派生）…日本語では最も生産性が高い方法である。

　　① 複合では、統語構造によるものが多く、複雑である（4.3.1、4.3.2項）。

　　② 派生では、造語成分となる接辞のうち、接頭辞には品詞を転換させる能力がなく、接尾辞に品詞転換の能力を持つものがある。ただし、一部の漢語系接頭辞には品詞を転換させる能力がある[1]。また、接辞は和語系、漢語系に多く、外来語系は少数である。

　　③ 接頭辞：和語…<u>お</u>菓子、<u>まっ</u>黒、<u>か</u>弱い、<u>さ</u>迷う、<u>そら</u>おそろしい

　　　　　　　漢語…<u>反</u>主流、<u>不</u>完全、<u>無</u>意識、<u>未</u>完成、<u>非</u>常識、<u>被</u>選挙権

　　　　　　　外来語…<u>アンチ</u>巨人、<u>ノン</u>セクト、<u>プレ</u>オリンピック

　　④ 接尾辞：和語…私<u>たち</u>、静か<u>さ</u>、おかし<u>み</u>、かなし<u>げ</u>、春<u>めく</u>、男<u>っぽい</u>

　　　　　　　漢語…安全<u>性</u>、大衆<u>化</u>、理想<u>的</u>、銀行<u>員</u>、挑戦<u>者</u>、学者<u>然</u>

　　　　　　　外来語…漫画<u>チック</u>、早稲田<u>イズム</u>

(3)混交…個人的な記憶違いや言い間違いなどによって、語どうしの一部を混同した誤りが固定化したものだが、流行語や商品名などでは造語に利用される。

---

1)③に挙げた例では、[A→N] となるのは、「―さ」「―み」「―げ」、[N→V] となるのが、「―めく」、[N→A] は「―っぽい」となる。漢語は品詞としてNとA（名詞・形容動詞）の両方あるいは、V（サ変動詞）と、複数の属性を持つことが珍しくないが、[N→A] となるものとして、「非―」のよ

うな否定を表す一部の接頭辞がある。
　一般に動詞連用形が名詞として機能するように、語形を変えずに品詞を転換させたものを「転成」と呼ぶが、和語の語基に接辞が付いて品詞が変わるものをも「転成」と呼ぶ考え方もある。

80　　第4章　語　彙

例：やぶる＋さく→やぶく、とらえる＋つかまえる→とらまえる

飲み＋コミュニケーション→飲みニケーション

(4) 省略…語の一部が省略されて短くなった語を略語と呼ぶ。日本語ではよく使用されるものは短い語形に省略されることがある。語のモーラ数が3〜4のものが多いとされるので、3〜4モーラに落着くことが多い[2]。

例：国民スポーツ大会→国スポ、原子力発電→原発、携帯電話→携帯

コンビニエンスストア→コンビニ、生ビール中ジョッキ→生中

一般に造語成分の後項を略す例が多いが、隠語では前項を略すことも多い。

例：警察→サツ、麻薬→ヤク、池袋→ブクロ

アルファベット略語の場合、(1) 外国語の頭文字をとる、(2) 語種を問わず、正式名称やフレーズから頭文字をとる、などの例がある。特に、流行語、隠語[3]、言葉遊び[4] などでは婉曲表現に利用される。

例：Compact-Disc → CD、Nihon Hôsô Kyôkai → NHK

空気読めない（Kûki Yomenai）→ KY

2. 命　　名

他と区別したい対象に名付けをすることを命名という。特に人名、地名、商品などに対する名付けをいうことが多い。命名は、[命名者→（言語）→対象]のような三者が必要であり、命名者は、対象に名付けをするとき、

(1) 類を表す語基に他との差異を表す語基と結合させ、普通名詞を造る。

例：いぬ（類）：飼い-／のら-／子-いぬ

(2) 見立て、比喩、連想による造語により、固有名をつける。固有名は造語法全般および、既存語から借用することも多い。

例：[女児に対する命名] アイ、ミドリ、サクラ、ユリ

[男児に対する命名] イサオ、タケシ、トオル

[商品名としての自動車に対する命名] クラウン、コロナ、サニー

---

2) このほか、慣用句やことわざでも、「たなぼた（←棚からぼた餅）」、「やぶへび（←藪を突いて蛇を出す）」のように省略される例がある。

3) 隠語の造語法としては、代表的なものとして音韻転換が挙げられる（たね（種）→ネタ、

ふだ（札）→ダフ、やど（宿）→ドヤ、など）。

4) 字謎の一種として漢字の分解がある。無料であることを「ロハ（←"只"）」、八十八歳の祝いを「米寿」などとする例がある。

4.4.1 語　種

第4章 語　彙
4.4 語　種

1. 語　種

語種とは、語が本来どの言語に属していたかという出自によって分類したときの種別である。語種には、その言語の固有語と非固有語（借用語）がある。日本語では、固有語が和語、非固有語には漢語・外来語がある。さらに、それらを2種以上組み合わせた混種語がある[1]。

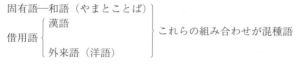

2. 語種構成

日本語の語彙を語種別にみると、その構成比率は図4.4のようになっている[2]。これをみると、語種構成のうえで、次のようなことがわかる。

(1) 書き言葉では、異なり語数で和語の割合よりも漢語の割合が上まわる。しかし、延べ語数では和語の割合が漢語の割合を上まわる。

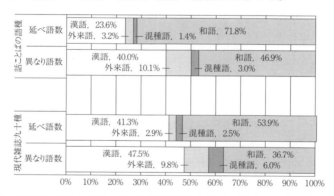

図4.4　日本語の語彙と語種（国立国語研究所（1964）、野元ほか（1980）による。）

---

1) このうち、漢語は本来外来語だが、日本語に与えた影響がきわめて大きいため、外来語としては、主に欧米語からの借用語と区別するのがふつうである。そのため、外来語を洋語と呼ぶこともある。混種語は、これらを［和＋漢］［漢＋外］［和＋外］［和＋漢＋外］のように、3種の語種から2種または3種の組み合わせでできている。

(2) 話し言葉では、異なり語数も延べ語数も和語が漢語の割合を上まわる。

(3) 外来語は、書き言葉でも話し言葉でも異なり語数は 10% 程度である。

これらのことから、

① 話し言葉でも書き言葉でも、繰り返して使われるのは和語である。

② 書き言葉では、漢語は和語よりも異なり語数が多い。

ということがわかる。また、現代語では外来語が頻出すると思われがちであるが、話し言葉でも書き言葉でも和語や漢語の割合に迫るほどの勢いはないことがわかる。

日本語の語彙体系を語種のうえから構造としてとらえると、和語が基層としてあり、その上に漢語、その上に外来語、という重なりからできていることが把握できる。

3. 語種と意味分野

『現代雑誌九十種の用語用字』（国立国語研究所、1964）の調査から、語種と意味分野の関係についての使用率を見ると、名詞については以下のような傾向がある（宮島、1980）。

(1) 和語は、自然物および自然現象を表す語、特に「からだ」に関する使用率が高い（例：目、手、顔、頭、口、手など）。

(2) 漢語は、人間活動、抽象的関係を表す語、特に「機関」に関する使用率が高い（例：部、省、軍、政府、警察）。

(3) 外来語は、生産物および用具を表す語、特に「衣服」に関する使用率が高い（例：スカート、ブラウス、ポケット）。

2) 国立国語研究所（1964）によって各語種で使用度数順に上位 10 位までの語を示すと、表 4.3 のようになる。

表 4.3　使用頻度の高い語

	和語	漢語	外来語	混種語
1	する	一	センチ	彼女
2	いる	二	センチメートル	対する
3	いう	様	パーセント	感ずる
4	こと	十	スカート	気持ち
5	なる	三	ページ	四百
6	（ら）れる	五	ウエスト	感じ
7	ある	二十	トン	場所
8	その	六	ドル	四千
9	もの	的	ファン	関する
10	この	年	メートル	決して

林 監修（1982）による。

4.4.2 和語・混種語

第4章 語彙
4.4 語種

1. 和　語

　　和語は「やまとことば」とも呼ばれるように、固有の日本語である[1]。ただし、文献時代以前に他言語から入ったと考えられる語は和語として扱うことがある。純粋に和語であるかどうかは明確にしがたく、漢字の訓読みとなっているものは、和語として意識されているといってよい。

① 中国語から…ウマ（馬）、ウメ（梅）、オニ（鬼）など

② 朝鮮語から…カサ（笠）、テラ（寺）、ムラ（村）など

　　和語の特徴としては、次のようなことが指摘されている。

(1) 音韻面からは、

　　① 語頭に濁音・半濁音・ラ行音が来ない[2]。

　　② 語の内部で母音が連続しない[3]。

　　③ 1音節、2音節の短い語形が基本であり、同音語が多い。

　　　例：ハ（歯・葉など）、メ（女・目など）、イル（入る・射る・要るなど）

(2) 語種別の使用比率と使用場面からみると、

　　① 基本的な動詞や助詞・助動詞を担い、日本語語彙の中核となっている。

　　② 耳で聞いてわかりやすく、くつろいだ場面や低年齢層で使用比率が高い。

(3) 意味分野では、

　　① 語数が少なく1語の意味内容が広い。そのため、多義語が多い[4]。

　　② 自然物および自然現象を表す語が多く、抽象概念を表す語が少ない。

(4) 語構成については、

　　① 漢語ほど造語力は強くないが、語根から接辞や畳語が作られる。

　　　例：ホノあかり、ホノみえる、ホノぐらい、ホノめく、ホノボノ

---

1) 平安時代の文章を規範とした文語文に用いられる和語は雅言または雅語と呼ばれることがある。
2) ザル（笊）、バラ（薔薇）は語頭が濁音だが、ザルはイザルのイが脱落した語、バラはイバラ・ウバラ・ムバラなどの語頭音が脱落した語とされる。

3) 現代語でアオ（青）、イエ（家）などと母音の連続する語形は、もとアヲ、イヘのように母音の連続しない語形であった。アヲは[wo]が[o]となり、イヘ→イエ→イエと変化した結果現在のような語形になったものである。イヘ→イエの変化はハ行点呼音と呼

84　第4章　語彙

2. 混種語

　2種以上の語種を含む合成語（複合語・派生語）を混種語と呼ぶ。混種語の基本的な結合パターンは、以下の(1)〜(3)の3種で、構成要素の順序によってそれぞれが2種に分かれる。

(1)　① 和語＋漢語…相性、雨具、敷地、大型車、口約束、つなぎ融資
　　　② 漢語＋和語…台所、胃袋、円高、休業日、非常口、労働組合

(2)　③ 漢語＋外来語…胃カメラ、学力テスト、逆サイド、電子メール
　　　④ 外来語＋漢語…アナログ式、デジタル放送、ブランド品

(3)　⑤ 和語＋外来語…隠れキリシタン、すりガラス、歯ブラシ、筆ペン
　　　⑥ 外来語＋和語…ガラス張り、ドル箱、ハンマー投げ

　いわゆる湯桶読みは①、重箱読みは②にあたる。さらに長い語になると3種の組み合わせも見られる[5]

　　　例：年末／ジャンボ／宝くじ（漢語＋外来語＋和語）、えび／フライ／定食
　　　　（和語＋外来語＋漢語）、ガス／漏れ／探知機（外来語＋和語＋漢語）

　一般に、異なる言語から入った外来語どうしの結合は混種語とは呼ばずに外来語に含めて考える。

　　　例：アルバイト／ニュース（ドイツ語＋英語）、アイス／カフェ・オ・レ（英
　　　　語＋フランス語）

　このほか、広義の混種語として、和語の文法形式を借りて、「愛-する、参加-する」などの漢語サ変動詞や、「事故-る、タク-る、パニク-る」などの活用語尾を付したもの、「四角-い、黄色-い」のように形容詞となったもの、「現-に、実-に、単-なる」といった副詞・連体詞なども挙げられる。

　混種語は新語・流行語として現れることも多く、スポーツ用語のうち、体操競技の技にもよく使用されている。

ばれ、平安時代中期以降に語頭以外のハ行音がワ行音となる変化が一般化したものである。したがって、本来母音が連続していた語ではない。

4)和語の多義語を区別するために、漢字によって書き分けることがある。たとえば、トル（取・採・盗・執）、ハカル（計・測・量／図・

謀・諮）など。

5)『新選国語辞典　第10版』（小学館）では全収録語9万3910語のうち混種語6453語の結合パターンの内訳を示している。和語と漢語＝5659語（87.7%）、漢語と外来語＝622語（9.6%）、和語と外来語＝166語（2.6%）、和語と漢語と外来語＝6語（0.1%）。

4.4.3 漢　語

第4章　語　彙
4.4　語　種

1. 漢語と字音語

　漢語とは、中国語から借用し、日本語となった語である。一般には近世以前に中国語から借用した語を指し、近代以降に日本語に入った中国語（餃子、麻雀、老酒など）は外来語に分類することがふつうである。

　漢語として扱われるものの中には、サンスクリット語（梵語）の中国語訳（卒塔婆、旦那、刹那など）や和製漢語も含まれる。これらの語は中国語に由来するかしないかにかかわらず、字音語と呼ぶことがある。

2. 和製漢語・新漢語

　中国に出典が見えず、日本で作られたと考えられる字音語を和製漢語という。中世以降、和語を漢字で表記し、それが音読みで使用されるようになった語（火事、返事、出張など）や、幕末・明治初期に新概念や新事物を表したり、学術用語の訳出を目的として創造されたりした漢語（哲学、悲劇、郵便など）がある。中には「共産主義」など、現代中国語の中で使用されるものも少なくない。

　中国に出典があっても、その形態に日本語として新しい意味が付与された語（文化、経済、演説）や、西洋語の漢訳洋書や英華字典の対訳辞書から借用した語（地球、銀行、化学）は近世以前から存在する旧漢語と区別して新漢語（近代漢語）と呼ぶ。新漢語は明治初期に急増する[1]。

3. 漢字音と漢語

　漢字音のうち、6、7世紀に入った呉音は仏教関係の用語に多く見られる。

　　例：経文（キョウモン）、修行（シュギョウ）、成就（ジョウジュ）

　遣唐使などが持ち帰った漢音は漢籍の読解で推奨され、長く学問の世界で使われた。現在は幅広い分野の語に見られる。

　　例：経営（ケイエイ）、人文（ジンブン）、修理（シュウリ）、銀行（ギンコウ）、成功（セイコウ）、就職（シュウショク）

---

[1]新漢語が日本製か中国製か、という判定が　　むずかしいものも少なくない。

中世には禅僧、交易などにより唐音が入ったが、唐音による漢語は数も少なく、漢語であっても漢字表記を意識しにくいものもある[2]。

例：行灯（アンドン）、杏子（アンズ）、饅頭（マンジュウ）

また、「言語（ゲンゴ）」のように、呉音＋漢音という異なる系統の漢字音を組み合わせた語もある。

4. 漢語の位置

漢語の特徴は以下のようにまとめられる。

(1) 現代語の中では、異なり語数は和語をしのぐ[3]。

(2) 人間の活動分野や抽象的関係などの意味分野に使用される語が多い。

(3) 同音語が多く、耳で聞いて区別できない語は言い換えが必要になる[4]。

(4) 造語力が強く、長い結合形の生産も可能である。そのため、新聞の見出しのような臨時一語を形成することもできる「内閣支持率続落」など）。

(5) 品詞では名詞が多いが、和語の文法形式を借りて動詞（「愛する、読書する」など）、形容動詞、副詞（現に、実に）も多く作る。漢語そのものが副詞として機能するものもある（「結局、実際、無論」など）。「――化」「――性」「――的」「不――」などは接辞として生産性が高い。

(6) 和語に比べて相対的に文章語としての性格をもつ。そのため、硬質で公的な語感をもつが、外来語に比べると古風に感じる語が多い[5]。

---

2) こうした漢字音の系統的違いについては漢和辞典でもゆれの生じることがある。

3) 現代雑誌の調査でも漢語の異なり語数は和語を上まわっているが（4.4.1 項）、明治から昭和までの新聞の語彙調査で使用頻度の高い上位100語の割合も同様である。新聞の語彙では、和語と漢語の上位語の割合は、昭和に入って逆転する（表4.4）。

4) シリツ（私立→ワタクシリツ、市立→イチリツ）。カガク（科学→サイエンスのカガク、化学→バケガク）など。

5) ただし、「結構」「折角」「大抵」など、漢語副詞にはあまり漢語として意識されず、くだけた感じをともなう語もある。

表 4.4　新聞語彙の変遷

	和語（％）	漢語（％）
郵便報知（1877〜78）	79	20
朝日新聞（1921）	53	39
朝日新聞（1949）	43	54

飛田（1966）による。

4.4.4　外来語

第4章　語　彙

4.4　語　種

1.　外来語とは

　外国語から日本語に入り、日本語の語彙の一部となったものを外来語という。借用語という点からいえば、中国語からの借用も含まれるが、近代以前に中国から入った語は漢語として区別する。一方、近代以降に入った中国語（シューマイ（焼売）、マージャン（麻雀）など）は外来語に含める。欧米語からの借用語はとくに洋語と呼ぶこともある[1]。

2.　外来語の歴史

(1) 室町末～江戸初期（ポルトガル語）…16世紀、ポルトガル人の漂着により日本語とヨーロッパ語の接触が始まった。ポルトガル人宣教師らのもたらした語には、宗教用語・日常語が多い[2]。

　　例：オラショ、キリシタン、デウス、パードレ、バテレン（宗教用語）

　　　　カステラ、カッパ、カルタ、タバコ、パン、ボタン（日常語）

　ポルトガルの後に、日本はスペインと交流するがその期間が短いため、スペイン語起源の語として確証のもてる語は「メリヤス」などごく少数だとされる。

(2) 江戸中期～幕末（オランダ語）…17世紀は日本の鎖国政策によって、オランダ語が中心となり、以後江戸時代を通じて主たる外来語となる。オランダ語からは貿易によってもたらされた日常語のほかに医学や科学技術に関する語が多く、日本の近代化に貢献した。

　　例：オルゴール、ガラス、コーヒー、コップ、ゴム、ビール（日常語）

　　　　アルコール、オブラート、コンパス、スポイト、セメント、フラスコ、メス、ポンプ、レンズ（医学・科学技術用語）

(3) 近代以降…近代以降は英語からの借用が圧倒的に多く[3]、分野も多岐にわたっている。

---

1) 洋語をカタカナ表記することが多いことから、カタカナ語と呼ぶことが一般化しているが、厳密な用語ではなく、俗称である。
2) ポルトガル語起源の語には、テンプラ、カッパ、サラサ、タバコ、ラシャが、天麩羅、

合羽、更紗、煙草、羅紗などと漢字で表記されることが珍しくないことからもわかるように、外来語意識が薄れたものも多い。ただし、テンプラの起源はポルトガル語からではないという説もある。

88　第4章　語　彙

英語以外の言語では、輸入した文化と密接に関係して外来語の原語にも分野による偏りが見られる。

① フランス語…ズボン、マント（軍事）／アトリエ、アップリケ（芸術・服飾）
② ドイツ語…ガーゼ、カルテ、ホルモン（医学）／イデオロギー、テーマ（哲学）／ゲレンデ、ザイル、ヒュッテ、リュックサック（山岳）
③ イタリア語…オペラ、テンポ（音楽）／スパゲッティ、ピザ（食品）
④ ロシア語…インテリゲンチャ、カンパ、ノルマ（思想・労働運動）

その他、サンスクリット語、アイヌ語、朝鮮語などから伝わった語もある。

3. 和製外来語

外来語には原語と異なる日本製の外来語もある。多くは和製英語だが、異言語の組み合わせもある。

① 和製英語…オートバイ、サラリーマン、ナイター、マイホームなど
② 異言語の組み合わせ…テーマソング（独＋英）、ロールパン（英＋葡）など

4. 外来語の位置

外来語には以下のような特徴が見られる。

(1) 日本語の音韻体系に合わせて定着し、日本語の文字で表記する。
(2) 原語と比べると、意味の拡大、縮小、変化が見られる。
(3) 多くは名詞だが、漢語同様、和語の文法形式をともなって、動詞（ケア-する、トラブ-る、パニク-る）や形容動詞（ビッグ-な、レア-な）などにもなる。少数だが、接辞（アンチ-、-チック）も見られる。

外来語は、日本語の中でも、入れ替わりが激しい語が多いとされる。

---

3) 国立国語研究所（1964）によれば、図4.5のように、現代語の外来語では英語から入った語が圧倒的に多いことがわかる。

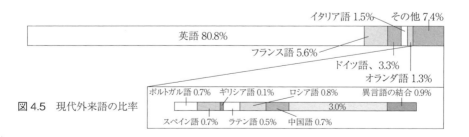

図4.5　現代外来語の比率

4.5.1　語　彙　量

第4章　語　彙
4.5　語彙量・辞書

1.　語彙調査と語彙量

　ある時代の、ある分野における資料を対象として、そこにどのような語がどのくらい存在するのか調べることを語彙調査という。それによって得られる語の数を語彙量という。語彙調査の対象範囲はある言語全体の語彙量から、特定作品の特定箇所の語彙量まで大小さまざまであり、その目的も、① 言語教育への応用、② 教科書や辞書の編纂、③ 言語政策への利用、など多様である。

2.　語彙調査の方法

　語彙調査には研究目的によって、① 対象となる資料のすべての語を調査する「全数調査」、② 対象となる資料から統計学的にサンプルを抽出し、資料全体の一部の語を調査する「サンプリング調査」のいずれかが選択される。

　語の数を調べるためにはどのような基準で区切ってカウントするかという、単位としての「語」の定め方が重要になる。こうした単位は調査によって何を明らかにしようとするかによって異なる[1]。

3.　延べ語数・異なり語数

　語数の数え方には基本的に次の2つの方法がある。

(1) 延べ語数…同じ語が何度出現しても、そのたびごとに1語としてカウントすることで得られる語数。

(2) 異なり語数…同じ語がくりかえし何度出現しても、1語として（1種類とし

---

1) 林監修 (1982) によって、国立国語研究所で行われた語彙調査の単位を以下に例示する。

　M単位：型｜紙｜どおり｜に｜裁断｜し｜て｜外出｜着｜を｜作り｜まし｜た｜.

　β単位：型紙｜どおり｜に｜裁断｜し｜て｜外出｜着｜を｜作り｜まし｜た.

　長単位：型紙どおり｜に｜裁断し｜て｜外出着｜を｜作り｜ました｜.

　W単位：型紙どおり｜に｜裁断して｜外出着｜を｜作りました｜.

　α_0単位：型紙どおりに｜裁断｜して｜外

出着を｜作りました.

　α単位：型紙｜どおりに｜裁断して｜外出着を｜作りました.

各単位について、次のような内容の注釈がある。

・M は Morpheme（形態素）の、W は Word（単語）の略である。

・新聞・教科書の調査では、句読点などの記号も集計の対象とされている。

・M・β・長・W単位は「単語」に、α_0・α単位は文節に近い。

・β単位は「短単位」とされる。

て）カウントして得られる語数。

延べ語数と異なり語数の考え方で資料を文節で区切り、それぞれの語数を調べてみよう。

　　ちょうちょ｜ちょうちょ｜なのはに｜とまれ｜なのはに｜あいたら｜
　　さくらに｜とまれ

このように区切った場合、延べ語数は8語（文節）、異なり語数は5語（文節）となる。延べ語数、異なり語数として得られた語彙量を語種、品詞、意味分野などで分析すると、語彙構造が立体的に把握できることになる。

4. 基礎語彙・基本語彙とカバー率

　統計的手法による語彙調査から使用頻度の高い語が明らかになる。これはある範囲や分野の中核を担う語彙といえる。これを基本語彙と呼ぶ。一方、言語教育など、特定の目的で主観的に選定された語彙を基礎語彙と呼ぶ[2]。

　このような考え方に立てば、各言語で基本的なコミュニケーションをとるために、どの程度の単語が必要になるか、という目安がわかる。

表4.5　各言語の必要語彙カバー率

語数（上位）＼言語	英語（％）	フランス語（％）	スペイン語（％）	中国語（％）	日本語（％）
1～1000	80.5	83.5	81.0	73.0	60.5
1～2000	86.6	89.4	86.6	82.2	70.0
1～3000	90.0	92.8	89.5	86.8	75.3
1～4000	92.2	94.7	91.3	89.7	—
1～5000	93.5	96.0	92.5	91.6	81.7

玉村(1998)、沖森ほか(2006)による。

　表4.5からわかるように、欧米語は90％を超えるカバー率に達するのは上位3千語であるが、中国語は5千語でようやく90％を超える。日本語は上位5千語でも80％強である。日本語は1万語になると、ようやく91.7％に達し、欧米語の3千語レベルに近づく。日本語は他言語に比べると語学学習でも日常生活でも多くの語彙が必要となる言語であることがわかる。

---

2)「基本語彙」「基礎語彙」という用語は研究者によって異なる場合もある。「基礎語彙」の考え方は、1930年にイギリスのC.K.オグデンがBasic Englishとして850語を選定し、公表した。日本では1933年に土居光知が『基礎日本語』1000語を発表した。

4.5　語彙量・辞書　　*91*

4.5.2 辞 書

第4章 語 彙

4.5 語彙量・辞書

1. 辞書とは

辞書とは、ある基準にもとづいて語を収集し、配列し、必要な情報を記述したものをいう[1]。「辞典」とも呼ぶ。古くは「字引」、「辞彙」などという名称も使われた[2]。また、体系的な意味分類による類義語集をシソーラスと呼ぶ。

解説・語釈のある一般的な辞書のほかに、索引やデータベースのように、ある分野のデータが集積され、配列されたものも広く辞書と見ることができる。

2. 辞書の性格と情報

辞書の性格は、① 使用者（母語話者／非母語話者、入門者／専門家、児童／生徒／学生／一般、など）を想定して見出し語の選定や配列の方式などが決まる。② 使用環境（携帯／机上、戸外／室内／施設内、など）により、ページ数や判型といった規模および媒体（冊子／ソフトウエア／ Web、など）が決まる。さらに、③ 使用目的によってどのような情報を盛り込むかが決まる。辞書の情報には以下のようなものがある（沖森、2008）。

　(1) 表記…漢字表記、字形、仮名遣い、送り仮名、外国語の綴り

　(2) 発音…発音、アクセント

　(3) 意味…意味、類義語、語誌、語源、位相、語感

　(4) 文法…品詞、活用の種類、動詞の自他、語の用法、語の呼応

　(5) その他…語構成、用例、出典、故事成語、ことわざ、慣用句、熟語

3. 辞書の分類

日本語と外国語との対訳辞書では、見出し語や語釈に外国語を用いるが、日本語辞書は、求める語彙の性格によって、種々の分類ができる。

語種の違いからは、漢和辞書、外来語辞書のように分かれるが、国語辞書は

---

1) 一般的には書物であるが、近年は電子辞書や Web 上の辞書が増えている。また、コンピューターの仮名漢字変換システムや翻訳ソフト、データ分析ソフトなどのために語句などを登録しておくファイルをも指す。コンピューターの発達により、言語分析のために使用する資料を大量に集積したコーパスも辞書と同様に活用されるようになった。コーパスは電子テキストとして作成され、電子媒体によって公開されている。コーパスで語を検索するには対応するソフトを用いる。

2) 漢字を主な対象としたものは、字書、字

特定語種に偏らない普通語辞書といえる。特定範囲の日本語を集めた新語、流行語、ことわざ、隠語、古語、方言などの特殊語辞書も多い。特定分野の専門語辞典（事典）では、歴史、宗教、医学、経済、地名、人名などがあり、発音や表記に的を絞ったアクセント辞典、表記辞典などもある。

4. 辞書の構造

求める語に至る場合、辞書の見出し語や索引を手がかりにして目的の項目を検索し、解説・語釈から情報を得る。

一般的な国語辞書では、仮名表記→漢字表記→語釈、と組織されるが、辞書の性格と情報によって、項目の配列と検索方法は異なる。

日本語辞書では、大きく字種と意味分類による配列が考えられる。

(1) 漢字…総画数順、部首順、音訓順、など
(2) 仮名…五十音順、いろは順、ローマ字（アルファベット）順

漢和辞書は漢字を、国語辞書は仮名をもとに、見出し語を配列する。また、語釈の配列順序にも、原義からか、現代語で使用頻度の高いものからか、などの差異がある。意味分類による辞書では、①「天地・時節・草木・人倫…」などの部門分け、② 意味関係の近いものによるグループ分けなどがある。② では分類コードを付すこともある（『分類語彙表』など）。

5. 辞書の規模

一般に大型辞書は見出し語数が多く、小型辞書は少ない。ただし、見出し語数と解説情報の多寡は一致せず、同一見出しで小型辞書が大型辞書の情報量をしのぐことは珍しくない。辞書に限っては「大は小を兼ねない」のである[3]。

典、字彙などと言い、語よりも事項に重点を置くものは事典と書き分けることがある。これらは同音語となるので、辞典はコトバテ

ン、字典はモジテン、事典はコトテンなどと読み分けることもある。

3) 国語辞典の見出し語数は表 4.6 のとおり。

表 4.6　主な国語辞典の見出し語数

大型	『大辞典』75 万（平凡社、1936）／『日本国語大辞典 第 2 版』50 万（小学館、2000〜02）
中型	『広辞苑 第 7 版』25 万（岩波書店、2018）／『大辞林　第 4 版』25 万 1000（三省堂、2019）／『大辞泉　第 2 版』25 万（小学館、2012）
小型	『新選国語辞典 第 10 版』9 万 3910（小学館、2022）／『旺文社国語辞典　第 12 版』8 万 5000（2023）／『三省堂国語辞典 第 8 版』8 万 4000（2021）／『新明解国語辞典 第 8 版』7 万 9000（三省堂、2020）／『明鏡国語辞典　第 3 版』7 万 3000（大修館書店、2020）

4.5　語彙量・辞書　　93

5.1.1　文の構造・成分

第5章　文　法
5.1　文のしくみ

1.　文の構造とは

　文がどのような構造をしているかをとらえるには3つの観点がある。これまでのさまざまな文法理論は、これら3つの観点のうちどれかの傾向が強いということはあっても、純粋にいずれかの観点に立ったものは稀であり、多くはほかの観点もある程度含まれている。

2.　形態論的観点[1]

　形態論的な観点に立つと、文章は1つ以上の文から成り、文は1つ以上の文節から成り、文節は1つ以上の単語から成り、単語は場合によっては語幹と接辞（接頭辞・接尾辞）に分けられることがある。ここで、文節とはしばしば間投助詞の「ね」「さ」を挿入することのできる最小の単位、そこで息を切ることのできる最小の単位といわれるように、形態論的な単位である。さらに単語は単独で文節を構成することのできる自立語と、自立語の後に承接して文節を構成する付属語とに分けられる。すなわち、文節は1個の自立語とその後に承接する0個以上の付属語とから構成される。

　文章―文―文節―単語（自立語・付属語）―語幹・接辞（接頭辞・接尾辞）

　この観点に立てば、文全体の構造を見渡す必要はなく、頭から竹の節のように文節に切り分け、さらに単語（自立語・付属語）に切り分けていくことができる。

　例：桜｜の‖花｜が‖咲い｜た　（ただし‖は文節、｜は単語の区切りを表す。）

3.　構文論的観点[2]

　構文論的な観点に立つと、語が線条的に並んだ文全体を次々に二分していく、という形で構造が示される。日本語の場合、二分された各要素同士は、修

---

1)形態論的な立場が顕著な文法理論に、橋本文法や松下文法がある。ただ、橋本文法は連文節という考え方を示して、構文論的な関係も文節論の中に取り込もうとしたが、無理がある。たとえば、「桜の花が咲いた」の主格を表す「が」は、「桜の花」ではなく、「花」だけについていると考えるのは不自然である。

2)構文論的な立場が顕著な文法理論に、時枝文法や渡辺文法がある。

飾－被修飾の関係で結び付くのが典型である。すなわち、修飾語は直後に隣接する被修飾語に"係り"、被修飾語は修飾語を"受ける"ことにより、全体として被修飾語の構文論的な特徴を受け継ぐ。たとえば、連体修飾語が体言を修飾すると全体として体言となり（青い＋空→青い空）、連用修飾語が用言を修飾すると全体として用言となる（早い＋流れる→早く流れる）。このように、日本語は後の要素が中心の言語であると言える。この他、二つの要素が対等である並列語同士からなる並列の関係（本＋ノート→本とノート、深い＋青い→深く青い）、意味的に不充分な被補充語を補充語が補う補充の関係（美しい＋なる→美しくなる、食べる＋終わる→食べ終わる）、自立語に付属語が結び付く補助の関係（私＋は→私は、飛ぶ＋た→飛んだ）などがある。

図 5.1　樹状図　　　　　　　　図 5.2　入子図

4. 格構造論的観点[3]

　格構造論的な観点に立つと、述語用言に対して、1つ以上の体言がどのような意味関係にあるかを中心に、線条性から離れて多次元的な関係を結びあっていると考えることになる。たとえば、(1)は「太郎が」は主格（ガ格）、「花子に」は与格（ニ格）、「プレゼントを」は目的格（ヲ格）という関係でそれぞれ「渡した」という述語と結び付いている。その関係は、(2)のように語順が入れ替わっても、また(3)のように述語が連体修飾をする場合でも変わりはない。

　(1) 太郎が花子にプレゼントを渡した。
　(2) 太郎がプレゼントを花子に渡した。
　(3) 太郎が花子に渡したプレゼント

---

3) 格構造論的な立場が顕著な文法理論に、北　原文法、仁田文法がある。

	第5章　文　法
## 5.2.1　品詞とその分類	5.2　品詞論

1.　品詞とは

　日本語は、欧米語とは異なり、単語ごとに書き分けることはない。すなわち、日本語では単語とは何かということから問題となるのである。たとえば「花子だけには見せたくなかっただろうよ」という文を、とりあえず「花子だけには」と「見せたくなかっただろうよ」という2つの部分に分けたとしても、その中をさらにどのように分けるのか（あるいは分けないのか）にはさまざまな立場がありうる。その中で、形の上で、それを切り離すことができるのかどうかという観点を中心に据える立場（形態論）に立てば、「花子だけには」に対して「花子には」という表現も可能であるから、「だけ」を1単語と考える、「見せたくなかっただろうよ」に対して「見せなかっただろうよ」という表現も可能であるから、「たく（い）」を1単語と考えることになる。このような操作を繰り返していけば、「花子だけには」は「花子」「だけ」「に」「は」という4単語、「見せたくなかっただろうよ」は「見せ」「たく」「なかっ」「た」「だろ」「う」「よ」という7単語に分けられることになる。

　このようにして見出された単語を過不足なく、有限のカテゴリーに分類しようとして、最終的に至り着いたのが、名詞・代名詞（名詞に入れる場合もある）・形容詞・形容動詞・動詞・副詞・連体詞・接続詞・感動詞・助詞・助動詞という11ないし10の単語のカテゴリー、すなわち品詞である[1]。

2.　品詞分類

　品詞分類の基準として、意味を用いたくなる場合もある。たとえば、名詞は典型的には事物を表し、動詞は動作・存在、形容詞・形容動詞は状態を表すなどと言いたくなる。しかし、意味だけに頼ると動詞「飛ぶ」と名詞「飛び・飛

---

1)実際には品詞分類は、近世以来の日本独自の国学のカテゴリーと、欧米から流入した洋学のカテゴリーを折衷したものである。国学（あるいは漢学）では、体言・用言・テニヲハの3分類、ないし用言をさらに作用言・状

態言に分けた4分類などが行われ、洋学では、名詞・代名詞・動詞・形容詞・副詞・接続詞・感動詞などに分類されていた。それを、国学のカテゴリーを上位概念とし、洋学のカテゴリーを下位概念とし、さらに日本語の実

行」、形容詞「早い」と名詞「早さ・速度」など、区別が難しい、あるいは一つに括らざるをえないことになる。

したがって、品詞は文法的な振舞いを基準に分類しなければならない。

第一に自立語か付属語かで二分し、第二に活用するかしないかで二分する。この段階で付属語は活用する「助動詞」と活用しない「助詞」に分けられる。自立語で活用するものは述語になりうるものであり「用言」と呼ばれ、活用しない自立語のうち主格（をはじめさまざまな格）になりうるものは「体言」と呼ばれるが、これは「名詞」（代名詞を含めた）のことである。さらに、用言は活用形のうち終止形をウ段で結ぶものが「動詞」、「い」で結ぶものが「形容詞」、「だ」で結ぶものが「形容動詞」である[2]。活用せず主格にもならない自立語は、修飾語になるかならないかで2つに分けられ、修飾語になるものはさらに用言を修飾する「副詞」と体言を修飾する「連体詞」に、修飾語にならないものは接続語になる「接続詞」と独立語になる「感動詞」に分けられる。

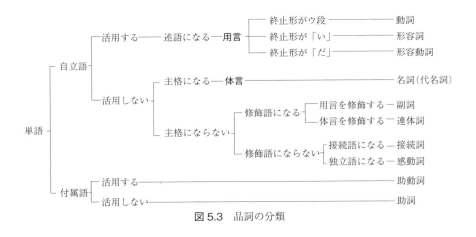

図5.3　品詞の分類

情に合わせて形容動詞・連体詞・助詞・助動詞を補うことによって現在のような品詞分類表が作られた。体言と名詞（代名詞）、用言と動詞・形容詞とは、概念がある意味では重複している。これは、前者が国学、後者が洋学出自であることによる。

2) 厳密には、用言の3分類は文法的区別ではなく、形態的な区別となっている。このように、実際には文法的な特徴だけで品詞分類することには困難が伴うし、また排除したはずの意味も本来は品詞の認識と深く結び付いているはずである。

5.2.2 体　言

第5章　文法

5.2　品詞論

1. 体言とは

　種々の格に立ちうる活用しない自立語を体言と呼ぶ。

　体言は、普通名詞、固有名詞、形式名詞、数詞、代名詞などから構成されている。ほかに、具体名詞・抽象名詞、個体名詞・物質名詞・集合名詞などという分類の仕方もある。

2. 普通名詞・固有名詞

　事物の特徴を表し、事物をカテゴリーとしてとらえるものを普通名詞、個物を他のものと区別するために用いるものを固有名詞という。

　ただ、普通名詞と固有名詞との区別は、1つか多数かという事物の数量によるものではない。「太陽」「月」などは1つしかないが普通名詞であり、「朝日新聞」「サインペン」などは数多くあっても固有名詞である[1]。

3. 形式名詞

　具体的な意味が希薄な名詞で、実質的な内容を修飾語によって補って用いられたり、さまざまな文法的な働きをもつ複合的な形の中で用いられたりする。

　「総理大臣が代わった<u>こと</u>」「大きい<u>の</u>」の「こと」「の」は修飾語によって内容が補われている。

　「就職する<u>ため</u>に会社を回る」「体は大きい<u>くせ</u>に子供だ」「慌てた<u>あまり</u>忘れ物をした」のように、文中で副詞節として用いられたり、「確かに見た<u>の</u>だ」「忘れない<u>こと</u>だ」「鍵をかけた<u>はず</u>だ」「行く<u>つもり</u>だ」「帰ってきた<u>ところ</u>だ」のように、文末で助動詞的・終助詞的に用いられたりすることもある[2]。

4. 数　　詞

　「1つ、3人、5個、7合、9センチ」のように、数量を表す基数詞と、「1番目、3人目」のように順序を表す順序数詞（序数詞）とがある。

---

1) 普通名詞と固有名詞との区別は、厳密には、特定の個人によって命名されたか、あるいはそう考えられるかどうかによってつけられるというべきだろう。

2) 特に文末で「形式名詞+だ」の形をとる

「のだ」「わけだ」「ことだ」「ものだ」などで結ぶ文は形式名詞述語文と呼ばれる（ただし「の」は厳密には準体格助詞）が、それ以外にも「わけがない」「わけにいかない」「ことにする」「ことになる」などさまざまな形がある。

98　　第5章　文法

基数詞にはさらに、「3人の学生、5リットルの水」のように数量そのものを表す数量用法と、「(排気量)2000ccの車」「6畳の部屋」のように対象の属性を表す属性用法とがある。

基数詞の数量用法は、「本を3冊買った」「本3冊を買った」「3冊の本を買った」のようなさまざまな形をとることができ、はじめの例のように副詞的に用いられる場合もある[3]。その点、「昨日」「来年」など時を表す名詞と共通する。

5. 代名詞

代名詞は、大きく人称代名詞と指示代名詞とに分けられ、そのほか再帰代名詞（「自分」）などがある。

日本語の人称代名詞にも、「私」「僕」「俺」のような一人称、「あなた」「君」「お前」のような二人称があり、明治十年代以降は、「彼」「彼女」のような三人称も生まれたが[4]、「先生」「社長」のような役割名詞や、「お父さん」「おばあさん」のような親族名称、「太郎」「花子」のような固有名詞を、状況に合わせて話し手、聞き手、第三者を表すために用いることができ、このような人称の用い方を欧米語と区別して、自称、対称、他称と呼ぶこともある。

指示代名詞は、コソアドあるいは指示語の一類であり、ほかに指示副詞「こう・そう・ああ・どう」、指示連体詞「この・その・あの・どの」「こんな・そんな・あんな・どんな」などがある。一般に、コ・ソ・アは近称・中称・遠称と呼ばれるが、話し手側と聞き手側とが対立するコ・ソの関係（対立型）と、話し手を中心に（聞き手も含むことがある）近傍と遠方とが対立するコ・アの関係（融合型）との組み合わせである。

(1) 対立型　　(2) 融合型　　図 5.4　対立型と融合型

---

3) かつては「数量詞移動(quantifier floating)」と呼ばれたが、各用法の表す意味が必ずしも同じでないことが判明し、移動ではなく別々の構文であると考えられるようになった。

4) 明治十年代以前にも第三者を「彼」「彼女」と呼ぶことはあったが、「彼」で男女とも指すことがあり、「彼女」は「かのおんな」と読むなど、指示代名詞として用いられていた。

5.2.3　用　言	第5章　文　法
	5.2　品詞論

1.　用 言 と は

　活用を持つ自立語を用言と呼ぶ。意味的、形態的にはさらに3類に分けられ、まず、意味的には、動作・存在を表す動詞と、状態を表す形容詞・形容動詞に分けられる。さらに、形態的には、終止形について、動詞はウ段で結び、形容詞は「い」、形容動詞は「だ」で結ぶ。また、文法的には、用言は述語として用いることができ、主格（ガ格）、目的格（ヲ格）、与格（ニ格）などさまざまな格を受ける。

2.　活　　　用

　用言の語末の形が変わることによって、文がそこで"断れる"か"続く"かを表す、あるいは他の助詞・助動詞などに承接する仕組みを活用という。

　"断れ"には断定を表す終止形と命令を表す命令形があり、"続き"には連用修飾あるいは連用中止をする連用形と連体修飾をする連体形がある。また、打消の助動詞「ない」、使役の助動詞「（さ）せる」、受身・自発・可能・尊敬の助動詞「（ら）れる」、推量の助動詞「う」などに承接する未然形、希望の助動詞「たい」、過去・完了の助動詞「た」、丁寧の補助動詞「ます」、接続助詞「て」などに承接する連用形（"続き"の働きのほかに）、接続助詞「ば」に承接して仮定条件を表す仮定形などがある。

3.　動　　　詞

　終止形がウ段で結び、動作・存在などを表す用言。

　形態の面からは、活用の仕方の違いによって、現代語は、五段（未然形、連用形、終止形、連体形、仮定形、命令形の順に、a・o、i、u、u、e、e、以下同じ）、上一段（i、i、iル、iル、iレ、iロ・iヨ）、下一段（e、e、eル、eル、eレ、eロ・eヨ）、カ行変格（コ、キ、クル、クル、クレ、コイ）、サ行変格（サ・セ・シ、シ、スル、スル、スレ、シロ・セヨ）の5種類に分けられる。

　文法的には、「鳥が飛ぶ」のように主格（ガ）だけしかとらない1項述語、「サルがバナナを食べる」のように、主格（ガ）と目的格（ヲ）をとる2項述語、「第一走者が第二走者にバトンを渡す」のように、主格（ガ）、与格（ニ）、

100　第5章　文　法

目的格（ヲ）をとる3項述語などさまざまな場合がある。

　また、動作の働きかけ手が現れ、それが主格（ガ）をとり、動作の対象が目的格（ヲ）をとるか、動作の働きかけ手は現れず、動作の対象が主格（ガ）をとるかによって、他動詞・自動詞が区別される[1]。日本語には「切る／切れる」「立てる／立つ」「生む／生まれる」のように、語根が同じで意味的にも対応する「有対他動詞・有対自動詞」がある。それに対して、「食べる」「歩く」のように対応するもののないものは「無対他動詞・無対自動詞」と呼ばれる。

4. 形容詞・形容動詞

　事物の属性・状態などを表す用言[2]。

　形容詞は、形態的には、「い」で結ぶものと、「しい」で結ぶものとがあり、意味的には、およそ前者は属性を表し、後者は情意を表す。文法的には、およそ前者は「空が青い」のように属性の対象が主格（ガ）をとり、後者は「私（に）は昔が懐かしい」のように情意の主体（特に言い切りの場合は一人称）が与格（ニ）ないし主題の「は」をとり情意の対象が主格（ガ）をとる。

　形容動詞は、1単語か、あるいは状態を表す名詞+断定の助動詞「だ」の2単語であるか、という議論がある。その際、1単語であるという根拠の一つに、連体修飾をするとき、形容動詞は「きれいな姉妹」のように「な」の形をとるが、名詞+断定の助動詞は「美人の姉妹」のように「の」をとること、逆に、2単語であるという根拠の一つに語幹用法が挙げられる。ただし、このことは形容詞も同様で、形容詞、形容動詞には、「熱<ruby>熱<rt>あつ</rt></ruby>！」「きれい！」のような、主にその場での感覚、感情などを表す語幹の独立用法や、「懐かしの歌声」「静かの海」のように、「語幹＋の」の形の連体用法がある。

---

1)　他動詞・自動詞の区別を厳密につけることは難しい。区別の基準として、「を」をとるかどうか、直接受動文になるかどうか、意味的に働きかけ手から働きかけられ手への働きかけが認められるかどうか、などが挙げられるが、決定的ではない。たとえば、「道を歩く」「空を飛ぶ」のような場所を表す「を」もあり、「太郎が花子にぶつかった」は「に」が用いられているのに、「花子は太郎にぶつかられた」のように直接受動文にもなり、働

きかけも充分に認められる。
2)　形容詞・形容動詞は、活用は異なるが、その働きはほとんど重なる。形の違いが生じたのは、成立した時代が異なるからだと考えられる。形容詞は、上代以前に和語で状態を表す語幹に接尾語「し」が加わって成立したのに対し、形容動詞は、中古以後に漢語も含めた状態を表す語幹に断定の助動詞「なり」が加わって成立した。このように、造語力のある規則は時代ごとに異なる。

5.2.4 副詞・接続詞・連体詞・感動詞[1)]

第5章　文　法

5.2　品詞論

1．副　　詞

　もっぱら連用修飾語として用いられる活用のない自立語を指すが、副詞は山田孝雄よしお以来、「陳述副詞（呼応副詞）」「情態副詞」「程度副詞」に3分類されてきた。現代でも大枠としてはこの分類に沿っているが、概念を手直しし、その結果外延が若干移動したり、またそれぞれの内部でさらに詳細な分類が行われたりしている。

　陳述副詞は、一名呼応副詞と呼ばれるように、文末（あるいは節末）のかたちと呼応するものであるが、実際には「花子はきっと来るだろう」のように推量助動詞があるものに対して、「花子はきっと来る」といってもかまわない。このように、近年では"呼応"というよりも文全体の働き、すなわちモダリティー（あるいは叙法）と関わるとして、叙法副詞と呼ばれることも多い。

　陳述副詞のなかに、「あまり」「たいして」のように否定と呼応するものがあるが、これは「非常に」「とても」のように程度の大きいことを表す程度副詞と対になって、程度の小さいことを表す働きを持っているため、程度副詞と呼ぶ方が妥当であろう。

　情態副詞のなかで、動詞が表す変化の結果の状態を表わすものを「結果副詞」と呼ぶ場合がある。ただし、そのような働きを持つものは副詞に限らず、「塀を白く塗った」「我が家を三階建てに建てかえた」のように、形容詞・形容動詞の連用形あるいは名詞＋「に」などでも表すことができ、副詞という品詞の働きというよりも、むしろ副詞句あるいは副用語の働きというべきだろう。

2．接　続　詞

　文と文とを結び付けるだけではなく、語と語、句と句とを、付加（「また・かつ・および」など）、選択（「あるいは・もしくは・または」など）の関係で結び付ける働きのものも含まれる。

　文と文とを結び付けるものには、接続助詞と共通する順接（「だから・それで・したがって」など）、逆接（「しかし・けれど・ところが」など）のほか、換言（「すなわち」など）、転換（「ところで・さて」など）などの働きをするものがある。

3. 連体詞

もっぱら連体修飾の働きに限られた活用しない自立語であるが、最初から連体詞として成立した語はなく、いずれも他の語、ないし複合語から派生したものである。

すなわち、派生のしかたとして、
(1) 代名詞・名詞＋「の・が」…「この・我が・件(くだん)の」など
(2) 漢語＋「の」…「当の・一抹の」など
(3) 動詞＋助動詞…「いわゆる・あらゆる・あらぬ」など
がある。

連体修飾をするとはいっても、たとえば、「千里を駈ける 白い馬」のようないわゆる制限用法では用いられず、指示（「この・その・あの」など）、所有（「我が」）、総体（「あらゆる」）、示唆（「件の・例の」）などさまざまな働きで用いられる。

4. 感動詞

原則として常に一語で独立語として用いられる。感動詞とはいっても、「ああ・おお」のような情意の直接表現として用いられるものばかりでなく、
(1) 呼び掛け…「おい・もしもし・ねえ」など
(2) 応答…「はい・いいえ」など
(3) 挨拶…「こんにちは・おはよう・さようなら」など
(4) 謝罪…「ごめんなさい」など
(5) 祝意…「おめでとう」など
など、むしろ、概念的な意味を持つものではないが、日常の対人的コミュニケーションを円滑に行うための表現が中心になっている。

---

1) 橋本文法では、先に示した品詞分類の仕方とは別に、次のように、副詞・連体詞・接続詞を合わせて「副用言」と呼び、連体詞を「副体詞」と呼んでいる。

図5.5　副用言と副体詞

5.3.1 受動態（自発態・可能態）

第 5 章 文 法
5.3 態

1. 受動態とは

他動詞に「（ら）れる」をつけて、その行為を受ける人物の立場に立った表現をすることができる。ただし、動詞の形が変わるのにともなって、もとのガ格の項（いわゆる主格）はニ格の項（いわゆる与格）となり、もとのヲ格の項（いわゆる目的格）はガ格の項となる。このような表現を「受動態」と呼ぶ。

(1) ① 花子が太郎を殴る。
　　② 太郎が花子に殴られる。

ここで、他動詞の表す内容を、ガ格の項からヲ格の項への働きかけであると考えることにしよう。そうするとガ格の項は働きかけ手（動作主）であり、ヲ格の項は働きかけられ手（対象）であることになる。これを図示すると図 5.6 のようになる。

図 5.6　他動詞の格構造

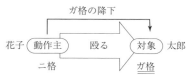

図 5.7　直接受動態の格構造

次に、他動詞の受動態の表す内容を図示すると図 5.7 のようになるが、ガ格に注目すると、働きかけの方向に沿って、動作主から対象に降下している。

すなわち、受動態は次のように定義することができる。

　受動態とは、動詞に「（ら）れる」を添えるのにともなって、ガ格を
　動作主から対象に降下させる文法的な操作である[1]。

2. 受動態の二類型

実は、日本語では、自動詞も受動態を作ることができる。自動詞は基本的にガ格の項 1 つだけで成り立っているが、自動詞の受動態はガ格の項はニ格になり、新たにガ格の項がもう 1 項加わる。

[1) 実はこの構造的な特徴のほかに、どうしてあえて受動態を用いるか、という動機付けに関わる、視点の原理が働いている。すなわち、受動文（の多く）はガ格（主格）に視点を置いた表現をするために用いられる。たとえば、話し手が最も視点を置きやすいのは、一人称代名詞「私」であるが、「私」をガ格に置いた①は自然だが、ニ格に置いた②は不自然となる。

　① 私は花子に殴られた。

(2)① 山田の息子が死んだ。
② 山田は（が）息子に死なれた。

先に見た、項の数は変わらず、格の形だけが変化する受動態を「直接受動態」、新たにガ格の項が1項ふえる受動態を「間接受動態」と呼ぶ。間接受動態は、多くの場合もとの動詞の意味に〈被害〉の意味が加わる。〈被害〉も一つの働きかけであると考えれば、「息子（の死）」が動作主、「山田」が対象となり、ここにガ格の降下が起こったものが間接受動態であると考えることができる[2]。

3. 自発態・可能態

実は先の受動態の定義は、自発態・可能態（の一部）にもあてはまる。すなわち、受動態・自発態・可能態（の一部）はいずれも、ガ格を動作主から対象へ降下させる操作から派生するさまざまな意味であるということができる。

(3)① 昔のことが思い出される。（自発態←「私が昔のことを思い出す。」）
② この木の実は食べられる。（可能態←「人がこの木の実を食べる。」）

いずれも動作主をガ格から解除することによって、動作主のもつなんらかの特徴を打ち消す働きがある。自発態は動作主のもつ意志性を打ち消して、「ひとりでにそうなる」という意味を表し、可能態はその行為を現実に行うことではなく、潜在的に「そのことができる」という意味を表すことになる。

---

②＊太郎は私に殴られた。
そのほかにも、受動態を用いる動機としては、他動詞に対する自動詞がないために、自動詞の代替として用いられたり、動作主が誰か重要ではないために落とされる、③、④のような場合もある。
③ この部屋は20度に温度が保たれている。
④ 答案用紙が配布された。

2) 間接受動態の構造は、図示すれば図5.8のようになる。

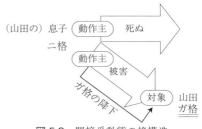

図5.8　間接受動態の格構造

5.3.2 使役態

第 5 章 文 法
5.3 態

1. 使役態とは

　動詞に「(さ) せる」を添えて、他者になんらかの行為をうながす動作を〈使役動作〉といい、そのような表現を「使役態」という。ただし、その際、もとのガ格の項はヲ格ないし二格となり、新たにガ格の項が1項増える。

(1) ① 太郎が学校に行く。

　② 父が太郎を／に学校に行かせた。

　これも受動態と同じように、働きかけという観点で見てみると、もとの動詞は動作主がガ格をとっている。

図 5.9　もとの動詞の格構造

　それが使役態となると、新たに1項が加わり、その項がガ格、もとの動詞のガ格はヲないし二格となる。この現象は、新たな項を動作主とし、もとの動詞の動作主の項を対象とするような〈使役動作〉がもとの動詞に上乗せされた構造であると考えることによって説明できる。すなわち、ガ格は、〈使役動作〉に対して、対象から動作主へ移動、すなわち上昇したということができる[1]。

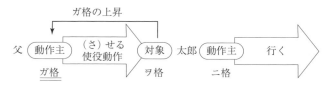

図 5.10　使役態の格構造

すなわち使役態は次のように定義できる。

　　使役態とは、動詞に「(さ) せる」を添えるのにともなって、新たな項を動作主とし、もとの動詞の動作主の項を対象とするような〈使役動作〉が上乗せされ、ガ格を〈使役動作〉に対して対象から動作主へ

---

1) このように、受動態と使役態とは、ガ格の降下、上昇というように対称的に定義することができる。しかし、使役態には〈使役動作〉が上乗せされていると考えられるのに対して、受動態にはそのような新たな動作を設けなかったという点では対称性が崩れているように見える。しかし「太郎は花子にわざと殴られた」で「わざと」した動作や、「花子に殴られなさい」で命令される動作を考えると、〈受動作〉というものも設ける必要が

と上昇させる文法的操作である。

2. ヲ使役・ニ使役

使役態には、もとの自動詞の動作主がヲ格・ニ格いずれでもよい場合がある ((1)②)[2]。前者は「ヲ使役」、後者は「ニ使役」と呼ばれる。しばしばヲ使役は強制的な使役を表し、ニ使役は放任的な使役を表すといわれる。しかし、他動詞の使役の場合、ニ使役しか用いられない ((2)②)。

(2)① 父が太郎を/に学校に行かせた。(=(1)②)

② 次郎は花子*を/に太郎を殴らせた。

むしろ、格構造のレベルでは、使役動作の対象としてヲ格でも、もとの動作の動作主としてニ格でも現れることが許されているとだけすればよい。さらに日本語には、1つの節の中では、ヲ格は1つしか用いられないという制約（二重ヲ格制約）が働いており、すでにヲ格が用いられている場合には、ニ格でしか現れることができないと考えられる。

3. 使役態の意味類型

ヲ使役・ニ使役とは別に、使役には意味類型として、強制的使役 ((3)①、②) と、放任（容認）的使役 ((3)③、④、⑤) とを区別することができる。

(3)① 太郎は花子にプレゼントをして喜ばせた。(誘発)

② 太郎は花子をいやいや学校に行かせた。(強制)

③ 田中は娘に勝手に夜遊びに行かせた。(放任)

④ 山田は息子を交通事故で死なせた。(責任)

⑤ 太田太郎我身手おひ、家子郎党おほくうたせ馬の腹いさせて引退く。

（被害、『平家物語』）

ある。そうすると受動態とは、もとの動作と逆の方向に〈受動動作〉が組み合わさったものとなる。そしてその〈受動動作〉に対してガ格が上昇したものが（もとの動作に対しては降下）受動態であることになる。

2)原因・理由をガ格とする使役態は、ヲ使役にしかできない。

① 山の悪天候が登山者全員を/*に疲れさせた。

② はじめの2、3度の顚倒は、私たちを/*に惨めな気持ちにさせた。

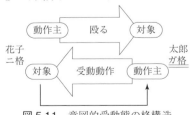

図5.11 意図的受動態の格構造

	第5章 文法
5.3.3 授受表現	5.3 態

1. 授受表現とは

授受表現とは、渡し手から受け取り手に何らかの事物が移動することを表す3項述語を用いた表現である。日本語以外の多くの言語では渡し手を主格とするか受け取り手を主格とするかによって、2つの対になる動詞があるが、日本語では、「あげる（やる）」「くれる」「もらう」の3つがある[1]。

(1)① 太郎が花子にプレゼントをあげた（やった）。

② 太郎が花子にプレゼントをくれた。

③ 花子が太郎に／からプレゼントをもらった。

これらはまず、渡し手と受け取り手のどちらが主格であるかで二分される。

・渡し手が主格…あげる（やる）・くれる

・受け取り手が主格…もらう

さらに、渡し手と受け取り手のどちらに視点があるかによって、主格の場合とは異なるところで二分される。このことは、渡し手と受け取り手のどちらが一人称（「私」）を用いることができるかによって確認できる。

(2)① 私が花子にプレゼントをあげた（やった）。

② 太郎が私にプレゼントをくれた。

③ 私が太郎に／からプレゼントをもらった。

・渡し手に視点…あげる（やる）

・受け取り手に視点…くれる・もらう

以上の結果を組み合わせると日本語には主格が受け取り手で、視点が渡し手であるような述語が欠けていることがわかる[2]。

---

1)近年まで、「やる」が敬意に関してニュートラルであったが、相手に利益を与える「やる」の敬意が下がったため、現在では「あげる」がニュートラルである（近年まで、「犬に餌をあげる」「植木に水をあげる」は不自然だった）。

2)授受表現も、受動態、使役態で示したよう

な格構造を考えることができる。視点の影響のない授受動詞「渡す」は、①に対して、②、③の2つの受動文を作ることができる。これは、授受表現とは、渡し手を動作主として受け取り手を対象とする〈授受1〉と、同じく渡し手を動作主として事物を対象とする〈授受2〉とが組み合わさったものだと考え

108 第5章 文法

2. 授受表現の補助動詞

授受表現は補助動詞としても用いることができるが、格のとりかたは本動詞と変わらない。ただ、補助動詞では授受される事物にあたるものは意味的には〈恩恵〉といったものであるが、構文的には現れない。

(3) ① 太郎が花子にプレゼントを贈ってあげた（やった）。
② 太郎が花子にプレゼントを贈ってくれた。
③ 花子が太郎に／からプレゼントを贈ってもらった。

3. 授受表現の敬語

「あげる（やる）」「くれる」「もらう」に対する敬語はそれぞれ、「さしあげる」「くださる」「いただく」であるが、「さしあげる」「いただく」はいわゆる謙譲語であり、「くださる」は尊敬語である。

(4) ① 太郎が先生にお土産をさしあげた。
② 先生が花子にお土産をくださった。
③ 花子が先生に／からお土産をいただいた。

このことは、敬意の対象には視点は置かれない、ということから説明できる。すなわち、「さしあげる」「いただく」は主格と視点とが一致するので、主格でない人物が敬意の対象となるため謙譲語となり、「くださる」は主格と視点とが一致しないので、主格が敬意の対象となるため尊敬語となる。

れば説明がつく（「もらう」は渡し手と受け取り手とが逆転する）。
① 太郎が花子に子猫を渡した。
② 花子が太郎から子猫を渡された。
③ 子猫が太郎から花子に渡された。

さらに「もらう」は「奪う」「盗む」「盗る」「取る」「取り上げる」のようにカラ格し

かとらない動詞と異なり、相手の「あげる」という許可を得て自分のものにするため、渡し手は前提述語の動作主となるので、渡し手がニ格（動作主）でも、カラ格（起点）でも出現することが説明できる。図5.12に、「あげる（やる）」「くれる」「もらう」の構造を、主格と視点の位置も含めて示す。

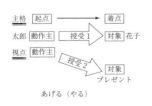
あげる（やる）

図 5.12 授受動詞の格構造

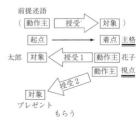
もらう

5.4.1 アスペクト	第5章 文法
	5.4 アスペクト・テンス・ モダリティー

1. アスペクトとは

「〜続く」「〜ている」という表現は同じように出来事が続いていることを表しているように思われる。

(1)① 雨が降り続く。

　② 雨が降っている。

　しかし、「日本では六月はどんな気候ですか。」と尋ねられて答える場合には、(1)①が用いられるのに対して、「昨夜はよく晴れていたのに、今朝窓を開けたら雨」という場合は、(1)②しか用いられないだろう。つまり、「〜続く」は、現実の出来事かどうかとは関わりなく、単にその動作が継続することを表しており、「〜ている」は、今現在の様子はどうか、というように外から与えられた時点で、動作がどの段階にあるのかを表しているということなのだろう。ここで「〜続く」のような表現を「動作態」、「〜ている」のような表現を「アスペクト」と呼ぶことにしよう。つまり、次のように一般的にいうことができる。

（一）動作態とは、動作の時間的な展開の中で、開始・継続・終了そして終了以降のどの段階であるか（それぞれの段階を「局面」と呼ぶ）を表す表現のことである。

（二）アスペクトとは、現実の時間や、他の節や文、あるいは副詞句など、外から与えられる時点（「基準時」と呼ぶ）において、その動作がどの局面にあるかを表す表現のことである。

2. アスペクトの種類

　①「犬が走る」、②「花びんが割れる」、③「花が散る」、④「花子を一瞥する」という言い切りの文に、にそれぞれ「ている」を付けてみると、(2)①は〈動作の進行〉、(2)②は〈結果の存続〉、(2)③は〈動作の進行〉または〈結果の存続〉（副詞句として「はらはらと」を添えれば前者、「あたり一面に」を添えれば後者の解釈となる）、(2)④はそもそも「ている」を添えることができない。

(2) ① 犬が走っ<u>ている</u>。
　② 花びんが割れ<u>ている</u>。
　③ 花が散っ<u>ている</u>。
　④ *花子を一瞥し<u>ている</u>。

　これは、動詞の意味として〈瞬間／継続〉、〈変化／不変化〉という対立を考えると、「走る」は〈継続・不変化〉、「割れる」は〈瞬間・変化〉、「散る」は〈継続・変化〉、「一瞥する」は〈瞬間・不変化〉となるが、〈継続〉という意味特徴を持っていれば「ている」が付いてアスペクトとして〈動作の進行〉を表すことができ、〈変化〉という意味特徴を持っていれば「ている」が付いて〈結果の存続〉を表すことができると説明できる[1]。

　〈動作の進行〉は基準時が動作態の継続の局面に置かれたもの、〈結果の存続〉は基準時が動作態の終了後の局面に置かれたものと位置付けられる。その他、基準時が動作態の開始の局面に置かれた〈始発〉(「ピストルが鳴って、ランナーが一斉に走った」)、基準時が動作態の終了の局面に置かれた〈完了〉(「2人のランナーが競り合ってゴールに走り込んだ」)には、「た」が用いられる[2]。

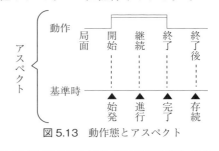
図 5.13　動作態とアスペクト

---

1)「ている」には、〈動作の進行〉、〈結果の存続〉の他に、〈単なる状態〉、〈経験〉と呼ばれる用法がある。〈単なる状態〉は、基準時における状態を表しているという点で〈結果の存続〉の延長上にあると思われるが、変化の結果としての状態を表しているわけではない(①はまっすぐな道が曲がったわけではない)。また〈経験〉は逆に、以前にある出来事が起こったことを表わしている点で〈結果の存続〉の延長上にあると思われるが、基準時に必ずしもなんらかの痕跡が残っているわけではない。
① 道が曲がっている。〈単なる状態〉
② 犯人は昨夜この道を通っている。〈経験〉

2) テンス・アスペクトに関しては、ここで示したように、意味・機能を定義して、そこにどのような形態があてはまるのかを考える立場のほかに、逆に、形態的なスル／シタの違いに〈非過去／過去〉というテンス、スル／シテイルの違いに〈完成相／継続相〉というアスペクトの意味・機能をあてはめる考え方もある(表5.1)。ここでは、形態的な対立が必ずしも意味・機能の対立に対応しないことに鑑み、そのような考え方は取らなかった。

表 5.1

	完成相	継続相
非過去	スル	シテイル
過去	シタ	シテイタ

5.4.2 テンス

第5章 文法
5.4 アスペクト・テンス・モダリティー

1. テンスとは

テンス（時制）とは、一般には、発話時を基準にして、それ以前を過去、発話時を現在、それ以後を未来とする時間の前後関係を表す言語表現のことと了解されている。

図 5.14 一般的なテンス

現代語では、動作述語と状態述語とではテンスの表し方に若干の違いがあり、動作述語は過去は「た」、現在は「ている」、未来は φ（言い切り）で表され、状態述語は過去は「た」、現在・未来（合わせて非過去）は φ で表される。動作述語が現在の出来事を表す場合に「ている」というアスペクト表現が割り込んでいるのは、現在という瞬間のことを表すために、現在を基準時としたアスペクト表現を用いざるをえないからである[1]。

(1) ① 昨日は雨が降っ<u>た</u>。
　② （今日は）雨が降っ<u>ている</u>。
　③ 明日は雨が降る<u>φ</u>（だろう）。
(2) ① 昨日はお天気だっ<u>た</u>。
　② （今日は）お天気だ<u>φ</u>。
　③ 明日はお天気だ<u>φ</u>（ろう）。

表 5.2　述語と種類のテンス表現

	過去	現在	未来
動作述語	タ	テイル	φ
状態述語	タ	φ	

2. 物語のテンス

上で見たように、従来のテンスの理論は、発話時を基準にしているところからわかるように、話し言葉をもとにして作られていた。しかし、書き言葉、中でも物語の地の文にもテンスは用いられている。物語の地の文には発話時に相当する明確な基準時点は見出せない。そのため、これまで物語の地の文のテン

[1) ただし、「行く・来る」などの移動動詞は、「あ、バスが来る」のように、現在でも φ が用いられる。「思う・考える」などの思考動詞でも、「私は彼が正しいと思う」のように現在に φ を用いるが、これは〈判断の主張〉というような言語行為を表しており、テンスの問題を越えている。また、平安時代語では、現在の動作を φ で表している例が多く見られるが、これは中古では現代語のように点的な現在を表しているのではなく、過去や未来と同じく、幅をもった現在を表していると考えればよい。

スの理論化は放棄されるか、文体の問題だと考えられてきた。

　一方一般に、地の文にφが用いられると、その場にいるような臨場感、生き生きとした感じ、眼前で展開しているような印象がもたれるのに対し（(3)①）、「た」が用いられると、突き放したような疎外感、他人事のような感じ、淡々と描写されているような印象がもたれる（(3)②）（本来なら長く引用すべきであるが、冒頭の１文に留める）[2]。

(3)① ぶらりと両手を垂(さ)げた儘(まま)、圭さんがどこからか帰つて来る<u>φ</u>。
　　　　　　　　　　　　　　　　　（夏目漱石『二百十日』冒頭）
　　② 六の宮の姫君の父は、古い宮腹の生れだつ<u>た</u>。
　　　　　　　　　　　　　　　　　（芥川龍之介『六の宮の姫君』冒頭）

　このことは、まず視点の問題であると了解できる。すなわち、φはウチの視点、「た」はソトの視点を表していると考えれば説明がつく。

　しかし、テンスの表現と視点とがどのように結び付くのだろうか。まず、ウチの視点のウチとは、物語（の）世界の中のことであることは容易にわかるが、ソトの視点のソトとは、どこなのか。それは（架空の）語り手が聴き手に語りかけている表現（の）世界であると思われる。

　物語世界には物語の時間（物語時）が、表現世界には表現の時間（表現時）がそれぞれ別に流れているはずである。ウチの視点は、表現時の現在で語っている語り手が、物語時の現在に視点を移行して描くのでφが用いられ、ソトの視点は、視点はあくまでも表現時現在に置きつつ、語り手が表現時の現在を物語時の未来に仮に定位して、そこから物語時の現在の出来事を過去のこととして振り返って描くので「た」が用いられるのであると説明できる。

(1) ウチの視点　　　　　(2) ソトの視点
図5.15　物語の時制

---

[2] 小説の冒頭の時制の用い方は、しばしば小説全体の時制の用い方を規定する。ここに挙げた２つの小説は、この後、『二百十日』はφを主とする文体を、『六の宮の姫君』は「た」を主とする文体を一貫して用いることになる。

	第5章 文 法
## 5.4.3 モダリティー	5.4 アスペクト・テンス・モダリティー

1. モダリティーとは

話し手が文の内容をどう位置付けているか、あるいは聞き手にどのような働きかけを行おうとしているか、を表す文法的な研究領域をモダリティーという[1]。前者は、話し手が「事実だ（断定）／そうだろう（推量）／疑わしい（疑念）／そうあってほしい・そうしたい（願望・希望）／そうしよう（意志）」と思っているなどに、後者は聞き手に「そうだと考えを伝える（主張）／そうなのかと尋ねる（質問）／そうしろと命じる（命令）」などに分けられる。

この2つの領域は、厳密に区別すべきであり、たとえば〈疑念〉と〈質問〉とは似ているが、この2つの行為を表す動詞（モダリティー表現そのものではなく）「疑う」「尋ねる」を用いた次の(1)①、②では、前者では「疑う」の人間関係は「私」しか必要ではなく、思考主体個人の心内で留まるのに対して、後者では「尋ねる」の人間関係には「私」と「あなた」の二者が必要であり、実際に発話者が聴取者に発話するというはたらきかけを要することを示唆している。

(1)① 私は、田中が犯人ではないかと疑っている。（疑念）

② 私はあなたに、田中が犯人ではないかと尋ねている。（質問）

2. 推量について

このようにさまざまなモダリティーがありうるが、実際に研究が詳しく進め

---

1) しばしば文の「主観的」な側面といわれることもあるが、この術語はあまりに漠然としている。たとえば、聞き手を「お前」「君」「あなた」など何と呼ぶかや、移動を表す「行く／来る」の使い分けも「主観的」と呼ばれることもある。要するに、「主観的」という言い回しは、「強調」や「詠嘆」などと同じく、文法的な位置付けがきちんとなされていないと了解できる。したがって、ここでは「主観的」といういい方は批判的に用いる

のでなければ使わない。

このような考えをもとに、モダリティー論（かつては陳述論と呼ばれた）を構成したものが、階層的モダリティー論と呼ばれる。文の内容は命題といわれるが、それを核として、下のような、命題めあてのモダリティーと聞き手めあてのモダリティーとが二重にくるみこんでいる（まんじゅうの皮と餡、あるいはタマネギのような）つくりをモデルとしている。

```
┌─────────────────────────────────────────────┐
│ ┌──────────────────────────────┐              │
│ │命題│命題めあてのモダリティー│ 聞き手めあてのモダリティー │
│ └──────────────────────────────┘              │
└─────────────────────────────────────────────┘
```

114　第5章 文 法

られてきたのは、特に推量に関してである。

(2)① 雨が降る<u>だろう</u>。

　② ｛もしかしたら／ひょっとしたら｝ 雨が降る<u>かもしれない</u>。

　③ ｛きっと／必ず｝ 雨が降る<u>にちがいない</u>。

　④ 雨が降っている<u>ようだ</u>（／<u>みたいだ</u>）。

　⑤ （あの雲行きだと）雨が降り<u>そうだ</u>。

　⑥ （天気予報によると）雨が降る<u>そうだ</u>。

　⑦ 雨が降る<u>らしい</u>。

　⑧ 雨が降る<u>はずだ</u>。

　このように推量にはさまざまな形式が用いられるが、モダリティーは発話時における話し手の判断を表しているとすると、純粋にモダリティーを表す形式は、その後に過去の「た」が承接してはいけないことになる（発話時の判断ではない）し、伝聞の終止形承接の「そうだ」が承接してはいけないことになる（話し手の判断ではない）。そのほか、モダリティーは命題を覆っているとすれば、原則として文末になければならないことになり、連体修飾にならない、「のだ」が承接してはならない、などの特徴を満たさなければならない。

　常にそのような条件を満たすのは、結局「だろう」「う」「よう」「まい」だけとなってしまう。それ以外のものは、条件を満たす場合にはモダリティーを表し、いずれかの条件を欠く場合にはモダリティーを表さないことになる[2]。

　また、「だろう」以外のものは、「かもしれない／にちがいない」が蓋然性の高低を表す推量に、「ようだ・（連用形承接の）そうだ・らしい」が外界の兆候をもとにした推量に[3]、「（終止形承接の）そうだ・らしい」は伝聞、「はずだ」は確実な根拠をもとにした推量に用いられるといわれる。

---

[2] モダリティーを表さない場合は何を表しているかに関しては、必ずしも明確な議論はなされていない。言語行為論において、「私はあなたを歓迎します」が〈歓迎〉という言語行為を遂行しているのに対して、「太郎が花子を歓迎した」が全体として命題となって当該の事実を表明しているに過ぎないのと同様に、他者の、あるいは過去に行われたモダリティー表現を事実（命題内容）として伝えるものとして、それらのモダリティー形式は命題内に取り込まれているものと考えられる。

[3] 兆候をもとにした推論は、現実の因果関係に対して、逆方向に推論していると考える方が妥当かもしれない。すなわち、現実の結果を推論の理由に、現実の原因を推論の結果として導き出すものと考えるのである。

5.4　アスペクト・テンス・モダリティー　　*115*

5.5.1 主題

第5章 文法
5.5 主題ととりたて

1. 主題とは

その文が何について述べているのか、最初に提示する部分を「主題 theme」と呼び、それに続いて、その主題についてどうであるかを述べる部分を「解説 rheme」と呼ぶ。主題を表す代表的な形は「は」であるが、それ以外に「とは」「なら」なども用いられる。

主題−解説は、語順としても、主題が先にあり、解説が後にくる。これは、日本語に限らず一般的に、何について述べるかが先に示され、それについてどうであるかがその後にくるという形が、理解しやすいためである。

このように、どのように配置すれば聞き手が理解しやすいか、あるいは次に見るように、話し手や聞き手が何を知っており、何を知らないか、などに関わる文法的な仕組みを、「情報構造」と呼ぶ。

このことは、述語と格助詞を伴った項によって構成される文の意味のつくり、すなわち格構造に対して、そのうちのある部分を主題としてとりたて、それ以外の部分が解説になるという情報構造による操作が加わる、というように了解すればわかりやすい。たとえば、(1)①のような格構造(簡略化している)のうち、「象」、「象の鼻」、「鼻が長い」、「鼻」をそれぞれ主題化したものが、(1)②〜⑤であると考えられる。

(1)① [象の鼻が長い]

② <u>象</u>は鼻が長い。

③ <u>象の鼻</u>は長い。

④ <u>鼻が長い</u>のは象だ。

⑤ <u>鼻</u>は象が長い。

2. 主題と旧情報

主題は、その文が何について述べるのかを示すのであるから、前もって聞き

手も主題として挙げられている事物を知っていなければならない。それに対して、解説部分は、あえてそのことを聞き手に知らせるのであるから、聞き手の知らない新しい内容を含まなければならない。聞き手の知っている内容のことを「旧情報」、聞き手の知らない内容のことを「新情報」と呼ぶ。すなわち、主題は旧情報でなければならないが、旧情報には、対話をしている場にその事物があるから旧情報となる「直示」と、その場での話にその事物がすでに登場しているから旧情報となる「文脈」と、その場での話の以前からその事物を聞き手も知っているから旧情報となる「知識」との、3種類がある。

(2)① （本を示しながら）この本は日本語の文法の本です。（直示）

② むかしむかし、お爺さんとお婆さんがありました。お爺さんは山へ

　　芝刈りに、お婆さんは川へ洗濯に行きました。（文脈）

③ 鯨は哺乳類です。（知識）

3. 主題と主格

　従来、「は」と「が」とは、ともに〝主語〟を表すといわれてきた。そうであれば、(3)①、②は同義ということになる。しかし、「あなたはどなたですか」の答には(3)①が用いられ、「山田さんはどなたですか」の答には(3)②が用いられる、というように、明らかな使い分けが見られる。

(3)① 私は山田です。

② 私が山田です。

　質問に対する答とは、相手が知っていること（旧情報）に関連して、相手が知らないこと（新情報）を教えるものである。(3)①の「私は」は旧情報にあたり、文全体の主題であることになる。(3)②の「私が」は新情報にあたるが、「が」が新情報を表すというよりも、格構造の中の主格を表わすのが本来のはたらきであり、「は」との対比でそう見えるに過ぎないと考えるべきであろう[1]。

---

1)「が」に限らず、同じような質問と答えとの対応が次のように「を」や他の格助詞にも見られる。格助詞すべてが新情報を担うと考えるのも不自然であり、むしろ、格助詞は文中の意味関係、すなわちまさに格関係を表すのが本来のはたらきであるというべきであろ

う。

① Q：ケーキはどうしましたか。

　A：ケーキは食べました。

② Q：おやつに何を食べましたか。

　A：ケーキを食べました。

5.5.2 とりたて

第5章 文法
5.5 主題ととりたて

1. 「とりたて」とは

　とりたてとは、従来の副助詞に「も」や対比の「は」などを含めたものが表す働きのことで、それらが添えられた対象は、それと潜在的な範列的関係をなす他の対象となんらかの関わりがあることを含意する。その関係には、対比・限定と並列・添加および程度・例示があり、個々の助詞はその3類に分けられる。

統辞的関係（顕在的）

範列的関係（潜在的）	太郎	は	昨日	花子	と	映画を見に	行った.
	次郎		明日	雪子		ショッピングに	
	三郎		一昨日	月子		旅行に	
	四郎		明後日	春子		ハイキングに	
	五郎		今日	秋子		食事に	
	…		…	…		…	

対比・限定系：は・だけ・ばかり・しか（…ない）・（きり）
並列・添加系：も・さえ・まで・でも・だって
程度・例示系：ほど・くらい・など・なんか・なんて・なぞ・
　　　　　　　なんぞ・（だけ・ばかり）

図5.16　関係の2類型と副助詞の分類

2. 対比・限定系の表現

　対比・限定系のとりたて詞は、その文が表す内容に関わる対象はそれに限られ、そのほかにはないというように、そのほかの対象を積極的に排除する含意を持つ[1]。

　「だけ」と「ばかり」は、「だけ」がそれが添えられた特定の対象に限る意であるのに対して、「ばかり」はそれが添えられた種類のものに限る意であり、実際には複数の対象を含むことになる。

　(1)① 赤い花<u>だけ</u>が咲いている。（他の色の花は咲いていない）

---

1)このほかにも、「小遣いに1000円<u>も</u>くれた／<u>しか</u>くれなかった」は、「1000円」という額が期待より多い／少ないという違いを表す。

② 赤い花ばかりが咲いている。(咲いているのはすべて赤い花だ)

3. 並列・添加系の表現

並列・添加系のとりたて詞は、その文が表す内容に関わる対象はそれ以外にもあるというように、その他の対象を積極的に含み込む含意を持つ。

ただ、並列・添加系にはそれ以外に、〈意外〉の含みを持つもの ((2)②) があり、「も」にはさらに、一見ほかに並列する対象がないように思われるもの ((2)③)[2] もある。

(2)① 太郎は夕食の時にバナナ ｛も／まで｝ 食べた。

　② その問題は小学生に ｛も／さえ／まで／でも／だって｝ できる。

　③ 春もたけなわの今日この頃です。

〈意外〉用法は、「その問題は中学生や大人にはできても、小学生にはできないだろう」という聞き手の期待を、「その問題は中学生や大人は勿論、小学生にもできる」という事実によって裏切ることによって〈意外〉の含みが生ずる。

4. 程度・例示系の表現

程度のとりたて詞は、(3)①のように、それが添えられた対象をなんらかのスケール上の基準として、他の対象の程度を表すために用いられるものであり、例示のとりたて詞は、(3)②のように、それが添えられた対象をほかにもある同類の対象の一例として示すために用いられるものである。また、例示のとりたて詞には(3)③のように、〈軽視・謙遜〉の含みが伴う場合がある[3]。

(3)① 花子はプロの料理人 ｛ほど／くらい｝ 料理がうまい。

　② 福引きの景品は旅行券、自転車、カメラ ｛など／なんか｝ です。

　③ 将来、サラリーマンに ｛など／なんか／なんて｝ なりたくない。

---

2)このようなモは〈柔らげ〉のモと呼ばれるが、ここには本当に並列する対象がないがあたかもあるかのようなニュアンスを添える(「擬制」と呼ばれる)のか、「時は過ぎゆくものだ」というような一般的な通念・常識が呼び出されるのか、考え方が分かれる。

3)〈軽視・謙遜〉の含みは、〈例示〉という意味が、当該対象を例としてそれに類する多くの対象があることを含意するが、この〈複数〉という特徴から、唯一のものは重要だが、複数あるものはそれほど重要ではない、という語用論的原則によって導かれるものと思われる。

5.6.1　連用修飾節	第5章　文　法
	5.6　複　文

1.　連用修飾とは

　用言、すなわち動詞、形容詞、形容動詞、さらには名詞等+断定助動詞「だ」の前にあって、統語的にも用言と結び付き（係り）、意味的にも用言の意味を補うひとまとまりの語句を「連用修飾語（句）」と呼び、その働きを「連用修飾」と呼ぶ。さらに、この連用修飾語（句）の中に主語・述語を含んでいるものを、「連用修飾節」と呼ぶ。

　連用修飾節には、因果関係と関わるもの（論理的関係ともいわれるがこの言い方は正確ではない）、時間関係と関わるもの、そのほか目的を表すもの、程度を表すものなどがある。

2.　因果関係に関する連用修飾節

　従来、論理的関係を表すといわれてきた、順接／逆接、仮定／確定という2つの基準を十字分類した条件文がある[1]。

(1)　① 太郎が来れば花子は帰る。　　　（順接仮定条件文あるいは狭義条件文）

　　② 太郎が来ても花子は帰る。　　　（逆接仮定条件文あるいは譲歩文）

　　③ 太郎が来るので花子は帰る。　　（順接確定条件文あるいは理由文）

　　④ 太郎が来るのに花子は帰る。　　（逆接確定条件文）

　しかし、事実関係にしか関心のない論理学は、これら4種類の条件文の違いを説明できない。たとえば順接確定と逆接確定とは、「太郎が来」て「花子が帰る」という2つの事実が生ずれば、どちらも真ということになる[2]。

　ここでは、順接仮定は話し手が持っている「期待」を表すものと考える（(1)①では、たとえば、2人の仲が悪いことからそう期待（予想）することになる）。そうすると、その期待と事実とが一致した場合に順接確定、期待と事実

---

1)因果関係に関する連用修飾節には、接続助詞の他に、逆接仮定に「うと」「うが」、順接確定に「だけに」「ばかりに」「おかげで」、逆接確定に「くせに」など、複合した形も用いられる。

2)論理学でも「→（ならば）」という記号を用いるが、これは因果関係は表していない。すなわちP→QはP∨Qと同じことを表すにすぎず、「明日雨が降れば、総理大臣が辞職する」のような因果関係のない文でも真偽を論じることができる。

とが一致しなかった場合に逆接確定が用いられると説明できる。また、相手の期待（期待２）に対して、話し手は別の根拠をもって（今日は花子にははずせない用事がある）自分の期待（期待１）を提示することによって相手の期待を打ち消す場合に逆接仮定が用いられる。

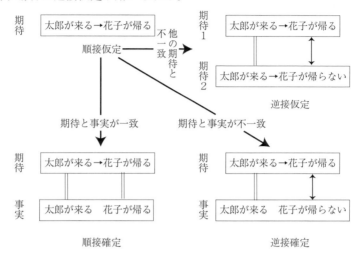

図 5.17　条件表現の体系

3. 時間関係に関する連用修飾節そのほか

　主節の出来事が起こる（起こった）時間をさまざまな形で明示する働きをする連用修飾節がある[3]。

　出来事の発生の時点を表すもの（「家に帰り着いた時、電話が鳴った」）、出来事の始まりの時点を表すもの（「家に帰り着いてから／帰り着いた後で／帰り着くと、雨が降り出した」）、出来事の終わりの時点を表すもの（「夜が明けるまで、雨が降り続いた」）、出来事が続く時間幅を表すもの（「家に帰り着いてから夜が明けるまで／夜中、雨が降り続いた」）などがある。

　またほかに、目的を表すもの（「プレゼントを選ぶために／選ぼうと、デパートに行った」）、程度を表すもの（「傘が吹き飛ばされるくらい／ほど、強い風が吹いた」）などさまざまな連用修飾節がある。

---

[3] 時間関係に関する連用修飾節には、接続助詞や格助詞、あるいは相対名詞のほかに、「やいなや」「途端」「瞬間」「ところ」なども用いられる。

5.6.2　連体修飾節	第5章　文　法
	5.6　複　文

1.　連体修飾とは

　体言、すなわち名詞の前に置かれて、統語的にも名詞などに助詞「の」が加わったもの、や用言の連体形などによって体言と結び付き、意味的にも体言の意味を補充する語句を「連体修飾語（句）」と呼び、その働きを「連体修飾」と呼ぶ。ここで、体言が連体修飾語（句）による連体修飾を受けた全体を、名詞句という。そして、連体修飾語（句）の中に主語・述語の関係が見出されるものを、「連体修飾節」と呼ぶ。

2.　連体修飾節の種類[1]

　連体修飾節は、大きく分けると、文中の1項を文末に移動した「内の関係」（(1)①）と、ある種の名詞をひとまとまりの文が修飾する「外の関係」との2種類に分けられる。ここで、内の関係のことは「同一名詞連体」ともいう。また、外の関係はさらに、「話・噂・知らせ・ニュース・趣旨」などのなんらかの内容を要求する名詞にその実質的な内容を与える「同格連体」（(1)②）と、「上・下・前・後ろ」などの相対的な関係を表わす相対名詞に相対的関係の基準を与える「相対連体」（(1)③）と、「効き目・におい」などのようになんらかの出来事の結果を表す名詞にその原因となる出来事を与える（たとえば、薬を飲めば、なんらかの効き目がある）あるいはその逆の「付加連体」（(1)④）に分けられる。

(1)① 太郎が昨日買った本
　　　　（[太郎が昨日本を買った]　φ）

　② 花子が結婚した（という）噂
　　　　（[花子が結婚した]　噂）
　　　　　内容━━━━内容名詞

　③ 火が燃えている上
　　　　（[火が燃えている]　（場所）　（その場所）
　　　　　　　　　　　　　　　　上　相対名詞

---

1)「同一名詞連体」「同格連体」「相対連体」　　　「内の関係」「外の関係」という区別は寺村
「付加連体」という区別は、奥津（1974）、　　（1993）による。

122　　第5章　文　法

④ 薬を飲んだ効き目

   （[薬を飲んだ]　効き目）

   原因━━━→結果名詞

　このうち、同格連体に関しては、そのまま用言連体形によって連体修飾するのか、「という」という表現を介して連体修飾するのかが問題となる。およそ、直接的な言語表現は「という」が必須であり（(2)①）、心内表現や間接的な言語表現は「という」は任意であり（(2)②）、非言語的な内容だと「という」は用いられない（(2)③）。

(2)① 一大ベッドタウンを作る ｜＊φ／という｜ 主張

　　② 一大ベッドタウンを作る ｜φ／という｜ 計画

　　③ 一大ベッドタウンを作る ｜φ／＊という｜ 工事

　また、相対連体に関しては、ここで用いられている相対名詞自体は、およそ2つの対象間の相対的な関係を表す状態述語のような意味を表している。たとえば、(1)③の「上」も「火が燃えている場所」と「その場所」（「火が燃えている上を飛び越える」なら「飛び越える」場所）との相対的位置関係を表している。このことから、一方では(3)①のように連体修飾を受け、格助詞が承接するなど、通常の体言として働くのに対して、他方では(3)②のように基準格「より」や数量詞を受けるなど、状態述語と同じ働きもする。

(3)① 風船が煙突の上に浮かんでいる。

　　② 風船が煙突より 三メートル上に浮かんでいる。

　さらに、付加連体にはしばしば「た」が用いられるが、これは未来の出来事にも非時間的な出来事にも用いられるなど、2つの事態の相対的な時間的前後関係（(4)①では「薬を飲む」ことと「効き目が現れる」こと）という相対テンスを表している。

(4)① 薬を飲んだ効き目は2時間後に現れるでしょう。

　　② 魚を焼いたにおいはいつまでも残っているものだ。

5.6　複　文　　123

6.1.1　待遇表現	第6章　日本語の諸相
	6.1　待遇表現

1.　待遇表現とは

　コミュニケーションを行う際に、話し手は、聞き手や話題の人物との関係や、自身の置かれている場面・立場に応じて、尊敬や親愛、時として侮蔑といった気持ちを表すためにことばを使い分けている。このように、相手をどのように位置づけ、そして配慮するのかといった言語行動[1]を待遇表現という。

2.　待遇表現の分類

　待遇の仕方から3分類すると、敬語、普通語、軽卑語となる。敬語がプラスの配慮、普通語がプラスマイナスゼロの配慮、軽卑語がマイナスの配慮ととらえることができる。

(1)敬語…話し手が、聞き手や話題の人物・ものごとを高めたり立てたりすることで、敬いやへりくだりといった敬意を表したり、親しくない相手と距離をとったりする（例：あの方はこちらでご夕食を召し上がったそうです）。

(2)普通語…話し手と、聞き手や話題の人物・ものごとが対等であることを表す。タメ口もこの一種である（例：あの人はここで夕食を食べたそうだ）。

(3)軽卑語…話し手が、聞き手や話題の人物・ものごとに対して軽んじ卑しめる気持ちを表す[2]。卑罵語ともいう（例：あいつはこっちで夕飯を食らいやがったって）。

　その他にも、話し手が聞き手や話題の人物・ものごとなどに対して自分を上位におく尊大語（例：おれ様、教えてつかわす）や、親愛語（例：おじょうちゃん、お人形さん、ぼうや）といった分類も設定できる。

---

1)身振り・表情・視線といった身体的動作や、相手との距離・声の音量や調子・服装などといった非言語行動も含めることがある。

2)親しい関係では、距離を縮めるために軽卑語が用いられることもある（例：「しばらく

ぶりだな。てめえ、まだくたばらねーのか」）。また、もともと「飯（めし）」「食う」などは普通語であったが、時代が経つことで軽卑語となった。「貴様」「お前」はもとは敬語であったが、現在、軽卑語として用いられ

124　　第6章　日本語の諸相

3. 待遇表現の場面

相手をタテの人間関係（上下の意識）とヨコの人間関係（内（親）外（疎）の意識）に位置付けることで、待遇表現の選択が行われている。

(1) タテの人間関係…年齢、経験、地位などの違いや、相手から恩恵や利益を受けるのかそれとも相手に与えるのかといったことが、相手を高めるための焦点となる。

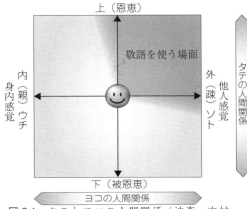

図6.1 タテとヨコの人間関係（沖森・中村 (2003) による）

例：Bが上位者：A 昨日（さくじつ）のコンサートにいらっしゃいましたか？
　　　　　　　B うん、行ったよ。
　　Aが上位者：A きのうのコンサートに行ったの？
　　　　　　　B はい、参りました。

(2) ヨコの人間関係…相手が親しいのか疎遠であるのか、同じ家族・学校・会社などといった社会集団に属しているかどうかといったことが、相手を立てるための焦点となる。

例　取引先の社員に対して、「その件につきましては、直接、社長がご説明申し上げます。」[3]

4. 軽卑語の表現形式

軽卑語の表現形式は、基本的に敬語（6.1.3項）と同じである。

(1) 置換型（特定の語を用いる）…「がき」（子供）「ほざく・ぬかす」（言う）「ずらかる」（逃げる）など。

(2) 添加型（語を付け加える）…「～め」（例：あやつめ）「ど～」（例：どあほ）「～やがる」（例、来やがる）「ぶっ～」（例：ぶっ飛ばす）など。

ている。このような現象を敬意逓（低）減の法則という。

3) タテの人間関係（例、社内の上司）とヨコの人間関係（例、社外の人）といった、2つの関係が重なった際にはヨコの人間関係が優先される。したがって、社員は社長より地位が低いが、同じ集団に属する意識が優先され、社長を高めないで、ウチの人としてあつかい、ソトの人である取引先の社員を立てることとなる。

6.1.2　敬語の種類

第6章　日本語の諸相
6.1　待遇表現

1.　敬語について

敬語[1]を用いると、聞き手や話題の人物・ものごとに対し、以下の効果がある。

(1) 敬いやへりくだりといった敬意を表す。　→タテの人間関係

(2) 親しくない相手との距離を示す[2]。　　　→ヨコの人間関係

(3) あらたまった場面であることを表す。　→タテ・ヨコの人間関係

(4) 自己の品位を保つ。　　　　　　　　　→タテ・ヨコの人間関係

2.　敬語の種類と働き

敬語はさまざまに分類することができるが、ここでは、尊敬語、謙譲語Ⅰ、謙譲語Ⅱ（丁重語）、丁寧語、美化語に5分類[3]する。

(1) **尊敬語**…相手の動作・状態やものごとに用いる敬語。話題の中で（主語にあたる）動作をする人を高める・立てる言い方[4]（例：社長が海外出張にいらっしゃいます）

表6.1　敬語の分類法

素材・対者	例	5分類	4分類	3分類
素材敬語（相手に配慮）	おっしゃる	尊敬語	尊敬語	尊敬語
	申し上げる	謙譲語Ⅰ	謙譲語	謙譲語
対者敬語（聞き手に配慮）	申す	謙譲語Ⅱ（丁重語）		
	です・ます	丁寧語	丁寧語	丁寧語
	お・ご	美化語	美化語	

(2) **謙譲語Ⅰ**…相手に向かってする動作・状態やものごとに用いる敬語。動作の向かう先を高める・立てる言い方。（例：先生のお宅に伺います）。

(3) **謙譲語Ⅱ（丁重語）**…話し手の動作に対して、聞き手へ意識を払った丁寧な

---

1) 場面に応じた対人配慮の一つとして敬語を扱うポライトネスという考え方がある（滝浦(2008) など）。

2) 相手に敬意を持たなくても、従順であることや危害を加えないことを伝える手段として敬語を用いる（例：知らない人に道を尋ねる）。結果的に相手と距離を保ち、自分を守ることになる。これを一種の「なだめ行動」

という。したがって、ウチの意識が強くなると敬語を使わないことになる（図6.1）。

3) 従来の3分類と4分類とを対応させると表6.1のようになる。なお、5分類は他の分類と対立するものではない。

4) 尊敬語の直接性と、謙譲語の間接性といった視点も有益である.

126　第6章　日本語の諸相

言い方。話し手と聞き手との関係が問題であり、謙譲語Ⅰのように動作の向かう先が高める・立てる対象である必要はない（例：これから父の赴任先に参ります）。

(4) 丁寧語…話し手が、聞き手に対して直接丁寧に述べる言い方。「〜です」「〜ます」「〜（で）ございます」「〜（し）てください」などがある。なお、尊敬語・謙譲語Ⅰ・謙譲語Ⅱは丁寧語と用いられることがほとんどである（例：田中さんをご存じですか？／早速、頂戴します）。

(5) 美化語…話し手が他の表現部分とのバランスを取るために、ものごとを上品にしていう言い方。「腹」を「おなか」、「寝る」を「休む」、「来る」を「見える」とする置換型（特定の語を用いる）と、「お茶」「ご本」のように「お・ご」（「お」の使用が多い）を用いる添加型（語を付け加える）とがある（例：食事がおいしい（⇔うまい）／お菓子を買って帰ろう）。

「お・ご」が付かない（例：おケチャップ、おけち、お・ご携帯電話）、あるなしで意味が変わる（例：にぎり／おにぎり）、付けないとおかしい（例：おもちゃ、ごちそう）という場合もあり、注意が必要である（6.1.3、6.1.4項）。

また、美化語ではないが、改まり語と呼ばれる語がある[5]（例：こっち→こちら、きょう→本日、すごく→大変・とても、どう→いかが、ちょっと→少し・少々・しばらく）。依頼や断りなどの内容を伝える際、導入に用いるクッションことばもある。（例：恐れ入りますが／申し訳ございませんが／せっかくですが）。

3. 敬語の実態

近年、上下といったタテの人間関係よりも、ヨコの人間関係に意識がはらわれる傾向にある。また、話題の中の人物などといった人間関係に配慮するよりも、聞き手に対しての配慮が積極的に行われている[6]。

　例：社長がいらっしゃるかご存じですか？ → 社長が来るかご存じですか？

[5] 会話などで双方が認識しているものごと（例えば「赤いファイル」）に対して、「お手元の赤いやつを先方にお渡しになっていただけませんでしょうか。」と表現することがある。前後を適切に表しているだけに粗野な印象を増幅させてしまう。

[6] 素材敬語（尊敬語・謙譲語Ⅰ）から対者敬語（謙譲語Ⅱ・丁寧語）への変化となる（丁寧語化ともいえる現象）。また、歴史的にとらえると聞き手や場面の影響を受けない絶対敬語から現在の相対敬語に変化している。

6.1.3　敬語の表現形式	第6章　日本語の諸相
	6.1　待遇表現

1.　表現形式のしくみ

尊敬語、謙譲語Ⅰで表すにあたり、大きく置換型と添加型に分けられる。ただし、謙譲語Ⅱは置換型だけである。「言う・話す」を例に挙げる。

(1) 置換型…該当部分に特定の語を用いることで、尊敬語「おっしゃる」、謙譲語Ⅰ「申し上げる」、謙譲語Ⅱ「申す」となる。

(2) 添加型…敬語を構成する役割の語を付け加えることで、「言わ<u>れる</u>」「<u>お</u>話<u>しになる</u>」といった尊敬語や、「<u>お</u>話<u>しする</u>」「<u>お</u>話<u>しさせていただく</u>」などの謙譲語Ⅰがある。

① 尊敬語　→〜（ら）れる／される／なさる／（し）ていらっしゃる

　　　　　　お・ご〜になる／なさる／くださる／あそばす

② 謙譲語Ⅰ→〜させていただく／（し）ていただく

　　　　　　お・ご〜する／できる／いたす／申し上げる／いただく／

　　　　　　ねがう／にあずかる

両方の使用が可能な場合には、一般に置換型の敬意が高くなる。また、敬語要素が多くなると、それにともない高める意識が強くなる[1]。

2.　それぞれの敬語

(1) 尊敬語、謙譲語Ⅰ、謙譲語Ⅱの動詞…「言う・話す」「行く」「来る」「する・行う」「知る」といった日常生活の中で欠かせない動詞には、尊敬語、謙譲語Ⅰ、謙譲語Ⅱがある[2]。ただし、謙譲語Ⅱについては表にあげたものに限られる（表6.2）。

置換型と添加型を併用するもの、置換型をもっぱらとするもの[3]、「会う」の尊敬語「<u>お</u>会<u>いになる</u>」のように添加型で対応するものがある（謙譲語Ⅰは「お目にかかる」「<u>お</u>会<u>いする</u>」）。

---

1) 過剰な敬語に注意する必要がある（6.1.4項）。
2) 詳細は6.1.2項を参照のこと。
3) 例えば、「食べる」を尊敬語で表すにあた

り、置換型の「召し上がる」を用いるが、添加型の「お食べになる」は稚拙な印象を与え適当ではない（6.1.4項注3））。

128　第6章　日本語の諸相

表6.2 代表的な尊敬語と謙譲語

普通語	尊敬語	謙譲語Ⅰ	謙譲語Ⅱ
言う・話す	おっしゃる	申し上げる	申す
行く[4]	いらっしゃる、おいでになる、お越しになる	伺う	参る
来る		参上する	
	お見えになる		
する・行う	される、なさる	させていただく	いたす
知る	ご存じ	存じ上げる	存じる
いる	いらっしゃる、おいでになる		おる
聞く	お聞きになる	うかがう、うけたまわる、お聞きする	
食べる・飲む	召し上がる	いただく、頂戴する	
見る	ご覧になる	拝見する	
着る	お召しになる		

(2) 尊敬語、謙譲語Ⅰ、美化語の「お・ご」など…相手に関わる持ちものや相手の動作に付けた「お・ご」(例:お名前、ご活躍)は尊敬語となる。「お・ご」のほかにも、尊敬語にはことばの前や、呼称の後ろや前後に付け加えるものなどがある(例:貴校、玉稿、尊父、芳名、令嬢、鈴木様、田中さん、お客様)。

謙譲語Ⅰは相手に渡すものや相手に向かってする動作に「お・ご」を付け加える(例:お祝い、ご説明)。

「お手紙」などは、尊敬語(例:お手紙を頂戴する。)にも、謙譲語Ⅰ(例:お手紙を差し上げる。)にもなる。

謙譲語Ⅱについては、聞き手・読み手を意識してことばの前や後ろに語を付け加える(例:愚息、小社、寸志、拙宅、粗茶、豚児、薄謝、弊社、私ども、係りの者)。書きことばに用いられることが多い。

また、「カバンからお財布を出す」といったものは、高めたり立てたりする対象が想定されていないため美化語となる(6.1.2項)。

---

4)「行く」と「来る」は、尊敬語、謙譲語Ⅰ、謙譲語Ⅱにおいて、それぞれ一本化される。基準となる視点が、方向性と敬意で異なることによる(近藤、2000)。

6.1.4　注意すべき敬語

第6章　日本語の諸相
6.1　待遇表現

1.　敬語への印象

　文化庁（2006）によると、「敬語について難しいと感じていること」が「よくある」「少しある」と思う人が計67.6%に及ぶとの結果が出ている。そのうち78.4%は「相手や場面に応じた敬語の使い方」が難しいと感じている。

2.　注意すべき敬語の例と理由

　尊敬語を用いるべきところで謙譲語を用いたり、過剰にしすぎてしまったりすることがある。また、上司に「ご苦労様」と「お疲れ様」のどちらを用いるのか、そもそもこのような表現自体をするべきではないのかと判断に迷う。敬語を使用する上で、注意すべき例を挙げ理由を示す[1]。

(1) 尊敬語と謙譲語の混用（「お持ちになりますか」「お持ちしますか」）…それぞれ適切に理解していれば、自分で持っていく場合と相手に持ってもらう場合に分けられる。一方の敬語への理解が不足すると、誤解が生じる[2]。

(2) 尊敬語か謙譲語か（「ご利用いただけます。」）…「ご利用<u>になっ</u>ていただけます」の省略形とすれば尊敬語となるが、「ご利用<u>し</u>ていただけます」の省略形ととらえると謙譲語Ⅰとなり誤りになる。

(3) 謙譲語Ⅰと謙譲語Ⅱの区別（「貴校の学風について存じ上げております」）…例文の謙譲語Ⅰでは「貴校の学風」を高める・立てることになり誤りである。謙譲語Ⅱを用いて、「貴校の学風について存じております」となる。「伺う」と「参る」なども同様の問題が生じる（例：一人暮らしの兄の所へ参ります）。

(4) 敬語動詞の使用（「お食べになりますか？」）…適切な敬語動詞の使用の必要がある。何にでも「〜（ら）れる」「お・ご〜になる」などの添加型を使用するのは稚拙な印象を与えることがある[3]。また、到着という意味で、「着かれた」よりも、「お着きになる、ご到着になる」が適当である。ほかにも、

---

1) ほかにも、「〜いたします」が適当であるのに「〜させていただく」を乱用することや、「お求めになりやすい」を「お求めやすい」とするなど、数多くある。
2) 視点は異なるが、「あの絵の中の人物はあ

なたに似ていらっしゃいますね」は絵の中の人物を高める・立てるため、誤りである。
3) 親しかったり、年齢、経験、地位などが近かったりする上位者の場合、「出張にいらっしゃいますか」ではなく、「出張にいかれま

「手続きはしたのですか」「こちらでやります」の「する」「やる」について、それぞれ尊敬語「なさる」、謙譲語Ⅱ「いたす」を使用したい。

(5) **過剰な敬語**（「社長様」「お薬を召し上がる」「お帰りになられる」）…「様」が必要のないことばに付けると過剰になるが、「○△会社様」「□×支店さん」と社名や店舗名などに敬称を付けるのは定着の方向にある。水や薬は「飲む」だが、尊敬語（「召し上がる」）による表現が出現している。「お帰りになられる」は「お〜になる」と「〜（ら）れる」の二重敬語である。[4]

(6) **ことばの推移**（店員が客に「割引券をあげます」）…謙譲語Ⅰの「あげる」は普通語の「やる」の位置に定着しつつあり、謙譲語Ⅰとして「差し上げる」が用いられる傾向にある（「あげる」が美化語化したととらえることもできる）[5]。

(7) **「お・ご」の使用**（「おケーキ」「おビール」）…個人差や集団差が生じている。例えば、飲食店などで「おビール」といった言い方をすることがある。

(8) **場にふさわしくない敬語**（「安らかにお休みください」）…「お休みなさい」で済むところを過剰に表現してしまった誤りである。とっさに口をついて出た「間もなくお迎えが参りますから」[6]も別の意味が浮かんでしまう。

(9) **マニュアル敬語**（「ご注文は以上でよろしかったでしょうか？」）[7]…しばしば、その場での注文確認なのにこのような言い回しに出会う。方言の要素なども考慮する必要があるが、機械的な対応ととらえられてしまいがちである。

3. その他の注意点

生徒が先生に向かって「これを見ろ！」といった場合、運用上の問題がある。また、敬語の誤りではないが、「お仕事でご失敗になったそうですね」といった内容面で配慮を欠くものにも気を付けたい。

すか」を用いる傾向がある。また、敬語動詞を使用しないで、可能を「食べれる」、受身と尊敬を「食べられる」（「思いだされる」といった自発もある）とするラ抜きことばとの関わりもある（6.1.3 項注3）。

4)「お召し上がりになる」（尊敬語）、「お伺いする」（謙譲語Ⅰ）などは慣用されつつある。同様の性質のものに「ご芳名」「ご令嬢」などがある。

5) 敬意逓（低）減の法則という（6.1.1 項注2））。

6) 場面に合わせると「間もなく（息子が）迎えに参りますから」などとなろうか。

7) 一方、「紅茶お好きですよね」よりも「紅茶お好きでしたよね」が、相手のことを知っているという印象を強くする（知っていることの確認・想起を表す助動詞「た」）。

6.2.1　位相語

第6章　日本語の諸相
6.2　位相語

1. 位相とは

　同じ意味・内容を持つことばでも、年齢、性、集団・職業、地域などによる違いがある（例：「車」と「ブーブー」、「刑事」と「デカ」、「盲腸」と「虫垂炎」）。また、同一人物が、相手との関係（年齢、立場など）、話題の性質、場面、公私といった異なりに応じて違うことばを用いることがある（例：わたくし、ぼく、おれ）。このようなことばの現れ方の違いを位相という。

2. 位相語

　位相の差はとりわけ語彙にはっきりと現れる。位相差を示す特有な語彙を位相語という[1]。代表的な位相語を以下に示す。

表6.3　代表的な位相語

年齢の違い	幼児語	まんま（食べ物）、ぽんぽん（おなか）
	老人語	身上（財産）、ねまき（パジャマ）
性の違い	男性語	おまえ、おい、～ぞ
	女性語	あなた、ねえ、～かしら
集団の違い[2] （集団語）	専門用語 （職業語）	オペ（手術）、ロケハン（下見）
	隠語	サツ（警察）、ヤク（麻薬）
	若者語	ウザい（鬱陶しい）、マジ（本当に・本気で）
地域の違い	方言	おおきに（ありがとう）、しばれる（きびしく冷えこむ）

　そのほか、話しことばと書きことばの違いや、待遇表現などを含める場合もある。

3. 位相差によることばの印象

　同じ意味・内容であっても、「会計／お愛想／お勘定」、「婚約者／いいなづけ／フィアンセ」、「便所／お手洗い／トイレ」といった違いがあり、ことばの与える印象は大きく変わる[3]。

---

1)主にフィクションにおいて、特定のキャラクターを想起させることば遣い、またあるキャラクターが使用する特定のことば遣いを役

割語と称し、研究が進められている（金水編（2007）など）。
2)ここでは、集団語の下位分類として専門用

132　第6章　日本語の諸相

また、「終わりにする」ことを「お開きにする」と言ったり、「梨」を「有りの実」などとしたりするのは、縁起の悪いことばや不吉なことば（忌みことば）の連想を避けるためである。「落第」を「留年」として、好ましくないことばを美化して言い換えることもある。

4. 歴史的に見る位相語

　平安時代に清少納言によって著された『枕草子』では、鎌倉時代になると軍記物語などで盛んに用いられるようになる助動詞「むず」について、次のように批判している。

　　何事を言ひても、「その事させんとす」「言はんとす」「何とせんとす」
　　といふ「と」文字を失ひて、ただ「言はんずる」「里へ出でんずる」など
　　言へば、やがていとわろし。　　　　　　　　　　（『枕草子』186 段）

当時のことばの変化の様相を知ることができる。また、ある集団・階層で用いられたことばに次のようなものがある。

(1) 武者ことば…武士特有の表現として、「退散する」ことを「陣を開く」、また「山田次郎が放つ矢に、畠山、馬の額を篦深に射させて」（『平家物語』「宇治川先陣」）と不名誉な事態を受け身で表現せずに使役で表す[4]。

(2) 女房ことば…室町時代に宮中に仕えた女官が用いた[5]。隠語的な側面を持ち、広く用いられている既存のことばの持つイメージを払拭するために、「飯」を「供御」、「酒」を「九献」などと言い表した。「しゃもじ」や「おひや」などは現代でも用いられている。

(3) 郭ことば（遊里語）…江戸時代の遊女が用いた。自身を「わちき」と称したり、「なんす」「ありんす」と特殊な敬語によって表現したりする。

(4) 西洋からのことば…室町時代末期から江戸時代にかけて、ポルトガル語に由来することば（例：カルタ、タバコ、テンプラ）や、オランダ語に由来することば（例：ガラス、ビール、ランドセル）が流入し、定着した。

語（職業語）、隠語、若者語を設定した。
3）ラ抜きことば（例：食べれる。）や、サ入れことば（例：読まさせていただきます。）も含めて考えることができる。
4）戦時下に軍部で用いられた「転進」（＝退

却）や「散華」（＝戦死）なども同様の性質のものである。
5）将軍家に仕える女性に広まり、さらに一般の女性に加え男性も用いるようになった。

6.2.2　ことばの性差の変化

第6章　日本語の諸相

6.2　位相語

1.　男性語と女性語

　近年、男女のことばが区別のつかないほど近づいてきているために、女性語として扱われてきたようなことばが減少傾向にある。例えば、女性が「そんなこと知ってる<u>わよ</u>」と発話するよりも、男女ともに「そんなこと知ってる<u>よ</u>」を用いることが多くなってきている。ことばの面で、男女差が縮小し、さらに多様化しているとも言える。

　そのような中でも、男女差が比較的見られるものに、自称詞（人称代名詞）、感動詞（例：「おい」と「ねえ」、「おお」と「あら」など）、文末形式（おもに終助詞）が挙げられる。

2.　自　称　詞

　同性の友人に対して用いる自称詞について、東京都の中学生を対象とした調査によると[1]、「おれ」「ぼく」を男子が、「わたし」「あたし」を女子が積極的に用いている（図6.2）。

	女子	男子
ボク	2.9	47.1
オレ	3.2	91.7
アタシ	69.6	1.1
ワタシ	73.4	4.8
ワタクシ	2.8	1.6
アタクシ	1.7	0.8
ウチ	8.5	5.0
ワイ	0.5	5.0
ワシ	0.6	4.7
ジブン	9.7	12.5
名前	18.0	1.5
その他	6.7	5.7

図6.2　同性の友人に対する自称詞の使用者率（東京の中学生に対する調査）

3.　文　末　形　式

　文末形式について、「あしたは雨だ」を親しい友人にどのように伝えるのかという調査によると（図6.3）[2]、「雨<u>だね</u>」など男女に共通するが、女性が「雨<u>よ</u>」「雨<u>ね</u>」「降る<u>わよ</u>」「雨<u>だわよ</u>」といったおもに助動詞「だ」を省略し、助詞「よ」「ね」「わ」を用いている。それに対して、男性は「雨<u>だぞ</u>」「雨<u>だぜ</u>」のように、助動詞「だ」の後に、助詞「ぞ」「ぜ」を使用している傾向にある。

　年齢別で見ると、大学生（女性）による「雨<u>よ</u>」「雨<u>ね</u>」「降る<u>わよ</u>」「雨<u>だわよ</u>」の使用はきわめて低く、それに対して「雨<u>だよ</u>」「雨<u>だね</u>」「降る<u>よ</u>」の

---

1) 国立国語研究所が、1989-90年に東京都の中学生（男子1285人・女子1171人）を対象に行った調査結果である（国立国語研究所、2002）。

2) 国立国語研究所が、1997年秋に20代から60代の東京在住者を対象に行った調査結果である（尾崎、1999a）。

3) 「雨だよ」の使用者率の調査によると、大学生（女性）の使用が9割を超えるのに対して、50・60代（女性）では2割を切っている

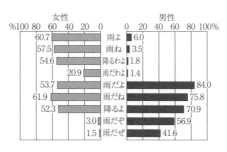

図 6.3　各種文末形式の使用者率

使用は9割を超える結果となっている。女性の場合は、高年層になるにつれて、女性語の使用が高くなり、若年層になるほど男女差は小さくなっている[3]。

4. 現代語の中での流れ

大学生への調査によると[4]、例えば、「見えるだろ」と「見えるでしょ」、「元気出せよ」と「元気出しなよ」、「準備しろ」と「準備して」、それぞれについて前者を男性が、後者を女性が使用する傾向にある。

何をどのように利用するのかは、実際には使用意図や背景なども深く関わるところである。また、性差による固定化したとらえ方を越えた考え方が求められている。

5. 歴史的な側面

女房ことば（6.2.1項）は女性語としてとらえることができるが、特定の集団・階層で用いられた閉じられたことばでもあることには注意が必要である。

また、現代では「おれ」ということばを聞けば、男性を思い浮かべるが、江戸時代には女性も使用していた例がある[5]。

明治中期ごろには、東京の若い女性たちの間で文末に「てよ」「だわ」を付ける表現が流行し、「テヨダワことば」と名付けられた。当初は下品な言い方とされたが、東京の女性の普通の言い方として用いられるようになった。助動詞「だ」や助詞「わ」をはじめ、男性語と女性語がどのようにかたちづくられたのかということも大切な視点である[6]。また、今後の推移にも着目していく必要がある。

(尾崎、2004)。
4) 尾崎（1999b）
5) 江戸期の中上層女性は、「わし」「おれ」を男性専用語として用いない傾向がある（小松、1999）。
6) 土屋（2009）。

6.2.3 方言

第6章 日本語の諸相
6.2 位相語

1. 方言

ことばは地域によってさまざまな面で違いがある。それらの違いや特徴は種々の観点から分析が可能である（ここでは1例を挙げるにとどめる）。

(1) 音韻…母音「ウ」を発話する際に、唇を丸めずに発音するか（非円唇母音［ɯ］）、唇を丸めて発音するか（円唇母音［u］）といった違いがある。

(2) アクセント・イントネーション…「ヒで乾かす」といった際に「日で」と「火で」のアクセントが地域によって入れかわる。

(3) 語彙…「居る」を「いる」とするか、「おる」とするか、違いがある。

(4) 文法…「見ろ」「見よ」「見い」と命令形に違いが生じる。

(5) 待遇表現…敬語のない地域や、一方、話し手がソトの人に対してウチにあたる身内を話題にする際、尊敬語を用いる地域がある。

2. 標準語と共通語

方言に対して、標準語や共通語を使用するが、標準語（standard language）には規範にもとづいた公用語という意味合いもあり、全国で通じる東京語を基盤とする共通語（common language）が用いられる傾向にある[1]。

3. 方言区画

方言の特徴によりグループ分けしたものを方言区画という。種々の特徴からさまざまな分類が可能だが、総合的な分類の一つに東条操の区画（1953年）がある（図6.4）。

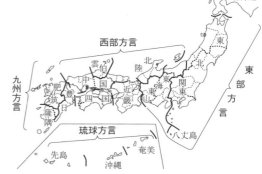

図6.4　東条操の区画（第三次『日本方言学』(1954)）より

4. 方言の分類（語彙を中心として）

(1) 東西対立型（図6.5）…たとえば、「塩辛い」は「しょっぱい」か「からい」かなど、東日本と西日本

---

1) 研究者による見解の違いがある。また、一般には区別なく用いられていることが少なくない。

で違いのあるものが多い[2]。また東西の方言の境界線やその理由も考慮する必要がある。

(2) 周圏型…文化の中心地から同心円状をなす波紋のようにことばが広がることで、新しいことばは中心にあり、古いことばほど外側に位置することがある。「かたつむり」の呼称の分布[3]が有名である[4]。

ほかにも太平洋側日本海側対立型（例：霜焼け／雪焼け）、交互型（例：した／べろ）、複雑型（例：つらら）、全国一律型（例：雨、耳）などの分類がある（図6.6）。

5. 現代の方言

メディアの影響で方言が衰退する中、伝統的な方言と共通語の接触により、その中間の形である新たな方言が存在する（ネオ方言[5]）。また、新しい方言が若い世代によって生み出されたり、方言が東京に流入したりすることがある（新方言[6]）。一方、方言であるにもかかわらず、ある地域で共通語として認識されて用いられていることばもある（気付かない方言[7]）。

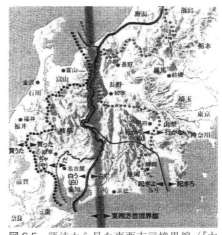

図6.5 語法から見た東西方言境界線（『大辞林 第3版』(2006)より）

図6.6 ごはんを茶碗に移すときの言い方の分布（読売新聞、2005年12月9日号より）

---

2)『万葉集』の東歌（巻14）や防人歌（巻20）に確認できる。またI.ロドリゲスの『日本大文典』(1604-08)や、越谷吾山による『物類称呼』(1775)をはじめ多くの記述がある。
3) 柳田（1930）は全国の「かたつむり」の方言を集め理論化した。
4) アホ・バカといったことばの分布にも違いがある（松本、1996）。
5) たとえば、「あきまへんがな」に対して、

「ダメじゃないの」の部分部分を対応させた「アカンやんか」が発生している（真田、1996）
6) 東京に流入したものとしては東京都西部の方言「うざったい」がある（井上、1985）
7) 運動着の「ジャージ」を宮城県では「ジャス」として、共通語ととらえ使用している。しかし、近年「ジャス」が方言であると認識されつつある（沖、1996）。

6.3.1 文章

第6章 日本語の諸相
6.3 文章・文体

1. 文章とは

　文字によって行われる言語表現で、句点（。）を目印とする文を複数組み合わせて、1つのまとまりをなし、完結した内容によるものを文章という。

　文章は「段（落）、文、節、句、文節、語、音（素）」などの単位からなる。文章を言語的単位として対象にしたのは時枝誠記である。なお、音声による1つのまとまりをなしたものを「談話」という[1]。

　文章は複数の文から構成されていることが普通であるが、意味として完結していれば、「誰？」「助けて！」「ようやく春が来た。」といったような単語、句、文の形で表されるものも文章になる[2]。

　また、文章は時間的・空間的な流れに沿って、線条的な文脈が展開される。そのために、「空港はひどい吹雪だ。金鉱脈が見つかった。ご飯がおいしい。」のように複数の文からなるといっても、それぞれの文と文との関連がないために完結せず、統一のとれていないものは文章といえない。ただし、何をもって完結・統一とするのかという基準があるわけではないので、単位の認定が主観的になりやすい面がある。

　文法論では、文を最大の単位として扱うことが多いのであるが、指示語（例、これ、その、あんな）、接続詞（例、順接：それで、逆接：しかし、累加：そして）、終助詞（例、〜か。〜ね。）などは、文と文との関わりによるものである。そのために、文の単位を超えた文章の単位での分析が要求される。

2. 文章論

　文章についてはさまざまな研究が行われ、分類・分析が進められている。ここでは「主題の位置」と「文章の構成」から説明する。

(1)主題の位置　　文章全体における主題（中心的な内容）の有無や、その位置

---

1)文章と談話を一括して文章としたり、テキスト（text）やディスコース（discourse）としたりすることもある。テキストが文章寄り、ディスコースが談話寄りといった面があるが、確定されていない。

2)短歌や俳句などの場合は、1つの文で1つの文章として扱うことができる場合が多い。

によって分類できる。結論にあたる統括する（まとめる機能）部分を持つ統括型と、それを持たない非統括型とに分かれる。さらに統括型は、頭括式・尾括式・双括式[3]といったものに分類される。一般には終わりの部分に主題が位置し、統括されることが多い。

① 頭括式…文章のはじめで全体的なまとめを示す。それ以後、順に述べ進める。演繹的な方法で、討論などで用いると効果的である。

② 尾括式…順に述べ進めながら、最後にまとめる。帰納的な方法である。読み手を納得させやすい。「序破急」や「起承転結」も含まれる。

③ 双括式…文章のはじめで全体のまとめを示し、内容について順に述べながら、再度まとめを示す。念を押すかたちになる。

(2) 文章の構成

① 三段型…序論・本論・結論からなり、文章構成の基本をなす。また、「序破急」（もともと雅楽に用いられ、中世以降、能楽をはじめとした芸道の理論として応用された）も用いられる。

② 四段型…よく知られる「起承転結」にあたる。三段型の本論が2つに分かれたものである。漢文の絶句の構成からなる。「起」によって文章で述べることを提示し、「承」では「起」を受けて説明や補足を行うことで本題へ導く。「転」は一転して内容に変化を持たせ、「結」によって全体をまとめる。

このほかに、文章の性質・内容から分類したもの（表6.4）や、文と文、また段落と段落とのつながりについて文章の単位から検討したものなど、多くの分類・分析がなされている。なお、文字言語、音声言語のいずれにおいても、文章・談話のレベルでの原理の見通しが待たれるところである。

表 6.4　文章の性質上の分類例

性質	対象	意図	例	
芸術的な文章	不特定他者	言語表現それ自体	韻文：短歌、俳句、詩など	散文：物語、小説、随筆など
実用的な文章	特定／不特定他者	事実の報告	報告文、記録文、レポート、ルポルタージュなど	
		思想の伝達	感想文、評論文、論説文、意見文など	
		知識の教授	説明文、解説文など	
	特定他者	行動の要求	要望書、陳情書、建白書、質問状など	
	自己	事実や思考過程の記録	覚え書き、メモ、雑記など	

（沖森ほか（2006）より）

---

3) 他に「中括式（主題が文章の展開部分にある）」「分括式（主題が文章の2か所以上にある）」「潜括式（主題が表に出ていない）」といったものもある。

6.3.2　文　体

第6章　日本語の諸相
6.3　文章・文体

1.　文体について

　文章に見られる特徴を文体という。その特徴から、用字（漢字・仮名・ローマ字）、語彙・語法（漢文体・漢文訓読体・和漢混淆文・和文体）、用途（宣命体・記録体・書簡体）、文語・口語（文語体・口語体）、ジャンル（小説・日記・随筆など）といった種々の分類をすることができる。このような共通する特徴から分類したものを類型的文体という。例えば、現代語では文末形式の違いからデス・マス体（敬体）[1]（例：当駅は終日禁煙<u>です</u>。／表示価格には消費税が含まれてい<u>ます</u>。）、ダ・デアル体（常体）（例：気合い<u>だ</u>。／失敗は成功の母<u>である</u>。）に分けることができる。

　また、夏目漱石の文体、『山月記』の文体、新感覚派の文体といった特定の書き手、作品、文学思潮の特徴・特殊性をとらえたものを個別的文体という。

2.　文体の変遷

(1)上代…漢文で書き記された漢文体だけではなく、中国語の文法から外れ日本語の要素の混ざった変体漢文が用いられた。また、日本語の語順で、実質的な意味を持つ語を漢字で書き、活用語尾や助詞・助動詞を右寄りに小さく万葉仮名で書き表した宣命体が確立した。万葉仮名だけでも用いられた。

(2)中古…公的文書は漢文体でありながらも、記録体（変体漢文）も用いられた。また、漢文を読みくだして漢字と片仮名で書き表した漢文訓読体や、平仮名で著された和文体（雅文とも）が発達した。和文体は、そもそも話しことばとは媒体が異なるのであるが、近接していたと考えられる[2]。

(3)中世…記録体が用いられる中、漢文訓読体と和文体のそれぞれの要素を融合した和漢混淆文が軍記物語をはじめとして見られる。また、記録体をもとに発達し、文末に丁寧語の「候」を用いる書簡独特の候文体がある。

1)動詞（「行き<u>ます</u>」）は「ます」、形容詞（「美しい<u>です</u>」）・名詞（「桜<u>です</u>」）には「です」を用いる。しかし、ゴザイマス体もあり、戦後間もなくまでは形容詞だけが直後に「です」を接続させずに「うつくしう<u>ござい</u>ます」「おいしうございます」などと用いられた。その後「形容詞＋です」が公的に許容されたが、現在でも書き言葉では「形容詞＋です」の使用を避ける傾向が残る。一方、一部の若者語として、「です」・「ます」の別な

(4) 近世…引き続き漢文体が規範的である中、中世にも使用された和文体を模
した擬古文体が国学者などに用いられた。また戯作類では地の文は文語文
寄りながら、会話部分は談話を活写している。俳諧趣味で記した俳文体もある。

(5) 近代…文語体の一つとして、漢文訓読文に和文の要素を取り入れた普通文
が用いられた。書きことばと話しことばは異質なものであるが、書きこと
ばを話しことばに接近させる試みが、言文一致運動として学問や文芸分野
で行われた。次第に、口語体[3] として教科書や新聞などで用いられ、一般
化していった。

3. 明治時代の文体の一例

　明治時代の啓蒙思想家である西周が 1870 年代に書き記した文章は、(1) 漢文
体、(2) 論文的内容の漢文訓読体、(3) 書簡のための候文体、(4) やわらかなもの言
いの擬古文体、(5) 文末にゴザルが用いられたものというように、バラエティーに
富む。場面や相手に応じてさまざまな文体を駆使し、使い分けていたのである[4]。

(1) 東土謂之儒、西州謂之斐鹵蘇比（ヒロソヒー）、皆明天道而立人極、其實一也、

(2) <u>アベセ</u>（ＡＢＣ）二十六字ヲ知リ苟モ綴字ノ法ト呼法トヲ學ヘハ兒女モ亦男子ノ書ヲ
讀ミ鄙夫モ君子ノ書ヲ讀ミ且自ラ其意見ヲ書クヲ得ヘシ其利四ナリ、

(3) 猶々荊妻より宜敷申上候樣申出候、令息は横濱江佛語稽古ニ御出成候由、
此間御見相成申候御安心と奉存候

(4) わが　ひとの　もの　いひ　ふみ　かく　ことは　ひとときだも　はなれ
がたき　いとも　せちなる　わざ　なり、

(5) 一ツハ一ツ、百ハ百、水ハツメタイ、火ハ熱イト云フト同ジ「コト」デ、三歳ノ
小兒モ能ク知ル「コト」デハゴザラヌカ

く「っす」(「行く<u>っす</u>」「うまい<u>っす</u>」「学生
<u>っす</u>」など) を用いている。一本化を示すも
のともいえそうである (共通語でもくだけた
会話などで「行く<u>です</u>」を耳にする)。

2) 仮名文学や和歌文学を挙げることができ
る。また、『土佐日記』に、楫取りが船子ど
もに何気なく発した「御船 (みふね) より、
仰せ給 (た) ぶなり。朝北 (あさぎた) の、
出で来ぬ先に、綱手 (つなで) はや引け」が
歌のようであったとする場面がある。

3) 江戸時代からの話しことばの標準化が大き
な要素となる。口語体は、理解しやすい平易
な文体で書き記すようにしたのであり、話し
ているように書いたわけではない。

4) 加賀野井 (2002) をもとにした。出典は、
(1)「開題門」(1871)、(2)「洋字ヲ以國語ヲ書
スルノ論」(1874)、(3) 松岡隣への書簡
(1879)、(4)「ことばのいしずゑ」(1871 以
前)、(5)『百一新論』(1874) である。

6.4.1　修辞法とことば遊び

第6章　日本語の諸相

6.4　修辞法とことば遊び

1.　修　辞　法

　ことばを巧みに用いたり、美しい言い回しをしたりすることで、文章やスピーチの表現を豊かにすることができる[1]。そのための方法としてさまざまなものがあるが、代表的なものには比喩、倒置法、反復法などがある。

　和歌に目を向けると枕詞、掛詞、縁語などがよく知られている。

(1)枕詞…例：<u>あしひきの</u>山、<u>ひさかたの</u>光

(2)掛詞…例：立わかれ いなばの山の 峰に生ふる

　　　　　　　 まつとし聞かば 今かへりこむ　　　　　（『古今和歌集』365）

　「往なば」に「因幡」、「松」に「待つ」を掛ける。

(3)縁語…例：か ら衣 き つつなれにし つ ましあれば

　　　　　　　 は るばるきぬる た びをしぞ思ふ　　　 （『古今和歌集』410）

　「唐衣」に縁のある「着る・馴る・褄・張る」が読み込まれている。さらに各句の1文字目をならべると「かきつばた」となる。このような技法を折句という。

　これらの修辞法は知的遊戯として芸術性を生み出している。また、『万葉集』に見られる「山上復有山者」（山＋山＝出）、「十六」（4×4＝16・鹿のこと）などを戯書という。

　掛詞をはじめ、このような技法が発達した要因の一つに、日本語の音の種類が少なく、音節構造が単純であり、拍（モーラ）の数が少ないために、同音異義語が多くなることが挙げられる。加えて、漢字と仮名の異なりを利用できる表記体系も大きく関係している。

2.　ことば遊び

　先に述べた和歌の例もことば遊びといえる面があるが、ことば遊びの歴史は

1)レトリック（rhetoric）ということばに馴染みがあるのかもしれない。しかし、レトリックはもともと説得を目的として発展してきたものである。また、修辞はレトリックの一部門であり、発想、配置、修辞、記憶、発表

の5つの部門からなる。

2)『古今和歌集』には「同じ文字なき歌」という詞書からなる「世のうきめ 見えぬ山路へ いらむには 思ふ人こそ ほだしなりけれ」（物部良名）がある。

古くさまざまなものがある。たとえば、いろは歌は同じかなを2度使わないルールのもと作られている[2]。

室町時代から江戸時代には、連歌や俳諧をはじめ多くのことば遊びが生み出された。現代でも、しゃれ、語呂合わせ、なぞなぞ、早口ことば、尻取り、回文、絵描き歌など思いつくだけでも多くのものがある。また、アメリカで生まれたクロスワード[3]が、漢字や仮名を用いることで普及している。

図6.7 吾唯知足

(1) しゃれ…同音や類音によって気の利いたことをいうことば遊び。地口、口合ともいい、もじりや、数字の暗記などにも用いられる語呂合わせも含まれる。また、無駄口もある。

　　例：猫に御飯（猫に小判）、　着たきり娘（舌きり雀）
　　　　そこにいるのに稲井さん、　山があっても山梨県
　　　　鳴くようぐいす平安京、　驚き桃の木山椒の木　〈無駄口〉

図6.8　かわいいコックさん

(2) なぞなぞ…問いかけの内容をヒントに、用意された答えを導き出す。

　　例：母には二たびあひたれど父には一たびもあはず[4]
　　　　　（『後奈良院御撰何曽』（中世に編纂された謎解き）による）

(3) 遊びことば…無意味に近い音を連続させたり、ことばを変形させたりする。

　　例：この子どこの子、　夏まで待つな　　　　　　〈回文〉
　　　　生麦生米生卵、　隣の客はよく柿食う客だ　　〈早口ことば〉
　　　　ゴリラ→ラッパ→パンダ→ダ…　　　　　　　〈尻取り〉

(4) 文字遊び…漢字を部首などに分けたり（図6.7）、組み合わせたりすることで答えを導き出す[5]。

(5) 遊び歌…数え歌や鞠つき歌があり、リズムや語呂の良さが大切である。「へのへのもへじ」や「かわいいコックさん」（図6.8）などの絵描き歌もよく知られる。

---

3) 1913年、アメリカの新聞に登場し、広く認識されたといわれる。
4) 答え：くちびる（「ハ」の音を両唇摩擦音[φa]で「ファ」と発音したため、「母」は「ファファ」と、両唇が二度近接した）。
5) 例えば、国字の造字の原理によって、「艶」を部首に分けると「木」に「色」が続くことから「もみじ」。また会意の発想をもとにして、「木」が2本で「林」、3本で「森」、4本で「ジャングル」、5本で「アマゾン」、6本で「六本木」といったものがある（最後は駄洒落である）。

6.4　修辞法とことば遊び　143

6.5.1 日本語教育

1. 日本語教育とは

　日本語は、日本語を母語とする人々に用いられるだけではなく、日本語を母語としないさまざまな地域・国籍や社会・文化的背景の人々によって学習・使用されている。そのために、日本語教育は、日本語を母語とする人々への教科としての国語教育とは接点を持ちながらも異なる。

　日本語を学習するということは、音声・音韻、文字・表記、語彙、文法といった言語面の要素に加え、使用場面や、非言語による伝達といったことまでも含まれ、日本社会や日本文化に密接している。

　そのために、国内の外国人にとって生活や仕事の上で日本語は欠かすことができない。一方、海外の学習者にとって、日本語の学習のおもな目的[1]は、
(1) 日本語そのものへの興味
(2) アニメ・マンガ・J-POP・ファッション等への興味
(3) 歴史・文学・芸術等への関心
といったことが上位に挙がる。アニメやマンガをはじめとしたポップカルチャーが海外で話題になっていることも要因の一つであるといえそうである。そのほかにも日本への観光旅行や、留学・就職といったことが目的となっている。

2. 海外での日本語教育

　2021年度の調査[2]によると、学習者数は379万4714人であり、1万8272の機関と7万4592人の教師によって支えられている。学習者の78.1%がアジア地域（東アジア・東南アジア・南アジア）であり（図6.9）、中でも中国が多く、インドネシア、そして韓国がそれに次ぐ。

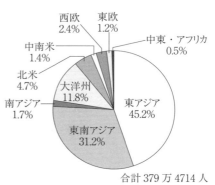

図6.9　海外の日本語学習者数

---

[1] 国際交流基金（2021）による。141か国・地域の日本語教育情報からなる。

3. 国内での日本語教育

2022年度の調査[3]によると、学習者数は21万9808人、2764の機関・施設で行われ、教師数は4万4030人からなる。アジア地域の学習者数が全体の82.4%（とりわけ中国が多くを占め、次いでベトナム、ネパール）となっている（図6.10）。

機関・施設については、基準を満たした日本語教育機関等によるものが最も多く、大学がそれに次いでいる。

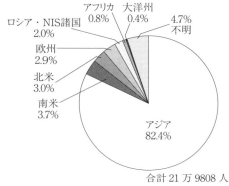

図6.10 日本国内での日本語学習者数

4. 日本語教育の現状

規範的な日本語を教える時代から、異文化・多文化などとの共生をはかるための日本語を考える時代へと変化している。日本語教育の学習項目は日本語であるが、あくまでも外国語教育であるので、外国語教授法を用いる必要がある。加えて、日本語の学習は異なる社会・文化との接触・体験でもあるために、さまざまな背景を持つ学習者の情意的な面にも配慮をはかっていかなければならない。

海外では、インターネット等で日本語を独習している学習者も多く、潜在的な需要はさらに大きいと考えられる。

国内では、学習者の多様化、日本での就労、また一時的ではあるが訪日外国人旅行者への対応などが課題となっている。また、日本語教師に、2024年4月から国家資格「登録日本語教員」ができた。市区町村の広報誌や災害時の案文など、多言語による対応に加え、「やさしい日本語」（例：「できるだけ公共交通機関を使って、ご来場ください。」→「電車やバスに乗ってきてください。」）を用いた情報伝達の整備がはかられている。

2）海外で日本語教育を実施している機関を対象としたため、放送を媒体としたりインターネット等によったりする学習者の数は含まれていない。

3）文化庁の「令和4年度国内の日本語教育の概要」による。

第7章 日本語の研究

7.1 日本語研究史

7.1.1 日本語研究史

1. 日本語研究の発生

自国語をとらえるための言語の考察は連綿と行われている。古代では中国語を受容することに加え、漢字を日本語の体系で用いることで日本語の特徴を認識していった[1]。また、平安時代には梵語(サンスクリット語)・梵字に関する悉曇学[2]の影響から日本語の音韻研究が発展した(図7.1)。

2. 室町時代までの日本語研究

貴族をはじめ教養層によって中世以降も和歌を詠むことが行われたが、その規範は平安時代に求められた。しかし、時代が経つにつれてことばが変化してしまったために平安時代の歌語や語法に着目して、助詞、助動詞、接尾辞、用言の活用語尾、また係り結びなどに関する書物が著された。中でも『手爾葉大概抄』(14世紀頃)が文法研究の先駆として挙げられる。

また、藤原定家が仮名で草紙や和歌を書く方法を記した『下官集』(鎌倉時代初期)を著し、その中で仮名遣いについて述べたものが定家仮名遣いとして江戸時代まで用いられた。

図7.1 現存最古の五十音図『孔雀経音義』巻末(築島ほか編、1983、醍醐寺蔵)

辞書については、日本最古の漢字の意味などを漢文で説明した空海による『篆隷万象名義』(830年以降)、漢和辞書としての体裁を持つ昌住の『新撰字鏡』(898-901年頃)、意義分類による源順の『和名類聚抄』(934年頃)など、重要なものが多くある。国語辞書としては橘忠兼の『色葉字類抄』(1144-81

---

1) 漢文によらずに日本語の語順で記した宣命体、日本語の要素が混ざった変体漢文、漢文を訓読するために用いた補助符号であるヲコト点といったものがある(6.3.2項参照)。

2) 経典の中のことばを理解するために行われ、平安初期に空海をはじめとした入唐僧(にっとうそう)が多く学び伝えた。五十音図の配列に影響を与えた。

年頃成）が早いものである。

室町時代の終わりごろ来日したイエズス会宣教師による日本語研究資料（キリシタン資料と称される）には、辞書、文法書、テキスト・教義書の類が多くある。『日葡辞書』（1603-04 年）、I. ロドリゲスによる『日本大文典』（1604-08 年）と『日本小文典』（1620 年）、イソップ物語をポルトガル語式ローマ字で記した『天草本 伊曾保物語』（1593 年）などがある。[3]

3. 江戸時代の日本語研究

契沖が定家仮名遣いの誤りを指摘し、いわゆる歴史的仮名遣いの根幹となる『和字正濫抄』（1693 年成）を著した。その研究姿勢は、文献にもとづいた実証的かつ客観的なものであり、前代の秘伝・口伝的要素の強いものからの脱却をはかった。また、古典を研究することで日本固有の文化を探求しようとした国学に大きな影響を与えることとなった。文法研究は、本居宣長、富士谷成章らによって進展がはかられた（7.1.2 項）。

諸国間の往来や商業が盛んになると、方言への関心も強まり、中央語との比較から安原貞室の『かたこと』（1650 年）などが著され、さらには越谷吾山の『物類称呼』（1775 年）といった全国規模のものがまとめられるようになった。

辞書についても、室町時代からさまざまな種類の節用集、和玉篇などが刊行される中、意味や用例にも意識がはらわれた国語辞書として、谷川士清の『和訓栞』（1777-1887 年）、石川雅望の『雅言集覧』（1826-87 年）、太田全斎の『俚言集覧』（成立年未詳）などが著された。

外国人による日本語研究は、キリシタン宣教師によるものから、当時の情勢を受けて、オランダに関連する人々によるものへ移行して行った（日本人は蘭学と称して西洋の医学・科学などオランダ語を通して受容した）。また、東洋学研究として、フランス、ドイツ、オーストリアといった西洋諸国でも日本語研究が行われるようになった。幕末から明治にかけて、欧米の宣教師、外交官、教師等が来日し、S. R. ブラウンの会話書（また文法書としての性格を持つ）*Colloquial Japanese*（1863 年）やヘボン式ローマ字で著名な J. C. ヘボンによる和英・英和辞書『和英語林集成』（1867 年他）をはじめ、数多くの書物が著された。

---

3) 江戸時代初めまで刊行され、29 種が知られる。

7.1.2　日本語文法研究史

第 7 章　日本語の研究
7.1　日本語研究史

1.　「てにをは」の解釈と理解

　和歌は平安時代のことばを規範とする伝統的な性格を持つ歌語や語法であらわされている。そのために、次第にことばが変化していくことで解釈を行う必要が生じ、日本語の特徴の一つである付属語[1]をはじめとした文法研究へと発展した。中世には、秘伝的要素を持ちながらも、「てにをは」の意味・用法に対する関心が深まったことで、『手爾葉大概抄』（14 世紀頃）を皮切りに、『姉小路式』（室町時代初期頃か）、『歌道秘蔵録』、『春樹顕秘抄』（室町時代末期）などが著された。

2.　本居宣長と富士谷成章の研究

　歌学はきわめて伝統的であったために、秘伝的要素が強かったが、江戸時代に入り、契沖（7.1.1 項）の研究態度を受け、歌学に端を発した文法研究も実証的・客観的に行われるようになった。

　中でも、富士谷成章は、漢語学の品詞分類を下敷きに、語を名（名詞）・装（動詞・形容詞・形用動詞）・挿頭（代名詞・副詞・接続詞・感動詞など）・脚結（助詞・助動詞など）の 4 つに分け、『かざし抄』（1767 年）と『あゆひ抄』（1778 年）を著した。

　数多くの著作のある本居宣長[2]は、『てにをは紐鏡』（1771 年）で係り結びの呼応関係を一覧表で示し、『詞玉緒』（1779 年成）では和歌の実例を挙げながら係り結びについて論じた。活用についても、動詞・形容詞を 27 種類に分けた『活用言の冊子』（1782 年頃成・明治時代に『御国詞活用抄』として刊行された）がある。

　活用研究は宣長の子である本居春庭によって、動詞の活用を 7 種類にまとめた『詞八衢』（1806 年成）や、動詞の自他などを扱った『詞通路』（1828 年成）が著された。門人の鈴木朖によって活用形の用法を示した『活語断続譜』（1803 年頃成）、体の詞・形状の詞・作用の詞・「てにをは」の 4 種に分けた『言語四種論』（1824 年）がある。

　そして、東条義門は宣長の『てにをは紐鏡』を受けて『てにをは友鏡』

148　　第 7 章　日本語の研究

（1823 年）を作成したり、『和語説略図』（1833 年）では春庭の『詞八衢』をもとに『友鏡』を整理・改訂したりして進めている。また、用言について論じた『山口栞』（1833 年）もある。『和語説略図』について説明を加えた『活語指南』（1844 年）では、活用形を将然言・連用言・截断言・連躰言・已然言・希求言の 6 種類に分け、その名称には現代につながるものもある。

3. 明治以後の研究

　近代西洋の言語学が移入されることで、文法研究も大きな変化を受けた。明治初期の田中義廉による『小学日本文典』（1874 年）や、中根淑の『日本文典』（1876 年）は西洋文典にならったため、洋式日本文典などと称されることもある。その後、大槻文彦は江戸時代までの研究と西洋文典との折衷をはかり、「語法指南」として国語辞書『言海』（1889 年）の冒頭にまとめた。また、独自の理論的文法論を築いた山田孝雄の『日本文法論』（1908 年）や、独創的な用語のもと普遍文法を志向した松下大三郎の『改撰標準日本文法』（1928 年）がある。橋本進吉によって文節という単位をもとに『国語法要説』（1934 年）が著され、学校文法にも影響を与えた。時枝誠記は『国語学原論』（1941 年）で、F. d. ソシュールの言語理論を批判し、言語過程説を唱え、詞と辞に語を分類した。

　また、江戸から明治にかけて国内外の外国人（一例として、J. J. ホフマン、W. G. アストン、E. M. サトウ、B. H. チェンバレン等）によって行われた日本語研究も重要である（7.1.1 項）。

　戦後は、構造主義言語学からの研究が進む中、N. チョムスキーによる生成文法が日本語に用いられた。そのほかにも、佐久間鼎、三上章、寺村秀夫をはじめ、さまざまな理論が展開され、近年は認知言語学からも研究が推し進められている。

---

1)『万葉集』巻 19 の大伴家持による4175番歌と 4176 番歌は、歌に多用される助詞「も・の・は」（毛能波三箇辞欠之）と「も・の・は・て・に・を」（毛能波氐尔乎六箇辞欠之）を用いないようにしてそれぞれ作ったものであることが記されている。助詞の類の特色を意識していたことが分かる。

ほととぎず　今来鳴き初む　あやめぐさ
かづらくまでに　離るる日あらめや
　　　　　　　　　　　　　　　　　（4175）
我が門ゆ　鳴き過ぎ渡る　ほととぎす
いやなつかしく　聞けど飽き足らず
　　　　　　　　　　　　　　　　　（4176）

2)『古事記』『万葉集』『源氏物語』をはじめ研究を行った。

7.2.1　社会言語学	第7章　日本語の研究
	7.2　日本語研究の諸相

1.　社会言語学とは

社会言語学は sociolinguistics の訳語である。従来の言語学が言語という記号の内部にある体系（音韻体系、文法構造など）を解明しようとするのに対して、社会言語学は、社会の中で生きる人間や、それによって構成される集団とのかかわりから言語の諸現象や言語の運用について解明しようとする分野である。

1960 年代にアメリカで活発化した分野だが、日本でも以下のように、早くから社会言語学的な視点の提唱と実践がなされている。

(1) 位相論

1933 年に菊沢季生が提唱した国語位相論[1]は、自然科学の位相という概念を援用し、日本における社会言語学的研究の先駆けとされる。菊沢の位相論は日本語史で社会集団による用語の差異（女房ことば、武士ことば、遊里語など）の解明に役立ってきた。

(2) 言語生活

1948年設立の国立国語研究所は、地域社会の構成員がどのような言語生活を営んでいるのか、人々の言語生活が社会環境や社会的条件の違いとどのように関連しているのか、といった問題意識から地域社会の言語実態を解明する種々の調査報告を行ってきた。この背景には伝統的な方言研究の蓄積も大きな役割を果たしている。

このように社会言語学は、日米で独自の発達をとげ、今日では言語研究の大きな柱となっている。

2.　社会言語学の研究領域

社会言語学の研究領域は多様であるため、データの収集および分析の方法など、研究方法そのものの研究も重要である。以下の(1)〜(8)は社会言語学の研究領域として考えられている主な枠組みであるが、相互に関係しあっている。

---

1) 菊沢は位相論を「様相論」と「様式論」に分けた。様相論は、言語社会を背景とした位相の相違、様式論は表現様式の相違を指すという。

150　第7章　日本語の研究

(1) 言語変種…言語使用者と属性の関係を考察する。属性とは、地域、年齢、性別、階層、職業、反社会集団などの集団、スポーツ、芸術、学術などの専門分野、など多様である。ある集団内で使われる言語表現を集団語[2] という。

(2) 言語行動…言語によるコミュニケーションを言語行動と呼ぶ。場面の違い（話し相手、場所、話題など）によってどのようなストラテジー（方略）を用いるか、場面によってどのようなことばの選択がなされるか（敬語の使用、非使用）などが含まれる。あいづち、発話意図、会話を展開する順番など多様なものが対象となる。

(3) 言語生活…生活環境や生活時間などと話す・聞く・読む・書く、という言語使用の関係を多岐にわたってとらえようとするものをいう。メディアと言語の関わり、命名論などがこの分野に含まれる。

(4) 言語接触…異なる言語どうし、あるいは同一言語の異なる形式が社会の中で接触したとき発生する問題を課題とする。日本語と在日外国人の言語接触や、方言と標準語の接触、ネオ方言[3] の問題などがある。

(5) 言語変化…言語を通時的に観察したときに見られる変化を考察する。分野としては、方言の共通語化、音声・音韻、語彙、文法の変化など多岐にわたる。

(6) 言語意識…人々が言語に対してどのような意識を抱いているかを考察する。言語の規範、方言に対するイメージ、言語に対する属性意識（アイデンティティ）、差別語、タブーなども対象に含まれる。

(7) 言語習得…母語話者における幼児の言語発達や、非母語話者が第二言語として獲得する言語の体系（中間言語）などを対象とする。

(8) 言語計画…近代国家の建設を背景とした、国語国字問題、標準語制定への取り組み、海外における日本語教育の普及事業などが代表的である。近年は各自治体の他言語サービスなども課題となっている。

---

2) 柴田（1956）によって提唱された概念。
3) 真田（1987）で提唱された概念。標準語と接触することによって方言に生じる新たな言語体系を指す。

7.2.2　認知言語学

第7章　日本語の研究
7.2　日本語研究の諸相

1.　認知言語学とは

　1980年代、アメリカでは、文法理論としては生成文法が一世を風靡していたが、それに対して、生成文法の規則ではとらえにくい文法や意味に関する現象が存在するとして、いくつかの言語理論が登場した。それらは必ずしも互いに連絡があったわけではないが、何らかの言語現象を、画一的な規則を適用して説明するのではなく、人間の認知の働きを根本に置いて解釈しようとする点で共通性が見られるところから、総称して認知言語学と呼ばれる。

　それまでの言語学では、コミュニケーションに関して、話し手の意味したことはそのままことばに箱詰めされて（coding）、それが音声や文字として聞き手に伝わり、聞き手はことばの箱を開けて話し手の意味したことをそのまま了解する（decoding）というように考えられていた。すなわち、話し手の意味したことが、ことばを介して、聞き手にそのまま伝わると考えられていた。

　それに対して、認知言語学では、話し手は聞き手が話し手の意味したことを理解するきっかけとしての情報を提示するに過ぎず、聞き手はそれをもとに話し手が意味したであろうことを推論（inference）すると考える。すなわち、話し手が意味したことと、聞き手が話し手が意味したであろうと推論したこととは必ずしも一致するとは限らないことになる（極端に言えば、すべての理解は誤解である）。

　従来のコード化理論は、話し手から聞き手にどのようなことが伝わるかは気にする必要がないことになるが、認知言語学は、推論によって話し手から聞き手にどのようなことが伝わるか、そしてそれはどのような手順によるのかが理論の中心に据えられることになる。

2.　レイコフやジョンソンの隠喩を中心とした認知意味論

　レイコフやジョンソンの考える認知意味論では、まず、日常的で具象的な出来事に対して基本的な表現が与えられると考える（root metaphor）（「風船が上がる」など）。それが次第に抽象的な出来事に対しても適用されるようになって（「温度が上がる」「成績が上がる」「物価が上がる」など）、我々の認識の

152　第7章　日本語の研究

範囲が拡大していくと論じる。

3. ウィルソンとスペルベルによる関連性理論（relevance）[1]

関連性は、①情報処理のコストが低いほど関連性が高い、②当該の表現から獲得される情報量が多いほど関連性が高い、という2つの相反する基準をもとに関連性の高さが計算され、最も関連性が高いものが話し手の真意であると判断される。たとえば、「ケーキ屋に行かない？」という誘いに対して、「行かない」というストレートな答よりも、「血糖値が高いの」という答の方が、若干処理コストは高くても、［話し手は血糖値が高い］ということから、［血糖値の高い人は甘いものを控えなくてはならない］という知識を引き出し、それに先の内容を代入して［話し手は甘いものを控えなくてはならない］を導き、最終的に［話し手はケーキ屋に行くつもりはない］を得るというように、獲得される情報量が多いため、こちらの方が関連性が高いと結論づけられる。

4. ラネカーの認知意味論

ラネカーは、生成文法のように、統語論的な構造がまずあって、そこから音韻論的構造や意味論的構造が派生されるという考え方に反対して、音韻論的構造、統語論的構造、意味論的構造は表裏一体のものであると考える。

たとえば、認知的には、世界の中からある部分を切り取り（プロファイル、profile）、その中のある対象を基準として（ランドマーク、landmark）、中心となる対象を位置付ける（トラジェクター、trajector）が、プロファイルされた範囲が文となり、トラジェクターが主語、ランドマークは補語となる[2]。

[1) ウィルソンとスペルベルの関連性理論は、グライスの協調の原理(cooperative principle)を構成する、質、量、関連性、様態の4つの格率のうち、関連性の格率を拡張したものであると考えられる。基準が4つから1つに限られたため、ある表現の意味は、複数の格率の拮抗関係で決めるわけにはいかず、関連性の高さという程度差によって決定される。

2) ラネカーの認知意味論の特徴として、図を多用する。たとえば、他動性に関しては図7.2のようにエネルギーの一方向への受け渡しであるととらえ、丸で対象を、矢印でエネルギーの移動を表すビリヤード・モデルを用いて説明する。

図7.2 ラネカーのビリヤードモデル

7.2.3　語用論

第7章　日本語の研究
7.2　日本語研究の諸相

1. 語用論とは

1930年代に、Ch. モリスという哲学者が、言語学の研究領域として、語と語との関係を扱う「統語論（syntax）」と、語と意味との関係を扱う「意味論（semantics）」と、言語と言語使用者との関係を扱う「語用論（pragmatics）」という3つの領域があると論じた。意味論と統語論とは語と意味という言語の世界の中だけで議論することができるのに対して、語用論は言語使用者との関わりを論じなければならないので、理論化が遅れ、やっと1970年代に入って、分析哲学などから基礎概念を取り入れて本格的に研究が進むようになった。

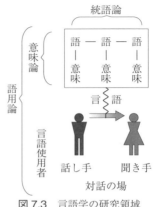

図7.3　言語学の研究領域

このように、語用論は話し手と聞き手とで構成される対話の場を組み込まなくては議論することができない研究領域である。

2. 語用論の研究分野

語用論の各研究分野には、話し手や聞き手が議論の中に現れることになる。具体的には、以下のような研究分野がある。

(1) 直示（deixis）

発話をしている時（今）、発話をしている場所（ここ）、発話をしている人物ないし相手（私、あなた）に関わる表現を扱う（厳密には次の視点の一部）[1]。

(2) 視点

移動動詞「行く／来る」や授受動詞「やる／くれる／もらう」のように、話し手および聞き手がどこに位置するかによって異なる表現を扱う。

---

1) 時に関わる研究分野には、テンス、テンス名詞（「今」「先週」「来年」など）、場所に関わる研究分野には、現場指示の指示語、移動動詞「行く／来る」など、人物に関わる研究分野には、人称代名詞、親族呼称、授受動詞「やる」／くれる／もらう」などがある。

(3) 情報構造

「は／が」、省略の可否、語順など、話し手や聞き手がそのことを知っているか知らないかによって異なる表現を扱う。

(4) 期待

「たった～しか／～も」「やはり・案の定／案外」のように話し手が前もって思っていたことと現実が一致するかしないかなどで異なる表現を扱う[2]。

(5) 言語行為

「太郎は花子に感謝しました」と三人称主語や過去形を用いると単なる事実の報告となるのに対し、「私はあなたに感謝します」と一人称主語や現在形を用いると〈感謝〉の表明を表わすが、このようにある表現を用いて話し手から聞き手へどのような働きかけを表すかを扱う[3]。

(6) ポライトネス

従来の敬語論とも関わりが深いが、話し手が聞き手に対してポライト（丁寧）な表現を用いるのは、聞き手が上位者である場合（力）、あまり親しくない場合（距離）、その内容が聞き手に負担をかける場合（負荷）であるというように、対話の場における話し手・聞き手関係によって説明できる部分を扱う。

(7) 会話分析

会話の始めと終わりはどのような作りになっているか、質問－応答、挨拶－挨拶のように対になっている表現のしくみ、対話の発言権をどのように取得するか、聞き手が合いの手をどのように入れるかなど、実際の対話の観察を通して、そこにどのような法則性があるかを扱う[4]。

---

2) 期待と関わる研究分野には、否定文、条件文（5.6.1項）、副助詞（5.5.2項）、程度副詞、陳述副詞などがある。

3) 言語行為論では、「命ずる」「お尋ねします」のように発話することがそのまま相手に働きかけることである「発語内行為 illocutionary act」と「説得する」「軽蔑する」のように他の発話を通して遂行される「発語媒介行為 perlocutionary act」との区別や、「マッチをください」とストレートな表現を

する「直接発話行為 direct speech-act」と「マッチはありますか」と疑問表現を用いてマッチを要求する「間接発話行為 indirect speech-act」との区別など、さまざまな分析が行われている。

4) 個人間の関係を扱うミクロ社会学の一流派であるエスノメソドロジーの中で、個人間のコミュニケーションのありかたを分析するために開発された。

	第7章　日本語の研究
# 7.2.4　対照言語学	7.2　日本語研究の諸相

１．対照言語学

「対照言語学」は、複数の言語を比べて、その相違点や類似点を明らかにする研究分野である（「対照研究」「対照分析」などとも呼ばれる）。この研究では、言語の対照を通して、(1)それぞれの言語の特徴を具体的に記述すること、(2)言語表現を通してうかがえるその言語における物事のとらえ方の特徴を明らかにすること、(3)言語一般に見られる普遍的な性質を探ること、などが行われる。その研究成果は、とくに外国語教育に応用される。

対照言語学と類似した名称の研究分野に「比較言語学」がある。こちらは共通の祖先（祖語）から発生したと考えられる複数の言語（同系語）を比べて、その間の系統関係を明らかにすることを目指す研究である。この研究では、言語間における音韻対応規則を探究したり、共通の祖語を復元したりする作業が行われ、対照言語学とは方法や目的が異なる。

２．対照言語学の方法

対照言語学では、翻訳を行う上で対応する表現について、共通の枠組みを用いて相違点や類似点を整理し、各表現の意味領域（使用範囲）を示そうとするやり方がよく行われる（表7.1、7.2）。

表7.1　日本語と英語の語彙の対照の例

話し手のいる場所に近づく	くる	come
聞き手のいる場所に近づく	いく	
話し手のいる場所から遠ざかる		go

表7.2　日本語・英語・ドイツ語の語彙の対照の例

川の大きさ	日本語	英語	ドイツ語
大 ↕ 小	カワ（川）	river stream brook	Strom Fluss Bach Rinnsal

石綿・高田（1990）による。

また、言語によって異なって現れる現象について、共通の枠組みを用いて整

156　第7章　日本語の研究

理し、そこに共通の原理が見られないか探ろうとする研究もある（表7.3）。

表7.3　日本語と英語の語順の対照の例

りんごを <u>食べた</u>	<u>ate</u> an apple
言葉についての <u>話</u>	<u>stories</u> about languages
犬を <u>恐れて</u>	<u>afraid</u> of dogs

安藤・澤田（2001）による。

日本語と英語とで語順が逆になっているが、いずれも構造的に主要な語（表の下線の語）が常に同じ位置をとる点が共通する（日本語では後ろ、英語では前に来る）[1]。

3. 対照言語学の成果の外国語教育への応用

　対照研究は、「ある特定の言語を母語とする人が別の特定の言語を学ぶときに、どのような誤りを犯しやすいか、また、なぜそのような誤りが起こるか」などを明らかにしてきており、そのような誤りを防ぐ教育方法の開発に寄与している[2]。

　外国人日本語学習者の誤りとその要因の例をいくつか挙げる。

(1) 発音…�誤「タイガク」（㊣「ダイガク（大学）」韓国人学習者の誤り）

　　要因：日本語では有声音と無声音の区別（対立）があるが、韓国語にはそれがなく、語頭に [b][d][g] などが立たない。

(2) 漢字表記…�誤「介紹する」（㊣「紹介する」中国人学習者の誤り）

　　要因：中国語では日本語の「紹介」を「介紹（介绍）」という（書く）。

(3) 語順…�誤「私は2年生の工学部です。」（㊣「私は工学部の2年生です。」マレー人学習者の誤り）

　　要因：日本語は「連体修飾語+被修飾名詞」の語順をとるが、マレー語は「被修飾名詞+連体修飾語」の語順をとる。

(4) 指示語…�誤「きのう友人に会いました。あの人は学生です。」（㊣「きのう友人に会いました。その人は学生です。」中国人学習者の誤り）

　　要因：日本語の指示語には「こ・そ・あ」の3系列の使い分けがあるが、中国語の指示語は「這（这）・那」の2系列しかない。

---

1) このような研究は、「言語類型論」として行われることが多い。
2) 母語の影響による誤りを母語の（負の）「転移」（または母語干渉）による「誤用」と言う。ただし、外国語を習得していく過程に

おいては、必ずしも母語の影響とは考えにくい誤用も多く見られる。これらについては、広く「第二言語習得研究」という分野において研究が行われている。

7.2　日本語研究の諸相　　*157*

7.2.5　言語情報処理	第7章　日本語の研究
	7.2　日本語研究の諸相

1.　言語情報処理とは

　言語情報処理とは、大量の言語データをコンピューターによって分析し、情報を出力することを指す。計量言語学はその基礎的研究の一つとして位置付けられる。近年、コンピューターの技術革新が目覚ましく進展し、人間の言語の使用や記録にも深く関わるようになった。そればかりでなく、言語の研究にも活用されるようになっている。言語は使用目的により次の2つに分けられる。

(1) 自然言語…人間が自然に習得、使用してきた言語

(2) 人工言語…コンピューターのプログラミングなどのために人工的に作られた言語

　前者の音声や文字を情報の一つとしてとらえ、それらを認識・合成ないし出力し、構文解析などが行われている[1]。

2.　言語情報処理と日本語

　音声言語であっても、文字言語と同じように、文字化されることがある。書き言葉や話し言葉というのは口語（口頭語）、文語（文章語）という文体の問題と重なる点があるが、俗語であっても文字で表現されることがある。そうした中で、上記の目的に適った処理を行うためには、音声であれ文字であれ、処理するための単位の設定が必要となる。特に日本語の文字の場合、それは文字体系と字種、用法、表記法などが多様に入り組んでいるため、きわめて複雑な様相を呈する。

　そうした文字を、コンピューターなどの電子機器によって情報交換または情報処理を行うためには、個々の文字に一定のコードを与える必要がある。例えば機械翻訳がインターネット上でもかなりの程度の精度のものまで可能となっているが、それはそれぞれの言語で使用されている文字に一意にコードが定め

---

1) その実態や性質を明らかにし、それらの生じる原因などをコンピューターを利用して検討したり、その成果をさらにコンピューターに搭載し、種々の実用化を図るようになっている。コンピューターにいかにそれらの仕事を行わせるかという方法についての工学的な考究も進んでいる。

られていることが前提となっている。その文字コードには、公的なものから私的なものまで各種行われているが、その中で主なものに次の2つがある。
(1) JIS X 0213（ジスコード　経済産業省が所管）
(2) Unicode（ユニコード　ユニコードコンソーシアムが管理）

　光学文字認識、N-gram解析、形態素解析や構文解析、種々の情報検索、自動要約文作成、機械翻訳などがコンピューター上で、かなりの確度で可能となってきているのも、これらと関わるものである。そうした文字コードを持つ個々の文字によって作られた言語データを「コーパス」と呼ぶ。「話しことばコーパス」、「書きことばコーパス」のようにコーパスを銘打ったものが公開されており、統計分析も加えられるほか、新聞記事のデータベースやときには新潮文庫の100冊のたぐいやインターネット上の文章なども、コーパスとして扱われることがある[2]。

　AI（人工知能）もさらなる技術の進展により、言語研究にも貢献することが期待される。

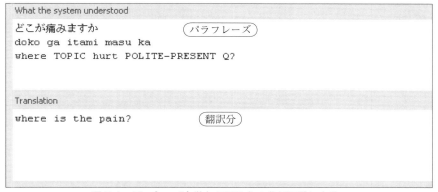

図7.4　ジュネーブ大学とNICTとの共同開発による
　　　医療音声機械翻訳MedSLTの画面の一部

---

[2] ただし、容易に入手できる物は言語資料としての価値の吟味を経ていないことがあり、注意を要する。資料の選択姿勢、選別した底本、翻刻の方針と精度、そして文字のコード化、つまりデータ入力に際して外字や異体字の処理方法や規則、精度などが明示化されていない場合には、原典ではなく、あくまでも電子化されたそれを調査したことを明示する必要がある。年金記録も、こうした点が曖昧なまま作成され、蓄積されたデータは、確認と修正のために後で多大な労力を要し、すべてを解決するには至らなかった。

参 考 文 献

秋永一枝編（2001）『新明解アクセント辞典』　三省堂.

阿辻哲次（1989）『図説　漢字の歴史』大修館書店.

天沼　寧・大坪一夫・水谷　修（1978）『日本語音声学』　くろしお出版.

安藤貞雄・澤田治美（2001）『英語学入門』　開拓社.

石井正彦編（2019）『シリーズ日本語の語学1　語彙の原理』　朝倉書店.

石綿敏雄・高田　誠（1990）『対照言語学』　おうふう.

市川　孝（1978）『国語教育のための文章論概説』　教育出版.

井上史雄（1985）『新しい日本語―《新方言》の分布と変化―』　明治書院.

井上　優編（2003）『日本語教育ブックレット3　日本語教師のための対照研究入門』　国
　　立国語研究所.

上野善道編（2003）『朝倉日本語講座3　音声・音韻』　朝倉書店.

NHK放送文化研究所編（1998）『NHK日本語アクセント辞典 新版』　日本放送出版協会.

NHK放送文化研究所編（2016）『NHK日本語発音アクセント新辞典』　NHK出版.

大野　晋・柴田　武編（1977）『岩波講座日本語5　音韻』　岩波書店.

沖　裕子（1996）「気がつきにくい方言」（「日本語学」1996年7月号）.

沖森卓也・木村義之編（2021）『辞書の成り立ち』　朝倉書店.

沖森卓也・中村幸弘編（2003）『ベネッセ表現読解国語辞典』　ベネッセコーポレーション.

沖森卓也ほか（2006）『図解日本語』　三省堂.

沖森卓也ほか（2008）『図説　日本の辞書』　おうふう.

奥津敬一郎（1974）『生成日本文法論』　大修館書店.

尾崎喜光（1999a）「女性語の寿命」（「日本語学」1999年9月号）.

尾崎喜光（1999b）『日本語社会における言語行動の多様性』（非売品）.

尾崎喜光（2004）「日本語の男女差の現状と評価意識」（「日本語学」2004年6月号）.

加賀野井秀一（2002）『日本語は進化する―情意表現から論理表現へ―』　日本放送協会出
　　版会.

葛西秀信（1995）「日本語の修辞法―レトリック―」（『何でもわかる　ことばの知識百科』
　　所収）　三省堂.

加藤正信（1977）「方言区画」（『岩波講座日本語11　方言』所収）　岩波書店.

蒲谷　宏・川口義一・坂本　恵（1998）『敬語表現』　大修館書店.

川原繁人（2018）『ビジュアル音声学』三省堂

菊沢季生（1933）「国語位相論」（『国語科学講座3』所収）　明治書院.

菊地康人（1994）『敬語』　角川書店（講談社学術文庫に再録）.

菊池康人（1996）『敬語再入門』　丸善ライブラリー.

北原保雄（1981）「日本語助動詞の研究」　大修館書店.

北原保雄監修・佐久間まゆみ編（2003）『朝倉日本語講座7　文章・談話』　朝倉書店.

金水　敏（2004）「国文法」（『言語の科学5　文法』所収）岩波書店

金水　敏編（2007）『役割語の地平』　くろしお出版.

金水　敏・乾　善彦・渋谷勝己（2008）『シリーズ日本語史4　日本語史のインタフェース』
　　岩波書店

金田一春彦（2001）『日本語音韻音調史の研究』　吉川弘文館.

國廣哲彌（1967）『構造的意味論―日英両語対照研究―』　三省堂.

國廣哲彌（1980）「意味」（『国語学大辞典』所収）　東京堂出版.

國廣哲彌（1982）『意味論の方法』　大修館書店.

窪薗晴夫（1999）『現代言語学入門2　日本語の音声』岩波書店.

小池清治（2007）『シリーズ日本語探求法10　日本語教育探求法』　朝倉書店.

小池清治・赤羽義章（2005）『シリーズ日本語探究法6　文体探求法』　朝倉書店.

小出美河子（1994a）「皮肉はなぜ通じるか」（「國文學　解釈と教材の研究」1994年
　　12月号）.

小出美河子（1994b）「誤解はなぜ生じるか」（「國文學　解釈と教材の研究」1994年
　　12月号）.

河野六郎（1994）『文字論』　三省堂.

国際交流基金（2023）『海外の日本語教育の現状―2021年度海外日本語教育機関調査より
　　―』　国際交流基金.

国立国語研究所（1964）『現代雑誌九十種の用語用字(第3分冊)』　秀英出版.

国立国語研究所（1965）『類義語の研究』　秀英出版.

国立国語研究所（2000）『新「ことば」シリーズ12　言葉に関する問答集―言葉の使い分け
　　―』　ぎょうせい.

国立国語研究所（2002）『学校の中の敬語1―アンケート調査編―』　三省堂.

国立国語研究所（2008）『新「ことば」シリーズ21　私たちと敬語』　ぎょうせい.

小林　隆・篠崎晃一（2003）『ガイドブック方言研究』　ひつじ書房.

小松寿雄（1999）「浮世風呂における人称の階層差と男女」（『近代語研究　第10集』所収）
　　武蔵野書院.

近藤泰弘（2000）『日本記述文法の理論』　ひつじ書房.

斎賀秀夫（1957）「語構成の特質」（『講座現代国語学Ⅱ　ことばの体系』所収）　筑摩書
　　房.

斎藤純男（2006）『日本語音声学入門 改訂版』　三省堂.

佐久間淳一（2007）『はじめてみよう言語学』　研究社.

笹原宏之（2006）『日本の漢字』　岩波書店.

笹原宏之（2007）『国字の位相と展開』　三省堂.

笹原宏之編（2023）『方言漢字事典』　三省堂.

佐藤信夫（1978）『レトリック感覚』　講談社.

佐藤亮一監修（2002）『お国ことばを知る方言の地図帳―新版 方言の読本―』　小学館.

真田信治（1987）「ことばのダイナミズム―関西圏における neo-dialect ―」（『言語生活』1987 年 8 月号）.

真田信治（1996）『地域語の生態シリーズ関西篇　地域語のダイナミズム』　おうふう.

真田信治（2006）『社会言語学の展望』　くろしお出版.

柴田　武（1956）「集団生活が生むことば」（『ことばの講座 5　現代社会とことば』所収）　東京創元社.

柴谷方良・影山太郎・田守育啓（1981）『言語の構造―理論と分析―音声・音韻編』　くろしお出版.

杉戸清樹ほか（1992）「「誤解」のメカニズムの記述をめざして」（「日本語学」1992 年 12 月号）.

杉本つとむ（1992）『文字史の構想』　萱原書房.

鈴木一彦・林　巨樹編（1984-85）『研究資料日本文法』　明治書院.

鈴木重幸（1972）『日本語文法・形態論』　むぎ書房.

鈴木棠三編（1981）『ことば遊び辞典 新版』　東京堂出版.

滝浦真人（2008）『ポライトネス入門』　研究社.

玉村文郎編（1998）『新しい日本語研究を学ぶ人のために』　社会思想社.

築島　裕（1977）「日本語の文体」（『岩波講座日本語 10　文体』所収）　岩波書店.

築島　裕ほか編（1983）『古辞書音義集成 11　孔雀経音義 下』　汲古書院.

土屋信一（2009）『江戸・東京語研究―共通語への道―』　勉誠出版

寺村秀夫（1982，1984，1991）『日本語のシンタクスと意味 I ～ III』　くろしお出版.

寺村秀夫（1993）『寺村秀夫論文集 1　日本文法編』　くろしお出版.

時枝誠記（1941）『国語学原論』　岩波書店.

中田祝夫・竹岡正夫注（1960）『あゆひ抄新注』　風間書房.

中俣尚己（2021）『「中納言」を活用したコーパス日本語研究入門』　ひつじ書店.

中村　明（1977a）『比喩表現の理論と分類』　秀英出版.

中村　明（1977b）『比喩表現辞典』　角川書店.

中村　明（1991）『日本語レトリックの体系―文体のなかにある表現技法のひろがり』　岩波書店.

中村　明（2007）『日本語の文体・レトリック辞典』　東京堂出版.

西田龍雄（1981）『世界の文字』　大修館書店.

仁田義雄（1980）『語彙論的統語論』　明治書院.

仁田義雄（1991）『日本語のモダリティと人称』　ひつじ書房.

日本語教育学会編（2005）『新版 日本語教育事典』　大修館書店.

野村雅昭（1974）「三字漢語の構造」（『電子計算機による国語研究 VI』所収）　秀英出版.

野村雅昭（1975）「四字漢語の構造」（『電子計算機による国語研究 VII』所収）　秀英出版.

野村雅昭（1988）「二字漢語の構造」（「日本語学」1988 年 5 月号）.

野元菊雄ほか（1980）『話しことばの構文の記述に関する日本語教育学的研究』　文部省科学研究費補助金研究成果報告書.

橋本進吉（1948）『新文典別記』 冨山房.

服部四郎（1960）『言語学の方法』 岩波書店.

林　大監修（1982）『図説日本語』 角川書店.

早田輝洋（1999）『音調のタイポロジー』 大修館書店.

半沢幹一・深津謙一郎・倉田靜佳（2008）『ことば遊びの日本語表現』 おうふう.

飛田良文（1966）「明治以後の語彙の変遷」（「言語生活」1966年11月号）.

文化庁文化審議会（2007）「敬語の指針」.

文化庁文化部国語課（2006）『日本人の敬語意識』 国立印刷局.

松下大三郎（1928）『改撰標準日本文法』 紀元社.

松村　明編（2006）『大辞林 第3版』 三省堂.

松本　修（1996）『全国アホ・バカ分布考－はるかなる言葉の旅路』 新潮文庫.

松森晶子ほか（2012）『日本語アクセント入門』 三省堂

馬淵和夫・出雲朝子（1999）『国語学史－日本人の言語研究の歴史』 笠間書院.

宮島達夫（1980）「意味分野と語種」（『研究報告集2』所収.）国立国語研究所.

宮地　裕・甲斐睦朗ほか編（2008）「特集『敬語の指針』を考える」（「日本語学」
　　2008年6月号）.

村木新次郎（2002）「意味の体系」（『朝倉日本語講座4　語彙・意味』所収） 朝倉書店.

安井　稔（1978）『言外の意味』 研究社出版.

柳田國男（1930）『蝸牛考』 刀江書院.

山田孝雄（1908）『日本文法論』 宝文館.

山田孝雄（1940）『国語の中に於ける漢語の研究』 宝文館.

山本真吾監修（2008）『小学生のまんが敬語辞典』 学習研究社.

米川明彦（2002）「現代日本語の位相」（『現代日本語講座4　語彙』所収） 明治書院.

米川明彦・祖父江慎（2008）『ことば観察にゅうもん』 福音館書店.

渡辺　実（1971）『国語構文論』 塙書房.

索　引

ア 行

アクセント　24
　——の滝　24
　　擬音語の——　27
　　擬態語の——　27
　　形容詞の——　29
　　形容動詞の——　29
　　固有名詞の——　27
　　動詞の——　28
　　複合名詞の——　26
　　副詞の——　27
　　名詞の——　26
アクセント核　24
アクセント型の対応　31
アスペクト　110
頭高型　25, 26
当て字　63
後舌　9, 14
改まり語　127
アルファベット　5
アルファベット略語　81

異音　10
意義素　69
異形態　67
異字同訓　45
位相　5, 150
位相語　5, 132
イタリア語　89
一型式アクセント　31
一字多訓　45
忌みことば　133
意味特徴　69
意味論　154
韻　20
因果関係に関する連用修飾節
　120
隠語　81, 132
インテンシティー　34
咽頭　9
咽頭音　11
咽頭壁　9
イントネーション　32

隠喩を中心とした認知意味論
　152

ウィルソン　153
ウチの関係　122
ウチの視点　113
エスペラント語　2
縁語　142
円唇　14

大槻文彦　149
オグデン　91
送り仮名　60
「送り仮名の付け方」　57
尾高一型式アクセント　31
尾高型　25
オノマトペ　80
オランダ語　54, 88
折句　142
音　5, 8
音韻　4, 5, 7, 11
音韻論　5, 11
音響音声学　10
音訓　44
音声　4, 8
音声学　5, 10
音声器官　8
音節　16
音節文字　5, 36
音節構造　20
音素　3, 10
音素文字　5
音素論　11
音便　76

カ 行

会意文字　42
開音節　20
楷書　41
解説　116
階層的モダリティー　114
外来語の表記　59
会話分析　155
ガ格　104

ガ行鼻音　19
ガ行鼻濁音　19
格構造　116
格構造論的観点　95
確定　120
掛詞　142
雅言　84
雅語　84
下降調　32
過剰な敬語　131
片仮名　39, 50
硬口蓋　9
硬口蓋化　19
活用語尾　60, 100
仮定　120
仮名遣い　58
可能態　105
カバー率　91
漢音　44, 86
漢語　86
漢字　38, 40
漢字音　44
漢字片仮名交じり文　50
漢字仮名交じり文　56
漢字文化圏　37
感情的意味　71
感動詞　103
漢文訓読体　140
漢文体　140
慣用句　70
簡略表記　10
関連性理論　153

擬音語のアクセント　27
菊沢季生　150
擬古文　141
基準時　110
戯書　46, 142
起承転結　139
基数詞　98
基礎語彙　91
期待　155
擬態語のアクセント　27
北原文法　95

164　索　引

気付かない方言　137
機能語　69
起伏式　25
基本語彙　91
基本母音　14
逆接　120
逆行同化　20
吸着音　23
共起制限　72
共時態　4
強弱アクセント　24
行書　41
共生　145
強制的使役　107
協調の原理　153
共通関係　72
共通語　6, 136
共通語化　151
強度強調　34
局面　110
許容　60
キリシタン資料　147
ギリシャ文字　52
記録体　140
金文　41

具体名詞　98
唇　9
クッションことば　127
郭ことば　133
クレオール　7
訓点　50
訓読み　45
訓令式　55

軽音節　33
敬語　124
　　過剰な――　131
　　授受表現の――　109
敬語動詞　130
形式名詞　98
形声文字　42
形態素　3, 5, 67, 76
形態論的観点　94
契沖　147
京阪式アクセント　30
軽卑語　124
形容詞　101
　　――のアクセント　29

形容動詞　101
　　――のアクセント　29
計量言語学　158
結果副詞　102
原義　75
言語　2
言語意識　151
言語運用　3
言語計画　151
言語行為論　115
言語行為　155
言語行動　151
言語習得　151
言語情報処理　158
言語生活　150, 151
言語能力　3
言語変化　6, 151
言語変種　150
言語類型論　156
謙譲語I　126, 128
謙譲語II　126, 128
「現代仮名遣い」　57, 58

語　5, 64
語彙　7, 64
語彙史　5
語彙調査　90
語彙的意味　5, 66, 69
語彙量　90
語彙論　5, 64
構音　9
口蓋化　19
口蓋垂　9
口蓋垂音　11
口腔　8
硬口蓋　9
硬口蓋音　11
硬口蓋化　19
口語体　140
甲骨文字　41
合成語　76
後舌　9, 14
高低アクセント　24
喉頭　8
後部歯茎音　11
構文論的観点　94
公用語　6, 136
呼応副詞　102
呉音　44, 86

語感　71
語幹　94
語基　67, 76
語義　68
国訓　43
国語　6
国語位相論　150
国際音声記号　10
国際音標文字　10
国字　43
語形　65
語源　74
語形成　76
語構造　76
語根　74
語根創造　80
語誌　5, 74
語種構成　82
コソアド体系　70
個体名詞　98
異なり語数　90
ことば遊び　81, 142
コーパス　92, 159
個別的文体　140
コミュニケーション　2, 152
固有語　82
固有名詞　98
　　――のアクセント　27
誤用　157
語用論　154
混交　80
混種語　82, 85

サ　行

索引　92
差別語　151
3項述語　108
3字漢語の構造　79
サンスクリット語　86, 146

辞彙　92
恣意性　2
子音　8
子音音素　12
使役態　106
　　――の意味類型　107
歯音　11
字音仮名　46
字音仮名遣い　59

字音形態素　78
字音語　86
時間関係に関する連用修飾節
　　121
字訓仮名　46
歯茎　9
歯茎音　11
歯茎後部　9
字源　48, 51
示差的特徴　68
指示代名詞　99
指示副詞　99
指事文字　42
自称詞　134
指示連体詞　99
時制　112
自然言語　2, 158
シソーラス　92
舌　8
字体　62
悉曇学　146
視点　154
辞典　92
自動詞　101
自発態　105
字引　92
社会言語学　5, 150
借用語　82, 88
しゃれ　143
重音節　33
周圏型　137
集合名詞　98
修辞法　142
集団語　132, 151
重箱読み　45
主格　104, 117
主観的な側面　114
授受表現　108
　　──の敬語　109
　　──の補助動詞　109
主題　116, 138
　　──の位置　138
受動態　104
　　──の2類型　104
受動動作　106
順接　120
象形文字　42
畳語　77
上昇調　32

上代特殊仮名遣い　58
状態副詞　102
情報構造　116, 155
「常用漢字」(常用漢字表)　57, 62
省略　81
書簡体　140
所記　2
職業語　132
序数詞　98
女性語　132, 134
序破急　139
叙法副詞　102
ジョーンズ　14
ジョンソン　152
シラビーム　16
自立語　94, 97
新漢語　86
人工言語　2, 158
新字　40
唇歯音　11
新方言　137

推量　114
数詞　98
数量詞移動　99
鈴木朖　148
ストラテジー　151
ストレスアクセント　24
スペルベル　153

清音　17
正書法　56
生成文法　3, 152
声帯　8
声調　24
声道　8
精密表記　10
声門　8
声門音　11
接近音　9, 11, 13
舌根　9
接辞　67, 76, 94
舌尖　9
接続詞　102
舌端　9
接頭辞　76, 94
接尾辞　76, 94
狭母音　15
線状性　2

前舌　9, 14
選択制限　72
宣命体　140, 146
専門用語　132

草仮名　48
造語　80
造語法　76, 80
造語力　80
草書　41
相対関係　73
相対連体　122
相補関係　73
候文体　140
促音　17, 21
俗字　40
側面接近音　9, 11
側面摩擦音　9, 11
ソシュール　2, 149
ソトの関係　122
ソトの視点　113
そり舌音　11
尊敬語　126, 128

タ　行

対義語　72
待遇表現　124
体言　98
対語　73
対照研究　156
対照言語学　5, 156
第二言語習得研究　157
対比・限定系の表現　118
代表形態　67
代名詞　99
多義語　75
濁音　17
卓立　34
タテの人間関係　125
他動詞　101
田中義廉　149
単音　10
短音節　33
単音文字　36
単義語　75
単語　3, 4, 64, 94
単語声調　24
単純語　76
男性語　132, 134

166　索　　引

談話　5, 138
談話論　5

中間言語　151
抽象名詞　98
中舌　9, 14
調音　9
長音　17, 21
調音音声学　10
長音節　33
調音点　9
長音符　51
調音部位　9
調音法　9
聴覚音声学　10
重複構造　77
直音　17
直示　154
チョムスキー　3, 149
陳述副詞　102
陳述論　114

通時態　4
つまる音　17

定家仮名遣い　58, 146
程度副詞　102
程度・例示系の表現　119
丁寧語　127
データベース　92
テキスト　5
てにをは　148
テヨダワことば　135
転移　157
転義　75
篆書　41
テンス　112
転成　80

ドイツ語　89
土居光知　91
同一名詞連体　122
唐音　44, 86
頭音　20
同音異義語　45
同音語　84
等価関係　72
同格連体　122
統括型　139

東京式アクセント　30
統語機能　25
統語構造　77
統語論　154
東西対立型　137
動作態　110
動詞　100
　　――のアクセント　28
等時性　16
統辞的関係　118
東条義門　148
当用漢字表　62
時枝誠記（時枝文法）　94, 149
特殊音素　17, 20
特殊式アクセント　31
特殊拍　17
とりたて　118
トーン　24

ナ　行

中舌　9, 14
中高型　25
中根淑　149
なぞなぞ　143
名付け　81
軟口蓋　9
軟口蓋音　11
南方起源説　7

二格　104
二型式アクセント　31
二使役　107
2字漢語の構造　78
二重調音　13
二重分節　3
二重母音　17
仁田文法　95
日本語　6
日本語教育　144
女房ことば　133, 135
認識的意味　71
人称代名詞　99
認知意味論　152
　　隠喩を中心とした――　152
　　ラネカーの――　153
認知言語学　3, 152

ネオ方言　137, 151

能記　2
延べ語数　90

ハ　行

歯　9
俳文体　141
拍　16
歯茎　9
破擦音　9, 11, 12
はじき音　9, 11
橋本進吉（橋本文法）　94, 103,
　　149
派生　74
派生語　76
撥音　17, 20
発音記号　10
撥音符　51
発声　8
はねる音　17
破裂音　9, 11, 12
パロール　4
ハングル　38
半狭母音　15
反対関係　73
半濁音　17
半母音　13
半広母音　15
範列　2
範列的関係　118

非円唇　14
鼻音　9, 11, 12
尾音　20
比較言語学　7, 156
美化語　127
鼻腔　8
引く音（引き音）　17
ピジン　7
鼻濁音　19
ピッチアクセント　24
非統括型　139
表意文字　36
表音文字　36
表記　61, 65
表語文字　5, 36
標準語　6, 136
表情音　23
平仮名　39, 48
ビリヤード・モデル　153

索　　引　　*167*

広母音　15
品詞　65, 96
品詞分類　96

フェニキア文字　38, 52
付加連体　122
複合語　76
複合名詞のアクセント　26
副詞　102
　　──のアクセント　27
副助詞　118
副体語　103
副用語　103
富士谷成章　148
付属語　94, 97
普通語　124
普通名詞　98
物質名詞　98
フット　33
フランス語　89
ふるえ音　9
プログラミング言語　2
プロソディー　24, 35
プロミネンス　34
文　5, 64, 94
文化圏　37
文語体　140
文章　94, 138
文章論　5, 138
文節　94
分節機能　25
文体　5, 140
文体的意味　71
文体論　5
文の構造　94
文法　5, 7, 64, 94
文法学　5
文法的意味　5, 66, 69
文法論　5, 64, 138
文末形式　134

閉音節　20
閉鎖音　9
平板一型式アクセント　31
平板型　26
平板式　25
平板調　32
並立構造　77
並列・添加系の表現　119

ヘボン式　54
変形文法　3
変体仮名　48
変体漢文　140
弁別機能　25
弁別的特徴　68

母音　9, 14
　　──の無声化　19
母音音素　15
崩壊アクセント　31
方言　41, 132
方言区画　136
包摂関係　72
放任的使役　107
棒引き仮名遣い　59
方略　151
母語干渉　157
補助記号　56
ポーズ　35
ポップカルチャー　144
北方起源説　7
ポライトネス　35, 155
ポルトガル語　88
梵語　86, 146

マ　行

－３型　26
前舌　9, 14
枕詞　142
摩擦音　9, 11, 12
松下大三郎（松下文法）　94,
　　149
真名本　47
マニュアル敬語　131
マルティネ　3
万葉仮名　46

明朝体　40

無アクセント　31
武者ことば　133
無声音　8
無対自動詞　101
無対他動詞　101

名詞のアクセント　26
命名　81
メール　47

目的格　104
文字　7, 38
　　──の機能　36
文字学　5
文字論　5
モダリティー　114
本居宣長　148
本居春庭　148
モーラ　16, 18
モーラリズム　33

ヤ　行

役割名詞　99
山田孝雄　149
やまとことば　84
軟口蓋　9

有気音　11
有声音　8
有対自動詞　101
有対他動詞　101
湯桶読み　45

拗音　17
用言　100
洋語　88
幼児語　132
容認的使役　107
与格　104
ヨコの人間関係　125

ラ　行

ラネカー　153
　　──の認知意味論　153
ラング　4

六書　42
リズム　33
略字　40
流音　12
両唇音　11
臨時一語　87

類義語　71
類型的文体　140
類推読み　45

レイコフ　152
隷書　41

歴史的仮名遣い　53, 58, 147
連辞　2
連声　23, 77
連体詞　103
連体修飾　122
連体修飾節　122
連濁　22, 76
連母音　17
連用修飾節　120
連用修飾　120
　　因果関係に関する――　120
　　時間関係に関する――　121

老人語　132
ロシア語　89
ローマ字　5, 39, 52
ローマ字の綴り方　54
「ローマ字のつづり方」　55, 57

ワ　行

分かち書き　56
若者語　132
和漢混交文　140
和語　84
和製外来語　89
和製漢語　86

渡辺文法　94
和文体　140

ヲ格　104
ヲ使役　107

欧　文

coding　152
decoding　152
inference　152
IPA　10
JIS X 0213　159
Unicode　159

索　　引　　*169*

編著者略歴

沖森卓也
（おきもりたくや）

1952 年　三重県に生まれる
1977 年　東京大学大学院人文科学研究科
　　　　　国語国文学専門課程修士課程修了
現　在　立教大学名誉教授
　　　　　博士（文学）

日本語ライブラリー
日 本 語 概 説　改訂版　　　　　　　定価はカバーに表示

2010 年 4 月 20 日　初　版第 1 刷
2024 年 1 月 25 日　　　　第 18 刷
2024 年 11 月 1 日　改訂版第 1 刷

編著者　沖　森　卓　也
発行者　朝　倉　誠　造
発行所　株式会社 朝 倉 書 店

東京都新宿区新小川町 6-29
郵 便 番 号　162-8707
電　話　03（3260）0141
FAX　03（3260）0180
https://www.asakura.co.jp

〈検印省略〉

Ⓒ 2024 〈無断複写・転載を禁ず〉　　　　　壮光舎印刷・渡辺製本

ISBN 978-4-254-51690-6　C 3381　　　Printed in Japan

JCOPY ＜（社）出版者著作権管理機構 委託出版物＞

本書の無断複写は著作権法上での例外を除き禁じられています．複写される場合は，
そのつど事前に，（社）出版者著作権管理機構（電話 03-3513-6969，FAX 03-3513-
6979，e-mail: info@jcopy.or.jp）の許諾を得てください．

お仕事さくいん

旅やグローバル社会にかかわるお仕事

はじめに

皆さんは、世の中にどんなお仕事があるか知っていますか？
また、すでにやりたいお仕事が決まっている方もいるかもしれませんね。
この本では、通訳や旅行プランナー、イベントプランナーやホテリエ、テーマパークスタッフなど旅や外国、イベントやレジャーなどグローバル社会にかかわるお仕事について幅広く集めて、そのお仕事の説明やどのようなお仕事なのかについて知ることができる本を紹介しています。
タイトルにある「さくいん」とは、知りたいものを探すための入り口のことです。
本のリストから、興味のあるものや、図書館で見つけたものを選んで、「なりたい」仕事を考えるヒントにしてください。
皆さんがこの本を通じて、さまざまな仕事の世界に触れ、未来への第一歩を踏み出すお手伝いができることを願っています。

DBジャパン編集部

この本の使い方

―― お仕事の名前や、旅や外国にかかわる知識の名前です。

旅行プランナー

お客さまの希望や予算に合わせて旅行の計画を立てる仕事です。たとえば、家族旅行や新婚旅行の相談を受けて、行きたい場所ややりたいことを詳しく聞きながら、その人にぴったりの旅行プランを作ります。観光地の名所やおすすめのホテル、おいしいレストランや交通手段について豊富な知識が求められます。また、旅行中に困らないようにスケジュールをしっかり組み、楽しく安心して過ごせるように工夫します。お客さまの夢をかなえるお手伝いをする、やりがいのある仕事です。

―― お仕事のことや、知識、場所についての説明です。

▶ お仕事について詳しく知るには

「新13歳のハローワーク」 村上龍 著／はまのゆか 絵　幻冬舎　2010年3月【学習支援本】

「夢をそだてるみんなの仕事300：野球選手/花屋 サッカー選手 医師/警察官 研究者/消防士 パティシエ 新幹線運転士 パイロット 美容師/モデル ユーチューバー アニメ監督 宇宙飛行士ほか」 講談社　2018年11月【学習支援本】

「こども手に職図鑑：AIに取って代わられない仕事100：一生モノの職業が一目でわかるマップ付」 子供の科学と手に職図鑑編集委員会 編　誠文堂新光社　2020年11月【学習支援本】

▶ お仕事の様子をお話で読むには

「こちらは、国内ワケアリ旅行代理店です。：もしもし、観光地の怪奇解決もできますか？」 八巻にのは 著　KADOKAWA（富士見L文庫）　2019年2月【ライトノベル・ライト文芸】

「特等添乗員αの難事件 6」 松岡圭祐 著　KADOKAWA（角川文庫）　2021年2月【ライトノベル・ライト文芸】

「マチのお気楽料理教室」 秋川滝美 著　講談社（講談社文庫）　2021年5月【ライトノベル・ライト文芸】

「漂流恋愛」 新堂冬樹 著　双葉社（双葉文庫）　2021年9月【ライトノベル・ライト文芸】

―― そのお仕事について書かれた本に、どのようなものがあるのかを紹介しています。

―― そのお仕事の様子が物語で読める本に、どのようなものがあるのかを紹介しています。

15

本の情報の見方です。
「本の名前/書いた人や作った人の名前/出版社/出版された年月【本の種類】」

この本は、旅や外国にかかわる主なお仕事を紹介していますが、全部の種類のお仕事が入っているわけではありません。また、本のリストもすべてのお仕事に入っているわけではありません。

3

目 次

1 旅や外国語・海外にかかわる仕事

通訳 ——————————————————————————— 10

通訳案内士 ————————————————————— 11

翻訳家 ——————————————————————————— 12

ツアーコンダクター ——————————————— 13

旅行プランナー —————————————————— 15

エコツアーガイド、ツアーガイド ————— 16

バスガイド ————————————————————— 17

トラベルライター ————————————————— 18

旅行サイト運営 —————————————————— 19

旅行代理店 ————————————————————— 20

ダイビングインストラクター ———————— 21

クルーズスタッフ ————————————————— 21

客室乗務員 ————————————————————— 22

パイロット ————————————————————— 24

入国審査官 ————————————————————— 28

航空管制官 ————————————————————— 29

グランドスタッフ ————————————————— 30

ホテリエ、ホテルマン ————————————— 31

ゲストハウス ——————————————————— 33

4

女将・仲居さん —————————————————— 34

芸者、舞妓 ————————————————————— 36

ホテル、旅館 ———————————————————— 38

観光業 ——————————————————————— 45

外交官 ——————————————————————— 46

大使館職員 ————————————————————— 47

外資系企業勤務 ——————————————————— 47

国連職員 —————————————————————— 48

国際公務員 ————————————————————— 49

青年海外協力隊 ——————————————————— 50

商社勤務 —————————————————————— 51

海外営業 —————————————————————— 52

海外駐在員 ————————————————————— 53

国際会計士 ————————————————————— 53

国際弁護士 ————————————————————— 54

留学カウンセラー、留学エージェント ———————— 54

語学学校教師 ———————————————————— 55

通関士 ——————————————————————— 55

日本語教師 ————————————————————— 56

海運業 ——————————————————————— 57

貿易商 ——————————————————————— 58

5

2 イベント、レジャーにかかわる仕事

イベントプランナー ———————————————— 60

イベントプロデューサー ——————————————— 61

ウェディングプランナー、ウェディングコーディネーター ——— 62

司会者 ———————————————————————— 63

ショーダンサー ————————————————————— 64

ヘアメイク ——————————————————————— 65

イベント施工スタッフ —————————————————— 66

照明スタッフ —————————————————————— 67

イベント運営会社 ———————————————————— 67

音声・音響スタッフ ——————————————————— 68

映画館スタッフ ————————————————————— 69

テーマパークスタッフ —————————————————— 70

博物館スタッフ、美術館スタッフ ————————————— 71

飼育員、動物園スタッフ、水族館スタッフ ———————— 72

ゴルフ場 ———————————————————————— 75

遊園地、テーマパーク —————————————————— 76

スキー場 ———————————————————————— 81

3 旅や外国にかかわる知識

異文化理解、国際理解 —————————————————— 84

インバウンド ———————————————————— 89

ビザ ————————————————————————— 90

ワーキングホリデー ———————————————— 90

国際連合 ——————————————————————— 91
こくさいれんごう

デジタルノマド ————————————————— 93

8

1

旅や外国語・海外にかかわる仕事

1 旅や外国語・海外にかかわる仕事

通訳

異なる言語を話す人たちの間で言葉を訳し、スムーズに会話ができるようにする仕事で、病院や学校、ビジネスの場など、さまざまな場所で活躍します。たとえば、日本語を話す人と英語を話す人が会議をするときに、お互いの言葉をその場で訳して伝えます。また、話の内容をすぐに理解して訳すためには、瞬間的な判断力や多くの言葉を知っていることが必要です。言葉を使って人と人をつなぐ大切な役割を担っています。

▶お仕事について詳しく知るには

「感動する仕事!泣ける仕事!：お仕事熱血ストーリー4（ドキドキやワクワクを伝えたい）」 学研教育出版　2010年2月【学習支援本】

「新・親子で学ぶ偉人物語5」　河合敦監修;小林裕子イラスト;モラロジー研究所出版部編集　モラロジー研究所　2013年6月【学習支援本】

「海を渡った少年ジョン万次郎」　高村忠範絵・文　汐文社　2014年4月【学習支援本】

「調べよう!考えよう!選手をささえる人たち3」　大熊廣明監修;中嶋舞子著　ベースボール・マガジン社　2015年3月【学習支援本】

「観光ガイドになるには―なるにはBOOKS；142」　中村正人著　ぺりかん社　2015年8月【学習支援本】

「通訳になりたい!：ゼロからめざせる10の道」　松下佳世著　岩波書店（岩波ジュニア新書）2016年4月【学習支援本】

「職場体験完全ガイド51」　ポプラ社編集　ポプラ社　2017年4月【学習支援本】

「通訳者・通訳ガイドになるには」　鑓田浩章著　ぺりかん社（なるにはBOOKS）　2019年2月【学習支援本】

▶お仕事の様子をお話で読むには

「ゴールデンコンビ：婚活刑事&シンママ警察通訳人」　加藤実秋著　祥伝社（祥伝社文庫）2017年9月【ライトノベル・ライト文芸】

通訳案内士

日本を訪れた外国の観光客に、日本の文化や観光地を外国語でわかりやすく説明する仕事です。たとえば、京都のお寺や奈良の鹿について話したり、日本の歴史や伝統行事を紹介したりします。また、日本食の特徴や作り方を説明することもあります。この仕事では、外国語が話せることはもちろん、日本の文化や歴史を深く理解していることが大切です。観光客が日本の魅力を楽しめるように手助けする、やりがいのある仕事です。

▶ お仕事について詳しく知るには

「通訳ガイドの仕事:日本と海外をつなぐ民間外交官ーもっと知りたい;11」 JFG:全日本通訳案内士連盟 編　法学書院　2010年1月【学習支援本】

「料理旅行スポーツのしごと:人気の職業早わかり!」 PHP研究所 編　PHP研究所　2010年1月【学習支援本】

「観光ガイドになるにはーなるにはBOOKS;142」 中村正人 著　ぺりかん社　2015年8月【学習支援本】

「通訳案内士をめざす人へ」 JFG:(協)全日本通訳案内士連盟 監修　法学書院　2016年1月【学習支援本】

「職場体験完全ガイド 51」 ポプラ社　2017年4月【学習支援本】

「キャリア教育支援ガイドお仕事ナビ 16」 お仕事ナビ編集室著　理論社　2018年7月【学習支援本】

「観光に関わる仕事:バスガイド 全国通訳案内士 旅行代理店社員 女将　理論社　2018年7月【学習支援本】

「通訳者・通訳ガイドになるにはーなるにはBOOKS;10」 鑓田浩章 著　ぺりかん社　2019年2月【学習支援本】

1 旅や外国語・海外にかかわる仕事

翻訳家

書かれた文章を別の言語に訳す仕事で、たとえば、英語で書かれた小説を日本語に訳すことで、日本の人々がその物語を楽しめるようにします。また、映画のセリフやニュース記事、ビジネス文書など、さまざまな分野の文章を扱います。通訳と違い、その場で話を訳すのではなく、時間をかけて正確な意味を伝える表現を考えるのが特徴です。言葉の意味を正しく理解する力や豊かな表現力、文法の知識が必要で、文化や背景も深く理解しながら、読みやすく自然な文章を作る大切な仕事です。

▶お仕事について詳しく知るには

「ほかの誰も薦めなかったとしても今のうちに読んでおくべきだと思う本を紹介します。—14歳の世渡り術」 雨宮処凛著;新井紀子著;石原千秋著;上野千鶴子著;大澤真幸著;岡ノ谷一夫著;恩田陸著;角田光代著;金原瑞人著;貴志祐介著;木田元著;工藤直子著;小池龍之介著;佐藤優著;島田裕巳著;辛酸なめ子著;橘木俊詔著;出久根達郎著;中江有里著;長沼毅著;野中柊著;服部文祥著;本田由紀著;ホンマタカシ著;森絵都著;森達也著;村上陽一郎著;柳澤桂子著;山崎ナオコーラ著;吉田篤弘著　河出書房新社　2012年5月【学習支援本】

「『赤毛のアン』と花子：翻訳家・村岡花子の物語—ヒューマンノンフィクション」 村岡恵理文;布川愛子絵　学研教育出版　2014年3月【学習支援本】

「北御門二郎魂の自由を求めて：トルストイに魅せられた良心的兵役拒否者—ジュニア・ノンフィクション」 ぶな葉一著　銀の鈴社　2014年3月【学習支援本】

「生きる力ってなんですか?」 おおたとしまさ編・著　日経BP社　2014年5月【学習支援本】

「石井桃子：児童文学の発展に貢献した文学者：翻訳家・児童文学者〈日本〉—ちくま評伝シリーズ〈ポルトレ〉」 筑摩書房編集部著　筑摩書房　2016年1月【学習支援本】

「職場体験完全ガイド 51」 ポプラ社　2017年4月【学習支援本】

▶お仕事の様子をお話で読むには

「光吉夏弥戦後絵本の源流」 澤田精一著　岩波書店　2021年10月【絵本】

「僕のアスペルガーママは世界一」 林草布子著　日本文学館　2012年7月【児童文学】

「翻訳会社「タナカ家」の災難」 千梨らく著　宝島社（宝島社文庫）　2013年9月【ライトノベ

ル・ライト文芸】

「翻訳ガール」 千梨らく著 宝島社（宝島社文庫） 2014年9月【ライトノベル・ライト文芸】

「猫舌男爵」 皆川博子著 早川書房（ハヤカワ文庫 JA） 2014年11月【ライトノベル・ライト文芸】

「人生はアイスクリーム = The life is ice cream」 石黒敦久著 KADOKAWA（メディアワークス文庫） 2016年1月【ライトノベル・ライト文芸】

ツアーコンダクター

旅行に参加するお客さまが安心して楽しめるようにサポートする仕事で、たとえば、旅行のスケジュールを確認し、ホテルや観光地への移動を手配します。また、観光地での案内や写真撮影の手伝いをしたり、体調不良や忘れ物などのトラブルにも対応したりします。旅行先でのルールやマナーを説明することも大切です。お客さまの安全を守りながら、楽しい思い出を作れるようにする大切な仕事です。

▶ お仕事について詳しく知るには

「職場体験完全ガイド 19」 ポプラ社 2010年3月【学習支援本】

「新13歳のハローワーク」 村上龍 著 ;はまのゆか 絵 幻冬舎 2010年3月【学習支援本】

「料理旅行スポーツのしごと：人気の職業早わかり！」 PHP研究所 編 PHP研究所 2010年10月【学習支援本】

「売るしごと：営業・販売・接客：会社の中にはどんな職種があるのかな？―会社のしごと；1」 松井大助 著 ぺりかん社 2011年11月【学習支援本】

「ツアーコンダクター・鉄道客室乗務員・グランドスタッフ・外国政府観光局職員」 ポプラ社 2014年4月【学習支援本】

1 旅や外国語・海外にかかわる仕事

「職場体験完全ガイド 38」 ポプラ社 2014年4月【学習支援本】

「観光ガイドになるには―なるにはBOOKS；142」 中村正人 著 ぺりかん社 2015年8月
【学習支援本】

「未来のお仕事入門 = MANGA FUTURE CAREER PRIMER―学研まんが入門シリーズ」
東園子 まんが 学研教育出版 学研マーケティング (発売) 2015年8月【学習支援本】

「夢のお仕事さがし大図鑑：名作マンガで「すき!」を見つける.1」 夢のお仕事さがし大図鑑
編集委員会 編 日本図書センター 2016年9月【学習支援本】

「キャリア教育に活きる!仕事ファイル：センパイに聞く 6」 小峰書店編集部 編著 小峰書
店 2017年4月【学習支援本】

「ときめきハッピーおしごと事典スペシャル―キラかわ★ガール」 おしごとガール研究会
著 ナツメ社 2017年12月【学習支援本】

「こどもしごと絵じてん」 三省堂編修所 編 三省堂 2018年5月【学習支援本】

「夢をそだてるみんなの仕事300：野球選手/花屋 サッカー選手 医師/警察官 研究者/消防士
パティシエ 新幹線運転士 パイロット 美容師/モデル ユーチューバー アニメ監督 宇宙飛行
士ほか」 講談社 2018年11月【学習支援本】

「マンガで体験!人気の仕事―小学生のミカタ」 仕事の専門家18名 監修；おおうちえいこ マ
ンガ 小学館 2019年12月【学習支援本】

「こども手に職図鑑：AIに取って代わられない仕事100：一生モノの職業が一目でわかるマッ
プ付」 子供の科学と手に職図鑑編集委員会 編 誠文堂新光社 2020年11月【学習支援本】

旅行プランナー

お客さまの希望や予算に合わせて旅行の計画を立てる仕事です。たとえば、家族旅行や新婚旅行の相談を受けて、行きたい場所ややりたいことを詳しく聞きながら、その人にぴったりの旅行プランを作ります。観光地の名所やおすすめのホテル、おいしいレストランや交通手段について

豊富な知識が求められます。また、旅行中に困らないようにスケジュールをしっかり組み、楽しく安心して過ごせるように工夫します。お客さまの夢をかなえるお手伝いをする、やりがいのある仕事です。

▶お仕事について詳しく知るには

「新13歳のハローワーク」 村上龍 著 ;はまのゆか 絵　幻冬舎　2010年3月【学習支援本】

「夢をそだてるみんなの仕事300：野球選手/花屋 サッカー選手 医師/警察官 研究者/消防士 パティシエ 新幹線運転士 パイロット 美容師/モデル ユーチューバー アニメ監督 宇宙飛行士ほか」　講談社　2018年11月【学習支援本】

「こども手に職図鑑：AIに取って代わられない仕事100：一生モノの職業が一目でわかるマップ付」　子供の科学と手に職図鑑編集委員会 編　誠文堂新光社　2020年11月【学習支援本】

▶お仕事の様子をお話で読むには

「こちらは、国内ワケアリ旅行代理店です。：もしもし、観光地の怪奇解決もできますか?」 八巻にのは著　KADOKAWA（富士見L文庫）　2019年2月【ライトノベル・ライト文芸】

「特等添乗員αの難事件 6」　松岡圭祐著　KADOKAWA（角川文庫）　2021年2月【ライトノベル・ライト文芸】

「マチのお気楽料理教室」　秋川滝美著　講談社（講談社文庫）　2021年5月【ライトノベル・ライト文芸】

「漂流恋愛」　新堂冬樹著　双葉社（双葉文庫）　2021年9月【ライトノベル・ライト文芸】

1 旅や外国語・海外にかかわる仕事

エコツアーガイド、ツアーガイド

エコツアーガイドは、森や山、川や海などの自然を案内しながら、その大切さを伝える仕事で、熱帯雨林の植物の特徴を説明したり、絶滅が心配される動物の保護について話したりします。一方、ツアーガイドは観光地を訪れるお客さまを案内し、その場所の歴史や文化をわかりやすく説明する仕事です。お城や神社の成り立ちを紹介したり、博物館の展示物を解説したりします。旅行を楽しんでもらうために、話す力や地元の特産品への知識が必要です。どちらも人と自然や文化をつなぐ大切な役割を担う仕事です。

▶お仕事について詳しく知るには

「仕事の図鑑：なりたい自分を見つける!. 12（未来の地球環境をつくる仕事）」「仕事の図鑑」編集委員会 編　あかね書房　2010年3月【学習支援本】

「ぼくの仕事場は富士山です―世の中への扉」近藤光一著　講談社　2011年7月【学習支援本】

「感動する仕事!泣ける仕事!：お仕事熱血ストーリー 第2期 8（大切にしたい!自然のチカラ）」日本児童文芸家協会編　学研教育出版　2012年2月【学習支援本】

「旅行のひみつ―学研まんがでよくわかるシリーズ；69」山口育孝漫画;橘悠紀構成　学研パブリッシングコミュニケーションビジネス事業室　2012年3月【学習支援本】

「アウトドアで働く―なるにはBOOKS；補巻16」須藤ナオミ著;キャンプよろず相談所編　ぺりかん社　2015年2月【学習支援本】

「気象予報士・林業作業士・海洋生物学者・エコツアーガイド　ポプラ社　2015年4月【学習支援本】

「職場体験完全ガイド 43」ポプラ社編集　ポプラ社　2015年4月【学習支援本】

「観光ガイドになるには―なるにはBOOKS；142」中村正人著　ぺりかん社　2015年8月【学習支援本】

「キャリア教育に活きる!仕事ファイル：センパイに聞く 16」小峰書店編集部 編著　小峰書店　2019年4月【学習支援本】

バスガイド

観光バスに乗って乗客に楽しい旅行を提供する仕事で、旅をより楽しく、思い出深いものにするために、笑顔と親切で乗客をおもてなしする、大切な役割を持っています。観光地や景色が見えると、その場所の歴史や特長をわかりやすく説明したり、バスの中で楽しめるように、クイズやゲームを用意したりすることもあります。また、乗客が安心して旅行を楽しめるように、乗り降りのサポートも行い、困っている人がいれば手助けします。

▶ お仕事について詳しく知るには

「職場体験完全ガイド 29」 江藤純文 ポプラ社 2012年3月【学習支援本】

「旅行のひみつ―学研まんがでよくわかるシリーズ；69」 山口育孝漫画;橘悠紀構成 学研パブリッシングコミュニケーションビジネス事業室 2012年3月【学習支援本】

「観光ガイドになるには―なるにはBOOKS；142」 中村正人著 ぺりかん社 2015年8月【学習支援本】

「NHKプロフェッショナル仕事の流儀 7」 畠山重篤著;スギヤマカナヨ絵 ポプラ社 2018年4月【学習支援本】

「キャリア教育支援ガイドお仕事ナビ 16」 お仕事ナビ編集室著 理論社 2018年7月【学習支援本】

「観光に関わる仕事：バスガイド 全国通訳案内士 旅行代理店社員 女将」 理論社 2018年7月【学習支援本】

「未来のお仕事入門 = MANGA FUTURE CAREER PRIMER―学研まんが入門シリーズミニ」 東園子まんが 学研プラス 2018年8月【学習支援本】

1 旅や外国語・海外にかかわる仕事

▶お仕事の様子をお話で読むには

「バスガエル」 戸田和代 作;シゲリカツヒコ 絵 佼成出版社 2013年6月【絵本】

「ぼくのバス」 バイロン・バートン作・絵;いとうひろし訳 徳間書店 2021年5月【絵本】

「コツコツバス」 みつきれいこぶん;鴨下潤え 文芸社 2021年6月【絵本】

「幽霊バスツアー:あいにおまかせ!? 1」 赤川次郎作;水野美波絵 集英社(集英社みらい文庫) 2011年3月【児童文学】

「幽霊バスツアー:あいにおまかせ!? 2」 赤川次郎作;水野美波絵 集英社(集英社みらい文庫) 2011年9月【児童文学】

「幽霊バスツアー:あいにおまかせ!? 3」 赤川次郎作;水野美波絵 集英社(集英社みらい文庫) 2013年2月【児童文学】

「悪魔をむにゅむにゅする理由 2」 鏡裕之著 ホビージャパン(HJ文庫) 2011年6月【ライトノベル・ライト文芸】

「あっぱれアヒルバス」 山本幸久著 実業之日本社(実業之日本社文庫) 2019年8月【ライトノベル・ライト文芸】

「友の墓の上で―怪異名所巡り; 8」 赤川次郎著 集英社(集英社文庫) 2019年10月【ライトノベル・ライト文芸】

トラベルライター

旅行の楽しさや魅力を文章で伝える仕事で、旅行先での体験をもとに、雑誌やブログ、SNSなどに記事を書きます。たとえば、美味しいレストランや知られていない観光スポット、現地の人々との心温まるエピソードなどを紹介します。読んだ人が「ここに行きたい！」と思うような内容を工夫して作ります。旅行の楽しさを届けるために、豊かな表現力や注意深く物事を見る観察力が必要です。好きな場所を見つける喜びを分かち合える、とても楽しい仕事です。

旅行サイト運営

旅行に関する情報をインターネット上で分かりやすく提供する仕事で、人気の観光地をランキングで紹介したり、おすすめのホテルやツアーをまとめたりします。お客さまが簡単に旅行の予約をできるよう、使いやすいサイトを作るのも大切な役割です。また、訪れた人の口コミや写真を集めて、ほかの人の参考になる情報を増やすこともします。観光地やホテルに詳しいだけでなく、ウェブサイトをデザインするなど、たくさんの人に見てもらう工夫しています。旅行がもっと楽しくなるよう手助けするやりがいのある仕事です。

▶ お仕事について詳しく知るには

「キャリア教育に活きる!仕事ファイル：センパイに聞く 16」 小峰書店編集部 編著　小峰書店　2019年4月【学習支援本】

1 旅や外国語・海外にかかわる仕事

旅行代理店

お客さまが安心して旅行を楽しめるように計画や手配をサポートする仕事です。たとえば、飛行機のチケットやホテルの予約、ツアーの手続きなどを行います。海外旅行の際には、ビザ申請や現地での注意点をアドバイスすることもあります。また、お客さまの希望や予算に合ったプランを考え、一人ひとりに最適な旅行を提案します。観光地や移動手段について幅広い知識が求められるだけでなく、お客さまの相談に丁寧に対応するコミュニケーション力も重要です。

▶ お仕事について詳しく知るには

「夢のお仕事さがし大図鑑：名作マンガで「すき!」を見つける. 1」 夢のお仕事さがし大図鑑編集委員会 編　日本図書センター　2016年9月【学習支援本】

「10代のための仕事図鑑 = The career guide for teenagers：未来の入り口に立つ君へ」 大泉書店編集部 編　大泉書店　2017年4月【学習支援本】

「ときめきハッピーおしごと事典スペシャル―キラかわ★ガール」 おしごとガール研究会 著　ナツメ社　2017年12月【学習支援本】

「キャリア教育支援ガイドお仕事ナビ 16」 お仕事ナビ編集室著　理論社　2018年7月【学習支援本】

「観光に関わる仕事：バスガイド 全国通訳案内士 旅行代理店社員 女将」 理論社　2018年7月【学習支援本】

「キャリア教育に活きる!仕事ファイル：センパイに聞く 16」 小峰書店編集部 編著　小峰書店　2019年4月【学習支援本】

「キャリア教育に活きる!仕事ファイル：センパイに聞く 17」 小峰書店編集部 編著　小峰書店　2019年4月【学習支援本】

ダイビングインストラクター

海でのダイビングを教える専門家です。初心者には機材の使い方や基本的な潜り方を丁寧に指導し、上達したらサンゴ礁やカラフルな魚が見られる場所に案内します。たとえば、安全に楽しくダイビングができるよう、泳ぎ方や注意点を教えます。ダイビングの資格が必要で、体力や泳ぐスキルが求められます。また、お客さまが海の美しさを体験できるよう、親切で明るいコミュニケーションを心がけることも大切です。

▶ お仕事について詳しく知るには

「10代のための仕事図鑑 = The career guide for teenagers：未来の入り口に立つ君へ」 大泉書店編集部 編　大泉書店　2017年4月【学習支援本】

「ときめきハッピーおしごと事典スペシャル―キラかわ★ガール」　おしごとガール研究会 著　ナツメ社　2017年12月【学習支援本】

「キャリア教育に活きる!仕事ファイル：センパイに聞く 17」　小峰書店編集部 編著　小峰書店　2019年4月【学習支援本】

クルーズスタッフ

豪華客船に乗ってお客さまをおもてなしする仕事です。船内での食事の提供や清掃だけでなく、エンターテインメントの準備や観光地の案内など、さまざまな業務を担当します。たとえば、ショーを盛り上げるための演出を手伝ったり、寄港地での観光ツアーを手配することもあります。スタッフ同士で協力し合うチームワークが重要で、船内で生活するための柔軟な姿勢も求められます。お客さまに特別な旅の体験を提供するため、明るい笑顔と丁寧なサービスの心がけが重要です。

1 旅や外国語・海外にかかわる仕事

客室乗務員

飛行機の乗客が、快適で安全に過ごせるようサポートする仕事で、飛行機での旅を楽しく安心できるものにするために欠かせない大切な役割を持っています。乗客が乗るときにはあいさつをして案内し、出発前には非常用の道具の使い方を説明します。飛行中には、飲み物や食べ物を提供したり、質問に答えたりして、乗客が困らないように気を配ります。また、緊急事態が発生したときには冷静に対応し、乗客の安全を守る訓練も受けています。

▶お仕事について詳しく知るには

「職場体験完全ガイド 19」 ポプラ社 2010年3月【学習支援本】

「あこがれお仕事いっぱい!せいふく図鑑:大きくなったらどれ着たい?」 勝倉崚太写真 学研教育出版 2012年4月【学習支援本】

「空港の大研究:どんな機能や役割があるの?:滑走路のヒミツから遊べる施設まで」 秋本俊二著 PHP研究所 2012年8月【学習支援本】

「おしごと制服図鑑:制服をみれば仕事のひみつがわかる!」 講談社編 講談社 2012年9月【学習支援本】

「成田国際空港フライト準備OK!—このプロジェクトを追え!」 深光富士男文 佼成出版社 2012年9月【学習支援本】

「空港で働く人たち:しごとの現場としくみがわかる!—しごと場見学!」 中村正人著 ぺりかん社 2013年3月【学習支援本】

「ジェット機と空港・管制塔—乗り物ひみつルポ;3」 モリナガヨウ作 あかね書房 2013年9月【学習支援本】

「ANA—見学!日本の大企業」 こどもくらぶ編さん ほるぷ出版 2014年1月【学習支援本】

「仕事を選ぶ:先輩が語る働く現場64—朝日中学生ウイークリーの本」 朝日中学生ウイークリー編集部編著 2014年3月【学習支援本】

「職場体験完全ガイド 38」 志村江 ポプラ社 2014年4月【学習支援本】

「客室乗務員になるには—なるにはBOOKS;2」 鎌田浩章著 ぺりかん社 2014年9月【学習支援本】

「さがしてみよう!まちのしごと1(交通のしごと)」 饗庭伸監修 小峰書店 2015年4月【学習支援本】

「夢をかなえる職業ガイド:あこがれの仕事を調べよう!—楽しい調べ学習シリーズ」 PHP研究所編 PHP研究所 2015年8月【学習支援本】

「キャリア教育支援ガイドお仕事ナビ 9」 お仕事ナビ編集室著 理論社 2016年1月【学習

22

支援本】

「飛行機に関わる仕事：パイロット 航空管制官 航空整備士 客室乗務員」 理論社 2016年1月【学習支援本】

「航空会社図鑑：未来をつくる仕事がここにある」 日本航空監修;青山邦彦絵;日経BPコンサルティング編集 日経BPコンサルティング 2016年12月【学習支援本】

「ミラクルかがやけ☆まんが!お仕事ガール」 ドリームワーク調査会編著 西東社 2017年4月【学習支援本】

「考えよう!女性活躍社会 2」 孫奈美 編 汐文社 2017年4月【学習支援本】

「空港で働く人たち：しごとの現場としくみがわかる! デジタルプリント版」 中村正人著 ぺりかん社（しごと場見学!） 2018年1月【学習支援本】

「夢をそだてるみんなの仕事300：野球選手/花屋 サッカー選手 医師/警察官 研究者/消防士 パティシエ 新幹線運転士 パイロット 美容師/モデル ユーチューバー アニメ監督 宇宙飛行士ほか 決定版」 講談社編 講談社 2018年11月【学習支援本】

「キャリア教育に活きる!仕事ファイル：センパイに聞く 16」 小峰書店編集部編著 小峰書店 2019年4月【学習支援本】

「パイロットの一日―暮らしを支える仕事見る知るシリーズ：10代の君の「知りたい」に答えます」 WILLこども知育研究所編著 保育社 2020年12月【学習支援本】

▶ お仕事の様子をお話で読むには

「空ガール!：仕事も恋も乱気流!?」 浅海ユウ著 マイナビ出版（ファン文庫） 2021年4月【ライトノベル・ライト文芸】

1 旅や外国語・海外にかかわる仕事

パイロット

飛行機を安全に目的地まで操縦する仕事で、私たちを世界中へ運び、空の安全を守るためのプロフェッショナルです。高度や方向、速度を調整しながら空を飛びます。出発前には、天気や飛行ルートを確認し、エンジンなどの機械に問題がないかをチェックします。飛行中も、他のパイロットや管制塔と連絡を取りながら、安全に飛行できるようにします。そして、万が一のトラブルにも冷静に対処できるよう、厳しい訓練を受けています。

▶ お仕事について詳しく知るには

「新13歳のハローワーク」 村上龍著;はまのゆか絵　幻冬舎　2010年3月【学習支援本】

「現代人の伝記：人間てすばらしい、生きるってすばらしい 4」 致知編集部編　致知出版社　2010年7月【学習支援本】

「料理旅行スポーツのしごと：人気の職業早わかり！」 PHP研究所編　PHP研究所　2010年10月【学習支援本】

「アメリア・イヤハート ＝ AMELIA EARHART：はじめて大西洋横断飛行に成功した女性パイロット―集英社版・学習漫画. 世界の伝記next」 佐野未央子漫画;堀ノ内雅一シナリオ;青木冨貴子監修・解説　集英社　2012年3月【学習支援本】

「あこがれお仕事いっぱい！せいふく図鑑：大きくなったらどれ着たい？」 勝倉崚太写真　学研教育出版　2012年4月【学習支援本】

「空港の大研究：どんな機能や役割があるの？：滑走路のヒミツから遊べる施設まで」 秋本俊二著　PHP研究所　2012年8月【学習支援本】

「おしごと制服図鑑：制服をみれば仕事のひみつがわかる！」 講談社編　講談社　2012年9月【学習支援本】

「成田国際空港フライト準備OK！―このプロジェクトを追え！」 深光富士男文　佼成出版社　2012年9月【学習支援本】

「なりたい！知りたい！調べたい！人命救助のプロ 4（ドクターヘリのレスキュー隊）」 こどもくらぶ編・著　岩崎書店　2013年3月【学習支援本】

「会社と仕事大研究：みんなの？をマンガで！にする―デアゴスティーニコレクション. そーな

24

んだ!おもしろテーマシリーズ」 デアゴスティーニ編集部著 デアゴスティーニ・ジャパン 2013年3月【学習支援本】

「空港で働く人たち：しごとの現場としくみがわかる!―しごと場見学!」 中村正人著 ぺりかん社 2013年3月【学習支援本】

「船で働く人たち：しごとの現場としくみがわかる!―しごと場見学!」 山下久猛著 ぺりかん社 2013年3月【学習支援本】

「ジェット機と空港・管制塔―乗り物ひみつルポ；3」 モリナガヨウ作 あかね書房 2013年9月【学習支援本】

「さがしてみよう!まちのしごと1(交通のしごと)」 饗庭伸監修 小峰書店 2015年4月【学習支援本】

「夢をかなえる職業ガイド：あこがれの仕事を調べよう!―楽しい調べ学習シリーズ」 PHP研究所編 PHP研究所 2015年8月【学習支援本】

「キャリア教育支援ガイドお仕事ナビ9」 お仕事ナビ編集室著 理論社 2016年1月【学習支援本】

「飛行機に関わる仕事：パイロット 航空管制官 航空整備士 客室乗務員 理論社 2016年1月【学習支援本】

「航空会社図鑑：未来をつくる仕事がここにある」 日本航空監修;青山邦彦絵;日経BPコンサルティング編 日経BPコンサルティング 2016年12月【学習支援本】

「パイロットになるには 改訂版―なるにはBOOKS；1」 阿施光南著 ぺりかん社 2017年2月【学習支援本】

「大人になったらしたい仕事：「好き」を仕事にした35人の先輩たち」 朝日中高生新聞編集部編著 朝日学生新聞社 2017年9月【学習支援本】

「空港で働く人たち：しごとの現場としくみがわかる! デジタルプリント版」 中村正人著 ぺりかん社(しごと場見学!) 2018年1月【学習支援本】

「好きなモノから見つけるお仕事：キャリア教育にぴったり!3」 藤田晃之監修 学研プラス 2018年2月【学習支援本】

「夢をそだてるみんなの仕事300：野球選手/花屋 サッカー選手 医師/警察官 研究者/消防士 パティシエ 新幹線運転士 パイロット 美容師/モデル ユーチューバー アニメ監督 宇宙飛行士ほか 決定版」 講談社編 講談社 2018年11月【学習支援本】

「憎しみを乗り越えて：ヒロシマを語り継ぐ近藤紘子」 佐藤真澄著 汐文社 2019年12月【学習支援本】

「パイロットの一日―暮らしを支える仕事見る知るシリーズ：10代の君の「知りたい」に答えます」 WILLこども知育研究所編著 保育社 2020年12月【学習支援本】

▶ お仕事の様子をお話で読むには

「新戦艦高千穂」 平田晋策著 真珠書院(パール文庫) 2013年12月【児童文学】

1 旅や外国語・海外にかかわる仕事

「まわりくんがゆく」 いとうやすしげ著 文芸社 2014年3月【児童文学】

「サン＝テグジュペリと星の王子さま：空に幸せをもとめて」 ビンバ・ランドマン文・絵;鹿島茂訳 西村書店東京出版編集部 2014年12月【児童文学】

「リトルプリンス：星の王子さまと私」 五十嵐佳子著 集英社（集英社みらい文庫） 2015年10月【児童文学】

「STAR WARSフォースの覚醒前夜：ポー・レイ・フィン」 グレッグ・ルーカ著;フィル・ノト絵;稲村広香訳 講談社（講談社KK文庫） 2016年1月【児童文学】

「パイロットのたまご：おしごとのおはなしパイロットーシリーズおしごとのおはなし」 吉野万理子作;黒須高嶺絵 講談社 2017年11月【児童文学】

「US1A RESCUE FLYING BOAT STORY：飛行艇物語」 二階堂裕作;佐藤元信絵 エスエスシー出版 2018年12月【児童文学】

「水平線まで何マイル？：双つの翼」 伊吹秀明著;Abhar原作 ホビージャパン（HJ文庫） 2010年1月【ライトノベル・ライト文芸】

「天地無用! GXP：真・天地無用!魎皇鬼外伝 6」 梶島正樹著 富士見書房（富士見ファンタジア文庫） 2010年1月【ライトノベル・ライト文芸】

「わたしのファルコン 1」 夏見正隆著 朝日新聞出版（朝日ノベルズ） 2010年3月【ライトノベル・ライト文芸】

「わたしのファルコン 2」 夏見正隆著 朝日新聞出版（朝日ノベルズ） 2010年4月【ライトノベル・ライト文芸】

「わたしのファルコン 3」 夏見正隆著 朝日新聞出版（朝日ノベルズ） 2010年5月【ライトノベル・ライト文芸】

「物理の先生にあやまれっ!」 朝倉サクヤ著 集英社（集英社スーパーダッシュ文庫） 2011年4月【ライトノベル・ライト文芸】

「スプラッシュ・ワン!：わたしのファルコン」 夏見正隆著 朝日新聞出版（朝日ノベルズ） 2011年5月【ライトノベル・ライト文芸】

「物理の先生にあやまれっ! 2号機」 朝倉サクヤ著 集英社（集英社スーパーダッシュ文庫） 2011年6月【ライトノベル・ライト文芸】

「異界兵装タシュンケ・ウィトコ」 樺薫著 講談社（講談社box. POWERS BOX） 2011年11月【ライトノベル・ライト文芸】

「フルメタル・パニック!アナザー 3」 賀東招二原案・監修;大黒尚人著 富士見書房（富士見ファンタジア文庫） 2012年3月【ライトノベル・ライト文芸】

「ガンパレード・マーチ2K西海岸編 1」 榊涼介著 アスキー・メディアワークス（電撃文庫） 2013年6月【ライトノベル・ライト文芸】

「トリガール!」 中村航著 KADOKAWA（角川文庫） 2014年6月【ライトノベル・ライト文芸】

「ガーリー・エアフォース = GIRLY AIR FORCE」 夏海公司著 KADOKAWA（電撃文庫） 2014年9月【ライトノベル・ライト文芸】

「ガーリー・エアフォース = GIRLY AIR FORCE 2」 夏海公司著 KADOKAWA（電撃文庫） 2015年3月【ライトノベル・ライト文芸】

「ガーリー・エアフォース = GIRLY AIR FORCE 3」 夏海公司著 KADOKAWA（電撃文庫） 2015年6月【ライトノベル・ライト文芸】

「海に降る」 朱野帰子著 幻冬舎（幻冬舎文庫） 2015年7月【ライトノベル・ライト文芸】

「ガーリー・エアフォース = GIRLY AIR FORCE 4」 夏海公司著 KADOKAWA（電撃文庫） 2015年11月【ライトノベル・ライト文芸】

「ガーリー・エアフォース = GIRLY AIR FORCE 5」 夏海公司著 KADOKAWA（電撃文庫） 2016年3月【ライトノベル・ライト文芸】

「ガーリー・エアフォース = GIRLY AIR FORCE 6」 夏海公司著 KADOKAWA（電撃文庫） 2016年7月【ライトノベル・ライト文芸】

「ガーリー・エアフォース = GIRLY AIR FORCE 7」 夏海公司著 KADOKAWA（電撃文庫） 2016年10月【ライトノベル・ライト文芸】

「少女クロノクル。 = GIRL'S CHRONO-CLE」 ハセガワケイスケ著 KADOKAWA（電撃文庫） 2017年7月【ライトノベル・ライト文芸】

「ガーリー・エアフォース = GIRLY AIR FORCE 8」 夏海公司著 KADOKAWA（電撃文庫） 2017年11月【ライトノベル・ライト文芸】

「ガーリー・エアフォース = GIRLY AIR FORCE 9」 夏海公司著 KADOKAWA（電撃文庫） 2018年6月【ライトノベル・ライト文芸】

「犯罪乱歩幻想」 三津田信三著 KADOKAWA 2018年9月【ライトノベル・ライト文芸】

「ガーリー・エアフォース = GIRLY AIR FORCE 10」 夏海公司著 KADOKAWA（電撃文庫） 2019年1月【ライトノベル・ライト文芸】

「ガーリー・エアフォース = GIRLY AIR FORCE 11」 夏海公司著 KADOKAWA（電撃文庫） 2019年3月【ライトノベル・ライト文芸】

「このままでは飛べません！：カメリア航空、地上お客様係の奮闘」 日向唯稀著 KADOKAWA（富士見L文庫） 2019年5月【ライトノベル・ライト文芸】

「ガーリー・エアフォース = GIRLY AIR FORCE 12」 夏海公司著 KADOKAWA（電撃文庫） 2019年6月【ライトノベル・ライト文芸】

「機長、事件です！」 秋吉理香子著 KADOKAWA（角川文庫） 2019年10月【ライトノベル・ライト文芸】

「ステラエアサービス = Stella Air Service：曙光行路」 有馬桓次郎著 KADOKAWA（DENGEKI. 電撃の新文芸） 2020年10月【ライトノベル・ライト文芸】

「ステラエアサービス = Stella Air Service 2」 有馬桓次郎著 KADOKAWA（DENGEKI. 電撃の新文芸） 2021年4月【ライトノベル・ライト文芸】

1 旅や外国語・海外にかかわる仕事

入国審査官

外国から来た人や外国へ行く人が安全に行き来できるようにチェックする仕事で、空港や港で、パスポートやビザという身分証明書を見て、その人が日本に入っても問題がないか確認します。たとえば、持ち込みが禁止されている物を持っていないか、法律に違反していないかなどを調べるほか、入国のルールを守っているかどうかもチェックします。入国審査官は国の安全を守るためにとても大切な仕事です。

▶お仕事について詳しく知るには

「治安・法律・経済のしごと：人気の職業早わかり！」　PHP研究所編　PHP研究所　2011年9月【学習支援本】

「さがしてみよう！まちのしごと1（交通のしごと）」　饗庭伸監修　小峰書店　2015年4月【学習支援本】

「こどもしごと絵じてん」　畠山重篤著;スギヤマカナヨ絵　三省堂　2018年5月【学習支援本】

「こどもしごと絵じてん 小型版」　三省堂編修所編　三省堂　2018年9月【学習支援本】

「ザ・裏方：キャリア教育に役立つ！2」　フレーベル館　2019年1月【学習支援本】

航空管制官

空を飛ぶ飛行機が安全に運航できるよう、無線でパイロットに指示を出す仕事です。たとえば、飛行機が離陸するタイミングや飛行ルートの変更を伝え、空での事故を防ぎます。空港周辺だけでなく、空全体を見渡して、飛行機同士の間隔を保つ役割も担います。高い集中力や、冷静に判断する力が必要です。また、飛行機が多い忙しい時間帯でも、的確に指示を出す迅速さが求められます。空の安全を支える、非常に重要な仕事です。

▶お仕事について詳しく知るには

「空港の大研究：どんな機能や役割があるの？：滑走路のヒミツから遊べる施設まで」 秋本俊二著　PHP研究所　2012年8月【学習支援本】

「成田国際空港フライト準備OK!―このプロジェクトを追え!」　深光富士男文　佼成出版社　2012年9月【学習支援本】

「飛行機に関わる仕事：パイロット 航空管制官 航空整備士 客室乗務員」　理論社　2016年1月【学習支援本】

1 旅や外国語・海外にかかわる仕事

グランドスタッフ

空港でお客さまのサポートを行う仕事です。たとえば、航空券の発券や手荷物の受け渡し、搭乗ゲートでの案内などを担当します。迷ったお客さまを手助けしたり、乗り継ぎの案内をすることもあります。空港がスムーズに運営されるために欠かせない存在で、特に多国籍のお客さまが集まる国際空港では、語学力も役立ちます。明るい笑顔で接客しながら、柔軟に対応する力が必要です。空港を利用する人の安心感を支える大切な仕事です。

▶ お仕事の様子をお話で読むには

「料理旅行スポーツのしごと:人気の職業早わかり!」 PHP研究所編　PHP研究所　2010年10月【学習支援本】

「職場体験完全ガイド 38」 志村江　ポプラ社　2014年4月【学習支援本】

「夢のお仕事さがし大図鑑:名作マンガで「すき!」を見つける 1」 夢のお仕事さがし大図鑑編集委員会編　日本図書センター　2016年9月【学習支援本】

「10代のための仕事図鑑 = The career guide for teenagers:未来の入り口に立つ君へ」 大泉書店編集部 編　大泉書店　2017年4月【学習支援本】

「グランドスタッフになるには」 京極祥江著　ぺりかん社(なるにはBOOKS)　2018年1月【学習支援本】

「好きなモノから見つけるお仕事:キャリア教育にぴったり! 3」 藤田晃之監修　学研プラス　2018年2月【学習支援本】

「こどもしごと絵じてん」 畠山重篤著;スギヤマカナヨ絵　三省堂　2018年5月【学習支援本】

「こどもしごと絵じてん 小型版」 三省堂編修所編　三省堂　2018年9月【学習支援本】

ホテリエ、ホテルマン

ホテルに宿泊するお客さまが快適に過ごせるようサポートする仕事です。たとえば、チェックインやチェックアウトの手続きを行ったり、観光地やレストランの情報を提供したりします。お客さまが困っているときには迅速に対応し、特別なリクエストにも応じる柔軟性が求められます。清潔な部屋や美味しい料理を提供するために、スタッフ同士で連携することも大切です。お客さまが「また来たい」と思うような時間を提供する、やりがいのある職業です。

▶お仕事について詳しく知るには

「職場体験完全ガイド 19」　ポプラ社　2010年3月【学習支援本】

「おもてなしの仕事―漫画家たちが描いた仕事：プロフェッショナル」　いしぜきひでゆき著;藤栄道彦著;かわすみひろし著;矢島正雄著;引野真二著;埜納タオ著;いわしげ孝著　金の星社　2016年3月【学習支援本】

「調べてまとめる!仕事のくふう 4」　岡田博元監修　ポプラ社　2020年4月【学習支援本】

▶お仕事の様子をお話で読むには

「マラマンダー―イアリーの魔物；1」　トーマス・テイラー作;代田亜香子訳;長砂ヒロ装画・挿絵　小学館　2021年10月【児童文学】

「ガーガンティス―イアリーの魔物；2」　トーマス・テイラー作;代田亜香子訳;長砂ヒロ装画・挿絵　小学館　2021年12月【児童文学】

「ホーンテッド・ホテル：Replace」　柏枝真郷著　幻冬舎コミックス（幻狼fantasia novels）2010年8月【ライトノベル・ライト文芸】

「ホテルブラジル = Hotel Brazil」　古川春秋著　角川書店　2012年8月【ライトノベル・ライト文芸】

「ホテルブラジル」　古川春秋著　KADOKAWA（角川文庫）　2014年5月【ライトノベル・ライト文芸】

「水仙の夢―竜宮ホテル」　村山早紀著　徳間書店（徳間文庫）　2016年2月【ライトノベル・ライト文芸】

1 旅や外国語・海外にかかわる仕事

「霧雨ホテルでおもてなし：謎の支配人に嫁ぐことになりました。」 木内陽著
KADOKAWA（富士見L文庫） 2016年5月【ライトノベル・ライト文芸】

「出雲のあやかしホテルに就職します」 硝子町玻璃著 双葉社（双葉文庫） 2016年11月
【ライトノベル・ライト文芸】

「新米ベルガールの事件録：チェックインは謎のにおい」 岡崎琢磨著 幻冬舎（幻冬舎文
庫） 2016年11月【ライトノベル・ライト文芸】

「出雲のあやかしホテルに就職します 2」 硝子町玻璃著 双葉社（双葉文庫） 2017年5月
【ライトノベル・ライト文芸】

「出雲のあやかしホテルに就職します 3」 硝子町玻璃著 双葉社（双葉文庫） 2017年11月
【ライトノベル・ライト文芸】

「出雲のあやかしホテルに就職します 4」 硝子町玻璃著 双葉社（双葉文庫） 2018年5月
【ライトノベル・ライト文芸】

「おもてなし時空ホテル：桜井千鶴のお客様相談ノート」 堀川アサコ著 新潮社（新潮文庫
nex） 2018年7月【ライトノベル・ライト文芸】

「出雲のあやかしホテルに就職します 5」 硝子町玻璃著 双葉社（双葉文庫） 2018年11月
【ライトノベル・ライト文芸】

「百鬼夜行とご縁組：あやかしホテルの契約夫婦」 マサト真希著 KADOKAWA（メディア
ワークス文庫） 2019年3月【ライトノベル・ライト文芸】

「ホテルクラシカル猫番館：横浜山手のパン職人」 小湊悠貴著 集英社（集英社オレンジ文
庫） 2019年5月【ライトノベル・ライト文芸】

「出雲のあやかしホテルに就職します 6」 硝子町玻璃著 双葉社（双葉文庫） 2019年6月
【ライトノベル・ライト文芸】

「ホテル・ウィンチェスターと444人の亡霊」 木犀あこ著 講談社（講談社タイガ） 2019
年11月【ライトノベル・ライト文芸】

「ホテルクラシカル猫番館：横浜山手のパン職人 2」 小湊悠貴著 集英社（集英社オレンジ
文庫） 2019年12月【ライトノベル・ライト文芸】

「出雲のあやかしホテルに就職します 7」 硝子町玻璃著 双葉社（双葉文庫） 2019年12月
【ライトノベル・ライト文芸】

「秘密結社ペンギン同盟 = Secret Society PENGUIN UNION：あるいはホテルコペンの幸福
な朝食」 鳩見すた著 KADOKAWA（メディアワークス文庫） 2020年5月【ライトノベル・
ライト文芸】

「出雲のあやかしホテルに就職します 8」 硝子町玻璃著 双葉社（双葉文庫） 2020年6月
【ライトノベル・ライト文芸】

「ホテルクラシカル猫番館：横浜山手のパン職人 3」 小湊悠貴著 集英社（集英社オレンジ
文庫） 2020年10月【ライトノベル・ライト文芸】

「秘密結社ペンギン同盟 = Secret Society PENGUIN UNION [2]」 鳩見すた著
KADOKAWA（メディアワークス文庫） 2020年12月【ライトノベル・ライト文芸】

「ホテルクラシカル猫番館：横浜山手のパン職人 4」　小湊悠貴著　集英社（集英社オレンジ文庫）　2021年4月【ライトノベル・ライト文芸】

「出雲のあやかしホテルに就職します 10」　硝子町玻璃 著　双葉社（双葉文庫）　2021年6月【ライトノベル・ライト文芸】

「房総グランオテル」　越谷オサム著　祥伝社（祥伝社文庫）　2021年7月【ライトノベル・ライト文芸】

「ホテルクラシカル猫番館：横浜山手のパン職人 5」　小湊悠貴著　集英社（集英社オレンジ文庫）　2021年12月【ライトノベル・ライト文芸】

「出雲のあやかしホテルに就職します 11」　硝子町玻璃著　双葉社（双葉文庫）　2021年12月【ライトノベル・ライト文芸】

ゲストハウス

気軽に泊まれる低価格の宿泊施設で、特に一人旅やバックパッカーに人気です。多くの場合、部屋やバスルームを共有し、旅行者同士が交流しやすい雰囲気が特徴です。ゲストハウスのオーナーやスタッフは、宿泊の手配や観光情報の案内を行います。たとえば、地元のおすすめスポットや交通手段を教えるなど、旅行者をサポートします。外国の旅行者が多い場合もあり、簡単な英語が使えると仕事に生かすことができます。

▶ お仕事の様子をお話で読むには

「夢みるレシピ：ゲストハウスわすれな荘」　有間カオル著　角川春樹事務所（ハルキ文庫）2014年12月【ライトノベル・ライト文芸】

「ゲストハウス八百万へようこそ」　仲野ワタリ著　双葉社（双葉文庫）　2016年10月【ライトノベル・ライト文芸】

「午後十一時のごちそう：三ツ星ゲストハウスの夜食」　行田尚希著　KADOKAWA（メディアワークス文庫）　2021年3月【ライトノベル・ライト文芸】

1 旅や外国語・海外にかかわる仕事

女将・仲居さん

日本の旅館でお客さまをもてなす仕事です。女将は旅館全体の運営を担当し、仲居さんは部屋の準備や食事の提供、観光案内を行います。たとえば、お膳に並んだ料理を丁寧に説明したり、温泉の利用方法を教えたりします。和の文化や礼儀作法を大切にしながら、訪れる人に日本らしいおもてなしを提供します。地域の伝統を守りながら、心温まる思い出を作る手助けをする、魅力的な仕事です。

▶お仕事について詳しく知るには

「観光に関わる仕事：バスガイド 全国通訳案内士 旅行代理店社員 女将」 理論社 2018年7月【学習支援本】

▶お仕事の様子をお話で読むには

「若おかみは小学生! Part14―花の湯温泉ストーリー」 令丈ヒロ子作;亜沙美絵 講談社（講談社青い鳥文庫） 2010年6月【児童文学】

「おもしろい話が読みたい! ラブリー編」 あさのあつこ作;越水利江子作;小林深雪作;服部千春作;令丈ヒロ子作 講談社 2010年7月【児童文学】

「恋のギュービッド大作戦!：「黒魔女さんが通る!!」×「若おかみは小学生!」」 石崎洋司作;令丈ヒロ子作;藤田香絵;亜沙美絵 講談社 2010年12月【児童文学】

「若おかみは小学生! Part15 花の湯温泉ストーリー」 令丈ヒロ子作;亜沙美絵 講談社（講談社青い鳥文庫） 2011年1月【児童文学】

「若おかみは小学生! Part16 花の湯温泉ストーリー」 令丈ヒロ子作;亜沙美絵 講談社（講談社青い鳥文庫） 2011年7月【児童文学】

「ようこそ、古城ホテルへ：湖のほとりの少女たち」 紅玉いづき作;村松加奈子絵 アスキー・メディアワークス（角川つばさ文庫） 2011年9月【児童文学】

「ようこそ、古城ホテルへ 2（私（わたし）をさがさないで）」 紅玉いづき作;村松加奈子絵 アスキー・メディアワークス（角川つばさ文庫） 2011年12月【児童文学】

「若おかみは小学生! Part17―花の湯温泉ストーリー」 令丈ヒロ子作;亜沙美絵 講談社（講

談社青い鳥文庫） 2012年1月【児童文学】

「亡霊ホテル―マリア探偵社；14」 川北亮司作;大井知美画 岩崎書店（フォア文庫） 2012年5月【児童文学】

「ようこそ、古城ホテルへ3（昼下がりの戦争）」 紅玉いづき作;村松加奈子絵 アスキー・メディアワークス（角川つばさ文庫） 2012年6月【児童文学】

「若おかみは小学生! PART18―花の湯温泉ストーリー」 令丈ヒロ子作;亜沙美絵 講談社（講談社青い鳥文庫） 2012年8月【児童文学】

「ようこそ、古城ホテルへ4（ここがあなたの帰る国)」 紅玉いづき作;村松加奈子絵 アスキー・メディアワークス（角川つばさ文庫） 2012年12月【児童文学】

「若おかみは小学生! PART19―花の湯温泉ストーリー」 令丈ヒロ子作;亜沙美絵 講談社（講談社青い鳥文庫） 2013年3月【児童文学】

「若おかみは小学生! PART20―花の湯温泉ストーリー」 令丈ヒロ子作;亜沙美絵 講談社（講談社青い鳥文庫） 2013年7月【児童文学】

「恋のギューピッド大作戦!：「黒魔女さんが通る!!」×「若おかみは小学生!」」 石崎洋司作;令丈ヒロ子作;藤田香絵;亜沙美絵 講談社（講談社青い鳥文庫） 2015年2月【児童文学】

「魔リンピックでおもてなし：黒魔女さんが通る!!×若おかみは小学生!」 石崎洋司作;令丈ヒロ子作;藤田香絵;亜沙美絵 講談社（講談社青い鳥文庫） 2015年6月【児童文学】

「若おかみは小学生!：映画ノベライズ」 令丈ヒロ子原作・文;吉田玲子脚本 講談社（講談社青い鳥文庫） 2018年8月【児童文学】

「神様たちのお伊勢参り」 竹村優希著 双葉社(双葉文庫) 2017年6月【ライトノベル・ライト文芸】

「旅籠屋あのこの：あなたの「想い」届けます。」 岬著 KADOKAWA（メディアワークス文庫） 2017年11月【ライトノベル・ライト文芸】

「あやかし旅館で働き始めました：イケメン猫又になつかれて困ってます」 石黒敦久著 KADOKAWA（メディアワークス文庫） 2019年7月【ライトノベル・ライト文芸】

「この世の果てで、おもてなし：賽の河原宿・鬼女将日記」 遠藤まり著 KADOKAWA（富士見L文庫） 2020年4月【ライトノベル・ライト文芸】

「熱海温泉つくも神様のお宿で花嫁修業いたします」 小春りん著 スターツ出版（スターツ出版文庫） 2020年6月【ライトノベル・ライト文芸】

1 旅や外国語・海外にかかわる仕事

芸者、舞妓

日本の伝統文化を体現する職業で、お座敷などで踊りや音楽を披露し、お客さまを楽しませます。たとえば、三味線を演奏したり、季節に合わせた舞を踊ったりします。舞妓は芸者の見習いで、華やかな着物や独特の髪型が特徴です。日々の稽古を重ね、細やかな礼儀作法を身につけています。日本の伝統芸能を支えている、やりがいのある重要な仕事です。

▶ お仕事の様子をお話で読むには

「少年舞妓・千代菊がゆく！高瀬川ラブストーリー」　奈波はるか著　集英社（コバルト文庫）　2012年1月【ライトノベル・ライト文芸】

「少年舞妓・千代菊がゆく！ないしょの婚約」　奈波はるか著　集英社（コバルト文庫）　2012年4月【ライトノベル・ライト文芸】

「少年舞妓・千代菊がゆく！：声がわりの予兆」　奈波はるか著　集英社（コバルト文庫）　2012年7月【ライトノベル・ライト文芸】

「少年舞妓・千代菊がゆく！：許されぬ想い、かなわぬ恋」　奈波はるか著　集英社（コバルト文庫）　2012年10月【ライトノベル・ライト文芸】

「少年舞妓・千代菊がゆく！：「秘密」の告白」　奈波はるか著　集英社（コバルト文庫）　2013年1月【ライトノベル・ライト文芸】

「少年舞妓・千代菊がゆく！：最初で最後の恋」　奈波はるか著　集英社（コバルト文庫）　2013年5月【ライトノベル・ライト文芸】

「ニンジャスレイヤー：KYOTO:HELL ON EARTH #2（ゲイシャ危機一髪!）」　ブラッドレー・ボンド著;フィリップ・N・モーゼズ著;本兌有訳;杉ライカ訳　エンターブレイン　2013年9月【ライトノベル・ライト文芸】

「少年舞妓・千代菊がゆく！：笑顔のエンディングに向かって」　奈波はるか著　集英社（コバルト文庫）　2013年9月【ライトノベル・ライト文芸】

「少年舞妓・千代菊がゆく！：かまいませんよ、男でも」　奈波はるか著　集英社（コバルト文庫）　2013年12月【ライトノベル・ライト文芸】

「みつわの」　松本逸暉著　講談社（講談社BOX. BOX-AiR）　2014年3月【ライトノベル・ライト文芸】

「少年舞妓・千代菊がゆく！：大好きですよ、別れても」 奈波はるか著 集英社（コバルト文庫） 2014年5月【ライトノベル・ライト文芸】

「少年舞妓・千代菊がゆく！：一夜限りの妻」 奈波はるか著 集英社（コバルト文庫） 2014年8月【ライトノベル・ライト文芸】

「少年舞妓・千代菊がゆく！：十六歳の花嫁」 奈波はるか著 集英社（コバルト文庫） 2014年10月【ライトノベル・ライト文芸】

「少年舞妓・千代菊がゆく！：ふたりだけの結婚式」 奈波はるか著 集英社（コバルト文庫） 2014年12月【ライトノベル・ライト文芸】

「桜かんざしの舞妓さんと怪盗大旦那」 範乃秋晴著 KADOKAWA（メディアワークス文庫） 2015年6月【ライトノベル・ライト文芸】

「いつもが消えた日—お蔦さんの神楽坂日記」 西條奈加著 東京創元社（創元推理文庫） 2016年8月【ライトノベル・ライト文芸】

「芸者でGO!」 山本幸久著 実業之日本社(実業之日本社文庫) 2017年6月【ライトノベル・ライト文芸】

「荒木町奇譚」 有間カオル著 角川春樹事務所（ハルキ文庫） 2018年1月【ライトノベル・ライト文芸】

「京洛の森のアリス」 望月麻衣著 文藝春秋（文春文庫） 2018年2月【ライトノベル・ライト文芸】

「みやこさわぎ—お蔦さんの神楽坂日記」 西條奈加著 東京創元社（創元推理文庫） 2019年7月【ライトノベル・ライト文芸】

「京都祇園もも吉庵のあまから帖」 志賀内泰弘著 PHP研究所（PHP文芸文庫） 2019年9月【ライトノベル・ライト文芸】

「京都祇園もも吉庵のあまから帖 2」 志賀内泰弘著 PHP研究所（PHP文芸文庫） 2020年7月【ライトノベル・ライト文芸】

「京都祇園もも吉庵のあまから帖 3」 志賀内泰弘 著 PHP研究所（PHP文芸文庫） 2021年3月【ライトノベル・ライト文芸】

「京都府警あやかし課の事件簿 5」 天花寺さやか 著 PHP研究所（PHP文芸文庫） 2021年3月【ライトノベル・ライト文芸】

「京都祇園もも吉庵のあまから帖 4」 志賀内泰弘著 PHP研究所（PHP文芸文庫） 2021年9月【ライトノベル・ライト文芸】

1 旅や外国語・海外にかかわる仕事

ホテル、旅館

人々が旅行や出張で安心して泊まれる場所を提供する施設です。ホテルは洋風でベッドやシャワーが特徴ですが、旅館は和風で畳の部屋や温泉があることが多いです。受付ではチェックインやチェックアウトの手続きを行い、部屋を清掃して心地よい空間を提供します。旅館では特に、日本らしい伝統的なおもてなしが求められます。お客さまの質問に答えたり、観光地を案内したりする機会も多いので、人と接するのが好きな人にぴったりの仕事です。お客さまの滞在が思い出深いものになるよう、皆で協力して働きます。

▶ お仕事の様子をお話で読むには

「マラマンダー―イアリーの魔物 ; 1」 トーマス・テイラー作;代田亜香子訳;長砂ヒロ装画・挿絵　小学館　2021年10月【児童文学】

「ガーガンティス―イアリーの魔物 ; 2」 トーマス・テイラー作;代田亜香子訳;長砂ヒロ装画・挿絵　小学館　2021年12月【児童文学】

「図書室の怪談 [3]」 緑川聖司作;浮雲宇一絵　ポプラ社（ポプラキミノベル）　2021年12月【児童文学】

「Joyeux Noel : 英国妖異譚 番外編」 篠原美季著　講談社（講談社X文庫. White heart）　2010年1月【ライトノベル・ライト文芸】

「ぷりぷり!! 3」 夏緑著　メディアファクトリー（MF文庫J）　2010年2月【ライトノベル・ライト文芸】

「ルゥとよゐこの悪党稼業 folder.3」 藤谷ある著　ホビージャパン（HJ文庫）　2010年4月【ライトノベル・ライト文芸】

「末代まで! LAP3 (心霊温泉トレイニング・キャンプ)」 猫砂一平小説×イラスト　角川書店（角川文庫.角川スニーカー文庫）　2010年8月【ライトノベル・ライト文芸】

「7秒後の酒多さんと、俺。 3」 淺沼広太著　エンターブレイン（ファミ通文庫）　2011年7月【ライトノベル・ライト文芸】

「左近の桜」 長野まゆみ著　角川書店（角川文庫）　2011年7月【ライトノベル・ライト文芸】

「不思議系上司の攻略法 2」 水沢あきと著 アスキー・メディアワークス（メディアワークス文庫） 2011年7月【ライトノベル・ライト文芸】

「妖怪アパートの幽雅な日常 6」 香月日輪著 講談社（講談社文庫） 2011年7月【ライトノベル・ライト文芸】

「幽霊詐欺師ミチヲ 2（招かざる紳士淑女たち）」 黒史郎著 角川書店（角川ホラー文庫） 2011年9月【ライトノベル・ライト文芸】

「嘘つき天使は死にました! 2」 葉巡明治著 集英社（集英社スーパーダッシュ文庫） 2012年1月【ライトノベル・ライト文芸】

「嫁にしろと迫る幼馴染みのために××（chome chome）してみた 2」 風見周著 アスキー・メディアワークス（電撃文庫） 2012年1月【ライトノベル・ライト文芸】

「デキる神になりますん」 森田季節著 エンターブレイン（ファミ通文庫） 2012年4月【ライトノベル・ライト文芸】

「ヘンたて：幹館大学ヘンな建物研究会」 青柳碧人著 早川書房（ハヤカワ文庫 JA） 2012年6月【ライトノベル・ライト文芸】

「デキる神になりますん 2」 森田季節著 エンターブレイン（ファミ通文庫） 2012年7月【ライトノベル・ライト文芸】

「浜村渚の計算ノート 3と1/2さつめ（ふえるま島の最終定理）」 青柳碧人著 講談社（講談社文庫） 2012年7月【ライトノベル・ライト文芸】

「咲くや、この花：左近の桜」 長野まゆみ著 角川書店（角川文庫） 2013年3月【ライトノベル・ライト文芸】

「鳥葬：まだ人間じゃない」 江波光則著 小学館（ガガガ文庫） 2013年5月【ライトノベル・ライト文芸】

「竜宮ホテル」 村山早紀著 徳間書店（徳間文庫） 2013年5月【ライトノベル・ライト文芸】

「お兄ちゃんだけど愛さえあれば関係ないよねっ 10」 鈴木大輔著 メディアファクトリー（MF文庫J） 2013年9月【ライトノベル・ライト文芸】

「ギャルゲー探偵と事件ちゃん」 とよたかゆき著 講談社（講談社BOX. BOX-AiR） 2013年10月【ライトノベル・ライト文芸】

「魔法の夜：竜宮ホテル」 村山早紀著 徳間書店（徳間文庫） 2013年12月【ライトノベル・ライト文芸】

「臨床犯罪学者・火村英生の推理アリバイの研究」 有栖川有栖著 KADOKAWA（角川ビーンズ文庫） 2014年7月【ライトノベル・ライト文芸】

「給食のおにいさん 卒業」 遠藤彩見著 幻冬舎（幻冬舎文庫） 2014年8月【ライトノベル・ライト文芸】

「聴き屋の芸術学部祭」 市井豊著 東京創元社（創元推理文庫） 2014年12月【ライトノベル・ライト文芸】

「あやかしお宿に嫁入りします。：かくりよの宿飯」 友麻碧著 KADOKAWA（富士見L文庫） 2015年4月【ライトノベル・ライト文芸】

1 旅や外国語・海外にかかわる仕事

「座敷童子の代理人」 仁科裕貴著 KADOKAWA（メディアワークス文庫） 2015年5月【ライトノベル・ライト文芸】

「三毛猫ホームズの仮面劇場」 赤川次郎著 KADOKAWA（角川文庫） 2015年5月【ライトノベル・ライト文芸】

「星空のコンシェルジュ = concierge of the starry sky」 光野鈴著 KADOKAWA（メディアワークス文庫） 2015年7月【ライトノベル・ライト文芸】

「給食のおにいさん 受験」 遠藤彩見著 幻冬舎（幻冬舎文庫） 2015年8月【ライトノベル・ライト文芸】

「スープのささやき―ゲストハウスわすれな荘」 有間カオル著 角川春樹事務所（ハルキ文庫） 2015年9月【ライトノベル・ライト文芸】

「座敷童子の代理人 2」 仁科裕貴著 KADOKAWA（メディアワークス文庫） 2015年10月【ライトノベル・ライト文芸】

「シャーロック・ホームズの不均衡」 似鳥鶏著 講談社（講談社タイガ） 2015年11月【ライトノベル・ライト文芸】

「私にふさわしいホテル」 柚木麻子著 新潮社（新潮文庫） 2015年12月【ライトノベル・ライト文芸】

「トイプー警察犬メグレ」 七尾与史著 講談社（講談社タイガ） 2016年2月【ライトノベル・ライト文芸】

「忘れじの吸血鬼」 赤川次郎著 集英社（集英社文庫） 2016年2月【ライトノベル・ライト文芸】

「花嫁は墓地に住む」 赤川次郎著 実業之日本社（実業之日本社文庫） 2016年6月【ライトノベル・ライト文芸】

「金沢金魚館 [2]」 みゆ著 集英社（集英社オレンジ文庫） 2016年6月【ライトノベル・ライト文芸】

「座敷童子の代理人 3」 仁科裕貴著 KADOKAWA（メディアワークス文庫） 2016年6月【ライトノベル・ライト文芸】

「身の毛もよだつ話を聞いてみないか？：心霊家族の日常的憂鬱」 山本十号著 TOブックス（TO文庫） 2016年8月【ライトノベル・ライト文芸】

「給食のおにいさん 浪人」 遠藤彩見著 幻冬舎（幻冬舎文庫） 2016年10月【ライトノベル・ライト文芸】

「座敷童子の代理人 4」 仁科裕貴著 KADOKAWA（メディアワークス文庫） 2016年11月【ライトノベル・ライト文芸】

「座敷童子の代理人 5」 仁科裕貴著 KADOKAWA（メディアワークス文庫） 2017年6月【ライトノベル・ライト文芸】

「ひとり旅の神様 2」 五十嵐雄策著 KADOKAWA（メディアワークス文庫） 2017年7月【ライトノベル・ライト文芸】

「あんたなんかと付き合えるわけないじゃん!ムリ!ムリ!大好き!」 内堀優一著 ホビージャ

パン（HJ文庫） 2017年9月【ライトノベル・ライト文芸】

「怪奇編集部『トワイライト』2」 瀬川貴次著 集英社（集英社オレンジ文庫） 2017年11月【ライトノベル・ライト文芸】

「サンリオ男子＝SANRIO BOYS：俺たちの冬休み」 サンリオ原作・著作・監修;静月遠火著 KADOKAWA（メディアワークス文庫） 2017年12月【ライトノベル・ライト文芸】

「死なないで 新装版」 赤川次郎著 双葉社（双葉文庫） 2017年12月【ライトノベル・ライト文芸】

「猫だまりの日々：猫小説アンソロジー」 谷瑞恵著;椹野道流著;真堂樹著;梨沙著;一穂ミチ著 集英社（集英社オレンジ文庫） 2017年12月【ライトノベル・ライト文芸】

「格安温泉宿を立て直そうとしたらハーレム状態になったんだけど全員人外なんだ」 うみ著 KADOKAWA（角川スニーカー文庫） 2018年2月【ライトノベル・ライト文芸】

「座敷童子の代理人 6」 仁科裕貴著 KADOKAWA（メディアワークス文庫） 2018年2月【ライトノベル・ライト文芸】

「あやかしお宿が町おこしします。―かくりよの宿飯；8」 友麻碧著 KADOKAWA（富士見L文庫） 2018年4月【ライトノベル・ライト文芸】

「神様たちのお伊勢参り 3」 竹村優希著 双葉社（双葉文庫） 2018年4月【ライトノベル・ライト文芸】

「気まぐれ食堂：神様がくれた休日」 有間カオル著 東京創元社（創元推理文庫） 2018年5月【ライトノベル・ライト文芸】

「妖怪お宿稲荷荘 2」 さとみ桜著 中央公論新社（中公文庫） 2018年6月【ライトノベル・ライト文芸】

「こいつらの正体が女だと俺だけが知っている 2」 猫又ぬこ著 講談社（講談社ラノベ文庫） 2018年8月【ライトノベル・ライト文芸】

「京都伏見・平安旅館神様見習いのまかない飯」 遠藤遼著 スターツ出版（スターツ出版文庫） 2018年8月【ライトノベル・ライト文芸】

「暖簾のむこうは神様のお宿でした：道後温泉湯築屋」 田井ノエル著 双葉社（双葉文庫） 2018年8月【ライトノベル・ライト文芸】

「真実は間取り図の中に：半間建築社の欠陥ファイル」 皆藤黒助著 KADOKAWA（角川文庫） 2018年9月【ライトノベル・ライト文芸】

「天使がくれた時間」 吉月生著 KADOKAWA（メディアワークス文庫） 2018年9月【ライトノベル・ライト文芸】

「終電の神様 [2]」 阿川大樹著 実業之日本社（実業之日本社文庫） 2018年10月【ライトノベル・ライト文芸】

「座敷童子の代理人 7」 仁科裕貴著 KADOKAWA（メディアワークス文庫） 2018年12月【ライトノベル・ライト文芸】

「うつせみ屋奇譚：妖しのお宿と消えた浮世絵」 遠藤由実子著 KADOKAWA（角川文庫） 2019年2月【ライトノベル・ライト文芸】

1 旅や外国語・海外にかかわる仕事

「神様のお宿に恋の風が舞い込みます─道後温泉湯築屋；2」 田井ノエル著　双葉社（双葉文庫）　2019年3月【ライトノベル・ライト文芸】

「あやかし湯屋の誘拐事件─異世界温泉郷」 高山ちあき著　集英社（集英社オレンジ文庫）2019年6月【ライトノベル・ライト文芸】

「まほろば温泉繁盛記」 藍沢羽衣著　一迅社（メゾン文庫）　2019年6月【ライトノベル・ライト文芸】

「地獄くらやみ花もなき 3」 路生よる著　KADOKAWA（角川文庫）　2019年6月【ライトノベル・ライト文芸】

「あやかし旅館の新米仲居はじめました。：星降り温泉郷」 遠藤遼著　スターツ出版（スターツ出版文庫）　2019年7月【ライトノベル・ライト文芸】

「みちのく銀山温泉あやかしお宿の若女将になりました」 沖田弥子著　アルファポリス（アルファポリス文庫）　2019年7月【ライトノベル・ライト文芸】

「今宵、神様のお宿は月が綺麗ですね─道後温泉湯築屋；3」 田井ノエル著　双葉社（双葉文庫）　2019年7月【ライトノベル・ライト文芸】

「かりゆしの島のお迎えごはん：神様のおもてなし、いかがですか？」 早見慎司著　KADOKAWA（メディアワークス文庫）　2019年8月【ライトノベル・ライト文芸】

「宮島あやかしお宿飯：神様のお宿で料理人やってます」 加藤泰幸著　一迅社（メゾン文庫）　2019年9月【ライトノベル・ライト文芸】

「屍人荘の殺人」 今村昌弘著　東京創元社（創元推理文庫）　2019年9月【ライトノベル・ライト文芸】

「百鬼夜行とご縁組 [2]」 マサト真希著　KADOKAWA（メディアワークス文庫）　2019年10月【ライトノベル・ライト文芸】

「ことぶき酒店御用聞き物語 4」 桑島かおり著　光文社（光文社文庫.光文社キャラクター文庫）　2019年11月【ライトノベル・ライト文芸】

「私がモテないのはどう考えてもお前らが悪い！：小説アンソロジー」 谷川ニコ原作・Illustration;谷川ニコ著;辻真先著;青崎有吾著;相沢沙呼著;円居挽著;スクウェア・エニックス監修　星海社（星海社FICTIONS）　2019年11月【ライトノベル・ライト文芸】

「あやかし宿の幸せご飯：もふもふの旦那さまに嫁入りします」 朝比奈希夜著　スターツ出版（スターツ出版文庫）　2019年12月【ライトノベル・ライト文芸】

「金沢加賀百万石モノノケ温泉郷：オキツネの宿を立て直します！」 編乃肌著　新紀元社（ポルタ文庫）　2019年12月【ライトノベル・ライト文芸】

「神楽坂愛里の実験ノート 3」 絵空ハル著　光文社（光文社文庫.光文社キャラクター文庫）2019年12月【ライトノベル・ライト文芸】

「神様のお宿はお祭り騒ぎです─道後温泉湯築屋；4」 田井ノエル著　双葉社（双葉文庫）2019年12月【ライトノベル・ライト文芸】

「〈銀の錬亭〉の御挨拶 = GREETING IN GIN NO NISHINTEI」 小路幸也著　光文社　2020年2月【ライトノベル・ライト文芸】

「ちょっぴり年上でも彼女にしてくれますか? 5」 望公太著 SBクリエイティブ（GA文庫）
2020年2月【ライトノベル・ライト文芸】

「みちのく銀山温泉あやかしお宿の夏夜の思い出」 沖田弥子著 アルファポリス（アルファ
ポリス文庫） 2020年3月【ライトノベル・ライト文芸】

「心霊探偵八雲：ANOTHER FILES沈黙の予言」 神永学著 KADOKAWA（角川文庫）
2020年3月【ライトノベル・ライト文芸】

「龍神様のお嫁さん…のはずですが!?：あやかし温泉郷」 佐々木禎子著 ポプラ社（ポプラ
文庫ピュアフル） 2020年3月【ライトノベル・ライト文芸】

「出張料亭おりおり堂 [6]」 安田依央著 中央公論新社（中公文庫） 2020年4月【ライトノ
ベル・ライト文芸】

「神様のお宿は旅立ちの季節です―道後温泉湯築屋；5」 田井ノエル著 双葉社（双葉文庫）
2020年5月【ライトノベル・ライト文芸】

「東京プレデターズ：チャンネル登録お願いします!」 七尾与史著 角川春樹事務所（ハル
キ文庫） 2020年5月【ライトノベル・ライト文芸】

「湯けむり食事処ヒソップ亭」 秋川滝美著 講談社 2020年5月【ライトノベル・ライト文
芸】

「百鬼夜行とご縁組 [3]」 マサト真希著 KADOKAWA（メディアワークス文庫） 2020年
7月【ライトノベル・ライト文芸】

「ウソつき夫婦のあやかし婚姻事情 [2]」 編乃肌著 スターツ出版（スターツ出版文庫）
2020年9月【ライトノベル・ライト文芸】

「お伊勢水神様のお宿に嫁入りいたします」 和泉あや著 スターツ出版（スターツ出版文
庫） 2020年9月【ライトノベル・ライト文芸】

「キャプテンサンダーボルト 新装版」 阿部和重著;伊坂幸太郎著 新潮社（新潮文庫. nex）
2020年10月【ライトノベル・ライト文芸】

「椅子職人ヴィクトール&杏の怪奇録 3」 糸森環著 新書館（新書館ウィングス文庫 .
WINGS NOVEL） 2020年10月【ライトノベル・ライト文芸】

「ことぶき酒店御用聞き物語 5」 桑島かおり著 光文社（光文社文庫. 光文社キャラクター
文庫） 2020年11月【ライトノベル・ライト文芸】

「君を忘れる朝がくる。：五人の宿泊客と無愛想な支配人」 山口幸三郎著 集英社（集英社
オレンジ文庫） 2020年11月【ライトノベル・ライト文芸】

「出雲のあやかしホテルに就職します 9」 硝子町玻璃著 双葉社（双葉文庫） 2020年12月
【ライトノベル・ライト文芸】

「裏世界ピクニック 5」 宮澤伊織著 早川書房（ハヤカワ文庫 JA） 2020年12月【ライトノ
ベル・ライト文芸】

「さくら、うるわし―左近の桜」 長野まゆみ [著] KADOKAWA（角川文庫） 2021年1月
【ライトノベル・ライト文芸】

「神様のお膳：毎日食べたい江戸ごはん」 タカナシ著 マイクロマガジン社（ことのは文庫）

1 旅や外国語・海外にかかわる仕事

2021年1月【ライトノベル・ライト文芸】

「毒をもって毒を制す：薬剤師・毒島花織の名推理―このミス大賞」 塔山郁 著 宝島社（宝島社文庫） 2021年1月【ライトノベル・ライト文芸】

「六畳間の侵略者!? 37」 健速著 ホビージャパン（HJ文庫） 2021年3月【ライトノベル・ライト文芸】

「豆腐料理のおいしい、豆だぬきのお宿」 江本マシメサ著 マイナビ出版（ファン文庫） 2021年4月【ライトノベル・ライト文芸】

「明日の私の見つけ方」 長月天音 著 角川春樹事務所（ハルキ文庫） 2021年4月【ライトノベル・ライト文芸】

「准教授・高槻彰良の推察 6」 澤村御影 [著] KADOKAWA（角川文庫） 2021年5月【ライトノベル・ライト文芸】

「神様のお宿で、ふたりだけのお月見です―道後温泉湯築屋；7」 田井ノエル 著 双葉社（双葉文庫） 2021年5月【ライトノベル・ライト文芸】

「百鬼夜行とご縁組 [4]」 マサト真希著 KADOKAWA（メディアワークス文庫） 2021年5月【ライトノベル・ライト文芸】

「お伊勢水神様のお宿で永遠の愛を誓います」 和泉あや著 スターツ出版（スターツ出版文庫） 2021年6月【ライトノベル・ライト文芸】

「浅草ばけもの甘味祓い [5]」 江本マシメサ著 小学館（小学館文庫. キャラブン!） 2021年8月【ライトノベル・ライト文芸】

「りゅうおうのおしごと! 15 小冊子付き特装版」 白鳥士郎著;西遊棋監修 SBクリエイティブ（GA文庫） 2021年9月【ライトノベル・ライト文芸】

「出張料亭おりおり堂 [7]」 安田依央著 中央公論新社（中公文庫） 2021年9月【ライトノベル・ライト文芸】

「神様たちのお伊勢参り 10」 竹村優希著 双葉社（双葉文庫） 2021年9月【ライトノベル・ライト文芸】

「おばさん探偵ミス・メープル [3]」 柊坂明日子著 小学館（小学館文庫. キャラブン!） 2021年11月【ライトノベル・ライト文芸】

「座敷童子の代理人 9」 仁科裕貴著 KADOKAWA（メディアワークス文庫） 2021年11月【ライトノベル・ライト文芸】

「神奈川県警「ヲタク」担当細川春菜 2」 鳴神響一著 幻冬舎（幻冬舎文庫） 2021年12月【ライトノベル・ライト文芸】

観光業

旅行をする人たちに楽しい体験を提供する仕事です。たとえば、ホテルやレストランでのおもてなし、観光地のガイド、ツアーの企画や移動手段の手配などがあります。地域の魅力を知ってもらうため、イベントを開催したり、新しい観光プランを作ることもあります。この仕事では、人と接するのが好きで、地域の文化や歴史を誇りに思う気持ちが大切です。観光業は旅行者だけでなく、地域の経済を元気にする役割も果たしています。

> ▶お仕事について詳しく知るには

「料理旅行スポーツのしごと：人気の職業早わかり!」 PHP研究所編　PHP研究所　2010年10月【学習支援本】

「「おもてなし」の大研究：世界を感動させる日本の真心―楽しい調べ学習シリーズ」 柴崎直人監修　PHP研究所　2014年3月【学習支援本】

「職場体験完全ガイド 38」 志村江　ポプラ社　2014年4月【学習支援本】

「観光を考える 1」 小林寛則著;岩田隆一監修　ミネルヴァ書房　2020年2月【学習支援本】

「情報を活かして発展する産業：社会を変えるプログラミング [2]」 澤井陽介監修　汐文社　2020年2月【学習支援本】

「観光を考える 2」 小林寛則著;岩田隆一監修　ミネルヴァ書房　2020年3月【学習支援本】

「観光を考える 3」 小林寛則著;岩田隆一監修　ミネルヴァ書房　2020年4月【学習支援本】

「くらしをべんりにする新・情報化社会の大研究 3」 藤川大祐監修　岩崎書店　2021年3月【学習支援本】

「未来をつくる!日本の産業 7」 堀田和彦監修;産業学会監修　ポプラ社　2021年4月【学習支援本】

1 旅や外国語・海外にかかわる仕事

外交官

日本と外国の橋渡しをする仕事です。たとえば、外国の人たちと話し合いをして、日本とその国が仲良く協力できるようにしたり、海外で困っている日本人を助けたり、他の国とのルールを決めたりします。さらに、戦争やトラブルが起きないように相談することも大切な役目です。外交官は、日本の文化や考え方を外国に伝える一方で、外国の文化や意見を日本に紹介する役割もあります。外国語や国際的な知識が必要で、日本と世界をつなぐ大切な仕事です。

▶お仕事について詳しく知るには

「職場体験完全ガイド 11」 ポプラ社 2010年3月【学習支援本】

「杉原千畝と命のビザ：自由への道」 ケン・モチヅキ作;ドム・リー絵;中家多惠子訳 汐文社 2015年7月【学習支援本】

▶お仕事の様子をお話で読むには

「お父さんの手紙」 イレーネ・ディーシェ著;赤坂桃子訳 新教出版社（つのぶえ文庫） 2014年2月【児童文学】

「香港シェヘラザード 下」 三角くるみ著 KADOKAWA（富士見L文庫） 2020年2月【ライトノベル・ライト文芸】

「香港シェヘラザード 上」 三角くるみ著 KADOKAWA（富士見L文庫） 2020年2月【ライトノベル・ライト文芸】

大使館職員

日本と外国の関係を支える重要な仕事をしています。海外にある日本の大使館では、日本人や日本企業をサポートし、パスポートの発行やビザの手続きを行ったり、現地で困っている日本人の相談に乗ったりします。また、外交官とともに現地の政府や企業と連携し、情報交換や交渉を行うこともあります。一方、日本にある外国の大使館では、その国から来た人たちが安心して暮らせるよう支援したり、自国の文化を紹介したりします。どちらも、国と国をつなぐ懸け橋として活躍し、冷静に対応する力やコミュニケーション能力が求められます。

▶ お仕事について詳しく知るには

「治安・法律・経済のしごと：人気の職業早わかり！」 PHP研究所 編　PHP研究所　2011年9月【学習支援本】

外資系企業勤務

外資系企業とは、外国の会社が日本で運営している企業です。たとえば、外資系のIT会社や自動車メーカーで働くと、英語や外国語を使う機会が多く、海外の文化にも触れることができます。グローバルな視点で働くため、柔軟な考え方や語学力が求められます。新しい技術やトレンドを学ぶチャンスが多く、国際的なキャリアを築きたい人に向いています。日本と世界をつなぐ役割を担うやりがいのある仕事です。

1 旅や外国語・海外にかかわる仕事

国連職員

国際連合という組織で、世界の平和や環境保護、貧困の問題に取り組む仕事をしています。たとえば、難民の支援プロジェクトを運営したり、気候変動についての会議を企画したりします。この仕事では、国際社会の課題を解決するために、さまざまな国の人たちと協力します。専門知識や語学力が必要で、責任感を持って行動することが求められます。地球規模での問題解決に関わりたい人にとって、やりがいのある職業です。

▶ お仕事について詳しく知るには

「治安・法律・経済のしごと：人気の職業早わかり！」 田沼茂紀 監修　PHP研究所　2011年9月【学習支援本】

「日本の国際協力がわかる事典：どんな活動をしているの？：災害救助から環境保護まで」 PHP研究所 編　PHP研究所　2012年2月【学習支援本】

「仕事を選ぶ：先輩が語る働く現場64―朝日中学生ウイークリーの本」 朝日中高生新聞編集部 [編著]　朝日学生新聞社　2014年3月【学習支援本】

「未来のお仕事入門 = MANGA FUTURE CAREER PRIMER―学研まんが入門シリーズ」 学研教育出版　学研マーケティング（発売）　2015年8月【学習支援本】

「夢をかなえる職業ガイド：あこがれの仕事を調べよう！―楽しい調べ学習シリーズ」 東園子 まんが　PHP研究所　2015年8月【学習支援本】

「大人になったらしたい仕事：「好き」を仕事にした35人の先輩たち」 造事務所 編集・構成；牧田東一 監修　朝日学生新聞社　2017年9月【学習支援本】

「ポプラディアプラス仕事・職業 = POPLAR ENCYCLOPEDIA PLUS Career Guide. 2　ポプラ社　2018年4月【学習支援本】

「個性ハッケン！：50人が語る長所・短所. 5」 ポプラ社　2018年9月【学習支援本】

「夢をそだてるみんなの仕事300：野球選手/花屋 サッカー選手 医師/警察官 研究者/消防士 パティシエ 新幹線運転士 パイロット 美容師/モデル ユーチューバー アニメ監督 宇宙飛行士ほか」 講談社　2018年11月【学習支援本】

「国際協力キャリアガイド = International Cooperation Career Guidebook. 2020-21」 国際開発ジャーナル社 丸善出版（発売） 2020年11月【学習支援本】

「国際協力キャリアガイド = : International Cooperation Career Guidebook. 2021-22」朝日中学生ウイークリー編集部 編著 国際開発ジャーナル社 丸善出版 2021年11月【学習支援本】

国際公務員

国連や国際機関で働き、国を超えた問題に取り組む仕事です。たとえば、環境問題の解決や教育支援、国際経済の調整を行います。世界中の国と連携しながらプロジェクトを進めるため、専門的な知識と異文化への理解が必要です。また、語学力やチームで働く能力も求められます。世界中の人々がより良い生活を送れるよう支援することがこの仕事の目標で、社会貢献に関われます。

▶お仕事について詳しく知るには

「治安・法律・経済のしごと：人気の職業早わかり!」 PHP研究所 編 PHP研究所 2011年9月【学習支援本】

「国際公務員になるには−なるにはBOOKS ; 83」 横山和子 著 ぺりかん社 2020年11月【学習支援本】

1 旅や外国語・海外にかかわる仕事

青年海外協力隊

日本政府が支援するボランティアとして、発展途上国に派遣される仕事です。たとえば、学校で授業をしたり、農業技術を教えたり、医療のサポートを行います。現地の人々と一緒に地域を良くしていくため、異文化への適応力や積極性が求められます。自分のスキルを生かしながら、現地の生活に溶け込む努力が必要です。世界中で多くの人の役に立てるやりがいのある仕事です。

▶お仕事について詳しく知るには

「世界で活躍する日本人：国際協力のお仕事.2」 大橋正明 監修　学研教育出版 学研マーケティング (発売)　2012年2月【学習支援本】

「青年海外協力隊員になるには―なるにはBOOKS；51」 横山和子 著　ぺりかん社　2013年4月【学習支援本】

「国際協力キャリアガイド = International Cooperation Career Guidebook. 2020-21」 国際開発ジャーナル社 丸善出版 (発売)　2020年11月【学習支援本】

「国際協力キャリアガイド = : International Cooperation Career Guidebook. 2021-22」 国際開発ジャーナル社 丸善出版　2021年11月【学習支援本】

商社勤務

国内外の商品やサービスを取引する会社で働く仕事です。たとえば、海外から食品や服を輸入したり、日本の製品を海外に輸出したりします。世界中の企業と取引を行うため、

語学力やビジネススキルが必要です。新しい市場を開拓したり、お客さまのニーズに合った商品を提案したりするため、常に新しい情報を学び続ける姿勢が求められます。国際的なビジネスに興味がある人にはやりがいのある仕事です。

▶ お仕事について詳しく知るには

「商社のお仕事：おしごと年鑑：未来をカタチに豊かな世界へ」 おしごとはくぶつかん編集部 制作・監修　日本貿易会　2019年【学習支援本】

「商社のお仕事：おしごと年鑑：未知の時代を切り拓く」 おしごとはくぶつかん編集部 制作・監修　日本貿易会　2020年【学習支援本】

「会社のしごと：会社の中にはどんな職種があるのかな？5」 松井大助 著　ぺりかん社　2013年12月【学習支援本】

「キャリア教育に活きる!仕事ファイル：センパイに聞く 6」 小峰書店編集部 編著　小峰書店　2017年4月【学習支援本】

「大人になったらしたい仕事：「好き」を仕事にした35人の先輩たち」 朝日中高生新聞編集部［編著］　朝日学生新聞社　2017年9月【学習支援本】

「キャリア教育に活きる!仕事ファイル：センパイに聞く 16」 小峰書店編集部 編著　小峰書店　2019年4月【学習支援本】

1 旅や外国語・海外にかかわる仕事

海外営業

海外のお客さまに向けて自社の商品やサービスを販売する仕事です。たとえば、現地企業と契約を交渉したり、自社の商品をプレゼンしたりします。その国の文化や市場を理解しながら、良い関係を築くことが重要です。頻繁に海外出張をすることもあるため、語学力や適応力、交渉力が求められます。世界中を舞台にして活躍できるやりがいのある仕事です。

> ▶お仕事について詳しく知るには
>
> 「なりたい自分を見つける!仕事の図鑑.14 (安心なくらしを形にする仕事)」〈仕事の図鑑〉編集委員会 編　あかね書房　2014年3月【学習支援本】
>
> 「なりたい自分を見つける!仕事の図鑑.15 (オンリーワンの技術でかがやく仕事)」〈仕事の図鑑〉編集委員会 編　あかね書房　2014年3月【学習支援本】

海外駐在員

自分が働いている会社の指示で海外の支店や現地法人に駐在して働く人です。たとえば、現地スタッフと連携して事業を運営したり、取引先との関係を築いたりします。その国の文化やビジネス習慣を深く理解し、会社の目標を達成するために働きます。長期間海外  で生活するため、適応力や柔軟性が求められます。海外での経験を生かしながら、グローバルに活躍できるやりがいのある仕事です。

国際会計士

国際的なルールに基づいて企業のお金の流れを管理し、経営をサポートする専門家です。たとえば、海外の会社と取引をしたときの決算をまとめたり、税金の手続きについてアドバイスをしたりします。また、国ごとに違う法律や規則を理解し、企業が正しく運営で  きるように助ける役割もあります。この仕事では、数字を正確に扱う力や分析力が必要です。さらに、外国語でのコミュニケーション能力や専門的な知識を身につけることで、世界中で活躍するチャンスがあります。

1 旅や外国語・海外にかかわる仕事

国際弁護士

国をまたぐ取引や法律の問題を解決する専門家です。たとえば、外国企業と契約を結ぶときに必要な書類を作成したり、国際的な裁判で依頼人を弁護したりします。また、文化や商品を売買するときのルールなどの違いを理解しながら、双方が納得できるように交渉を進めることも大切な役割です。この仕事では、法律の知識に加えて、高い語学力や交渉力、問題を解決する力や、国際的な視野を持ち、さまざまな文化に対応できる柔軟さも必要です。企業や個人をサポートし、安心して取引や活動ができるようにするやりがいのある仕事です。

留学カウンセラー、留学エージェント

留学を希望する人が安心して海外で学べるようにサポートする仕事です。たとえば、行きたい国や学校を選ぶお手伝いや、ビザの申請手続き、現地での生活準備などをサポートします。留学する前に不安なことがある場合、親身になって相談に乗り、スムーズに新しい環境になじむためのアドバイスをします。留学先での生活に関する知識や、外国の文化についても理解していることが大切です。学生が夢をかなえるために力を尽くす、とてもやりがいのある仕事です。

▶ **お仕事について詳しく知るには**

「キャリア教育に活きる!仕事ファイル:センパイに聞く 6」 小峰書店編集部 編著　小峰書店　2017年4月【学習支援本】

「ポプラディアプラス仕事・職業 = POPLAR ENCYCLOPEDIA PLUS Career Guide. 2　ポプラ社　2018年4月【学習支援本】

語学学校教師

生徒に外国語を教える仕事で、英語やフランス語、中国語など、生徒が新しい言語を楽しく学び、使えるようになるための授業を行います。授業では、単語や文法を教えたり、会話の練習をしたりするほか、発音やリスニングのトレーニングも行います。

生徒がわかりやすいように、絵やゲームを使ったり、実際に会話をして練習したりすることもあります。基本的には生徒一人ひとりのレベルに合わせて指導を行い、授業以外でも、生徒が質問しやすい環境を作って学びをサポートします。また、試験の準備や勉強方法のアドバイスも行います。

通関士

海外から輸入される商品や海外へ輸出される商品が、法律に従って正しく手続きされるように確認する仕事です。たとえば、輸入品の税金を計算したり、必要な書類を細かくチェックしたりして、商品がスムーズに通関できるようにします。また、輸入される商品が安全かどうかを調べることも大切な役割です。通関士は、国際貿易を円滑に進めるために、貿易や法律に関する深い知識を持ち、正確に仕事をこなす必要があります。グローバルな物流を支える重要な仕事です。

▶お仕事について詳しく知るには

「治安・法律・経済のしごと：人気の職業早わかり！」PHP研究所 編　PHP研究所　2011年9月【学習支援本】

1 旅や外国語・海外にかかわる仕事

日本語教師

外国の人に日本語を教える仕事です。学校や語学スクールなどで働き、言葉だけでなく、日本の文化や習慣についても教えることがあります。たとえば、日常会話からビジネスで使う日本語まで、学ぶ人の目標に合わせた授業を行います。また、日本語を話す環境が少ない外国で働く場合には、相手国の言語や文化を理解することも必要です。学生が楽しく学べるよう工夫する力や、わかりやすく教える説明力が求められます。日本語を学びたい人の夢を応援できる、やりがいのある職業です。

▶お仕事について詳しく知るには

「医療・福祉・教育のしごと：人気の職業早わかり!」　PHP研究所 編　PHP研究所　2011年5月【学習支援本】

「すべてバッチリ!!ワクワクお仕事ナビ」　ピチレモンブックス編集部 編　学研教育出版 学研マーケティング（発売）（ピチ・レモンブックス）　2012年12月【学習支援本】

「未来のお仕事入門 = MANGA FUTURE CAREER PRIMER―学研まんが入門シリーズ」　東園子 まんが　学研教育出版 学研マーケティング（発売）　2015年8月【学習支援本】

「夢をかなえる職業ガイド：あこがれの仕事を調べよう!―楽しい調べ学習シリーズ」　PHP研究所 編　PHP研究所　2015年8月【学習支援本】

「職場体験学習に行ってきました。：中学生が本物の「仕事」をやってみた! 15」　全国中学校進路指導・キャリア教育連絡協議会 監修　学研プラス　2016年2月【学習支援本】

「夢をそだてるみんなの仕事300：野球選手/花屋 サッカー選手 医師/警察官 研究者/消防士 パティシエ 新幹線運転士 パイロット 美容師/モデル ユーチューバー アニメ監督 宇宙飛行士ほか」　講談社　2018年11月【学習支援本】

「大人になったらしたい仕事：「好き」を仕事にした35人の先輩たち 3」　朝日中高生新聞編集部 [編著]　朝日学生新聞社　2019年8月【学習支援本】

「日本語教師になるには―なるにはBOOKS；84」　益田美樹 著　ぺりかん社　2021年12月【学習支援本】

海運業

船を使って世界中に荷物を運ぶ仕事です。たとえば、大型のコンテナ船を使って自動車や食品を輸送することが主な役割で、効率的に物を運ぶための計画を立てたり、港で荷物を積んだり下ろしたりする作業を管理したりします。運ぶ物が多くの人々の生活に必要な物資であるため、輸送の安全性や効率性を考えることがとても大切です。海運業は、国際貿易を支える重要な役割を担っているため、船や港に関する専門的な知識が求められます。

▶ お仕事について詳しく知るには

「進化する船のしくみ:鉄の船はなぜ浮くの?スピード化、省エネの最新技術を大公開!」 鈴木和夫 著　誠文堂新光社(子供の科学★サイエンスブックス)　2014年12月【学習支援本】

「ポプラディアプラス世界の国々 = POPLAR ENCYCLOPEDIA PLUS Countries of the World. 5」 ポプラ社　2019年4月【学習支援本】

「まんが世界と日本の人物伝100. 5」 富士山みえる 作　偕成社　2020年3月【学習支援本】

「日本あっちこっち:「データ+地図」で読み解く地域のすがた」 加藤一誠;河原典史 監修・執筆;飯塚公藤;河原和之 執筆・編集　清水書院　2021年8月【学習支援本】

1 旅や外国語・海外にかかわる仕事

貿易商

海外と日本の間で商品を売買する仕事です。たとえば、日本で人気の食品や雑貨を海外から輸入して販売する、逆に日本製品を海外に紹介して売るといったことが仕事の一部です。貿易商は、商品を仕入れるため
に新しい仕入れ先を見つけたり、海外の取引先と交渉したりします。このため、語学力や異文化を理解する力が必要です。また、貿易商は新しい市場を開拓し、商品の流通を助けることで、国際的なつながりを築く大切な役割を担っています。世界中で活躍し、グローバルな視点で働きたい人にとって魅力的な職業です。

2

イベント、レジャーにかかわる仕事

2 イベント、レジャーにかかわる仕事

イベントプランナー

結婚式やコンサート、展示会などのさまざまなイベントを企画して実行する仕事です。たとえば、企業の新商品発表会を成功させるために、会場の手配をしたり、プログラムを作成したり、予算を管理したりします。お客さまが希望する内容をしっかりと聞き取り、それに合ったプランを提案して実現することが大切です。準備が細かいことも多いため、計画的に進めることが必要です。また、イベント当日にはその場での対応も求められます。イベントの成功を見届けることができる、やりがいのある仕事です。

▶ お仕事について詳しく知るには

「料理旅行スポーツのしごと：人気の職業早わかり！」 PHP研究所 編　PHP研究所　2010年10月【学習支援本】

「感動する仕事！泣ける仕事！：お仕事熱血ストーリー 第2期 1 (行動でメッセージを伝えたい) 学研教育出版 学研マーケティング (発売)　2012年2月【学習支援本】

「ポプラディアプラス仕事・職業 = POPLAR ENCYCLOPEDIA PLUS Career Guide. 2」 ポプラ社　2018年4月【学習支援本】

「こども手に職図鑑：AIに取って代わられない仕事100：一生モノの職業が一目でわかるマップ付」 子供の科学と手に職図鑑編集委員会 編　誠文堂新光社　2020年11月【学習支援本】

イベントプロデューサー

イベント全体を計画し、成功させるための責任者です。たとえば、音楽フェスティバルを開催する場合、出演するアーティストの手配や会場の設営、スポンサーを見つけることが仕事です。また、イベントがスムーズに進むように、スタッフをまとめて指示を出し、問題が起きた場合にはすぐに対応しなければなりません。この仕事では、リーダーシップや幅広い知識、柔軟に対応できる力が求められます。多くの人に感動を与え、思い出に残るイベントを作り上げることができる、非常に魅力的な職業です。

▶ お仕事について詳しく知るには

「料理旅行スポーツのしごと：人気の職業早わかり!」 PHP研究所 編 PHP研究所 2010年10月【学習支援本】

「感動する仕事!泣ける仕事!：お仕事熱血ストーリー 第2期 1 (行動でメッセージを伝えたい)」 学研教育出版 学研マーケティング (発売) 2012年2月【学習支援本】

「キャリア教育に活きる!仕事ファイル：センパイに聞く 3」 小峰書店編集部 編著 小峰書店 2017年4月【学習支援本】

「ゲームと生きる!：楽しいが力になる. 1」 高橋浩徳 監修 フレーベル館 2021年11月【学習支援本】

2 イベント、レジャーにかかわる仕事

ウェディングプランナー、ウェディングコーディネーター

お客さまが理想とする結婚式を計画し、実現するお手伝いをする仕事です。たとえば、結婚式を行う場所を決めたり、装飾や料理を選んだり、式の進行スケジュールを立てて調整したりします。また、当日には何か問題があったときにすぐに対応し、式がスムーズに進むようサポートします。テーマに合ったデザインやアイデアを提案して、特別な日をより素敵に演出します。この仕事は、お客さまの大切な瞬間を形にするため、細やかな気配りや創造力、提案力が必要です。一生に一度の幸せな日を作り上げる、やりがいのある職業です。

▶お仕事について詳しく知るには

「料理旅行スポーツのしごと：人気の職業早わかり！」 PHP研究所 編 PHP研究所 2010年10月【学習支援本】

「ホテルで働く人たち：しごとの現場としくみがわかる！―しごと場見学！」 中村正人 著 ぺりかん社 2011年4月【学習支援本】

「売るしごと：営業・販売・接客：会社の中にはどんな職種があるのかな？―会社のしごと；1」 松井大助 著 ぺりかん社 2011年11月【学習支援本】

「すべてバッチリ!!ワクワクお仕事ナビ」 ピチレモンブックス編集部 編 学研教育出版 学研マーケティング (発売)（ピチ・レモンブックス） 2012年12月【学習支援本】

「夢のお仕事さがし大図鑑：名作マンガで「すき！」を見つける．1」 夢のお仕事さがし大図鑑編集委員会 編 日本図書センター 2016年9月【学習支援本】

「10代のための仕事図鑑 = The career guide for teenagers：未来の入り口に立つ君へ」 大泉書店編集部 編 大泉書店 2017年4月【学習支援本】

「ときめきハッピーおしごと事典スペシャル―キラかわ★ガール」 おしごとガール研究会 著 ナツメ社 2017年12月【学習支援本】

▶ お仕事の様子をお話で読むには

「サムシング・フォー：4人の花嫁、4つの謎」 有間カオル著　アスキー・メディアワークス（メディアワークス文庫）　2011年6月【ライトノベル・ライト文芸】

「アニバーサリー：しあわせの降る場所」 飯田雪子著　角川春樹事務所（ハルキ文庫）2012年2月【ライトノベル・ライト文芸】

「本日は大安なり」 辻村深月著　KADOKAWA（角川文庫）　2014年1月【ライトノベル・ライト文芸】

「アンハッピー・ウエディング：結婚の神様」 櫛木理宇著　PHP研究所（PHP文芸文庫）2018年1月【ライトノベル・ライト文芸】

「理想の結婚式は甘くない = THE HAPPY WEDDING CEREMONY IS NOT EASY」 美月りん著　KADOKAWA（メディアワークス文庫）　2018年2月【ライトノベル・ライト文芸】

「Bの戦場 5」 ゆきた志旗著　集英社（集英社オレンジ文庫）　2018年9月【ライトノベル・ライト文芸】

「Bの戦場 6」 ゆきた志旗著　集英社（集英社オレンジ文庫）　2019年1月【ライトノベル・ライト文芸】

「翼を持った彼と人生リセット婚」 綾藤安樹著　KADOKAWA（メディアワークス文庫）2020年2月【ライトノベル・ライト文芸】

「ウェディングプランナー」 五十嵐貴久 著　祥伝社（祥伝社文庫）　2021年6月【ライトノベル・ライト文芸】

司会者

結婚式や企業のイベント、コンサートなどで、イベントの進行を担当する仕事です。会場の雰囲気を明るく盛り上げながら、プログラムを時間通りに進めることが求められます。たとえば、スピーチの紹介やインタビューの進行を行ったり、予定外のトラブルが起きたときにうまく対応したりします。聞き取りやすい話し方やユーモアを使い、場の空気を読む力も大切です。観客や出演者が楽しめるように導くことが重要で、笑顔を作ることができる、やりがいのある職業です。

2 イベント、レジャーにかかわる仕事

ショーダンサー

ステージでダンスを踊って、観客を楽しませる仕事です。たとえば、テーマパークや劇場、イベント会場などで、ダンスを通して感動や喜びを届けます。ダンスの技術だけでなく、観客を引きつける表現力や、他のダンサーとのチームワークも大切です。振り付けを覚えたり、新しいダンススタイルを練習したりするためには、たくさんの努力が必要です。また、体力を使う仕事なので、体を鍛えることも重要です。人々に笑顔や感動を与えることができる、とても魅力的な職業です。

▶ お仕事の様子をお話で読むには

「スポーツなんでも事典ダンス」　こどもくらぶ編　ほるぷ出版　2010年3月【学習支援本】

「時代を切り開いた世界の10人：レジェンドストーリー 8」　髙木まさき監修　学研教育出版　2014年2月【学習支援本】

「未来をきりひらく!夢への挑戦者たち 2 (文化・芸術編)　教育画劇　2014年4月【学習支援本】

「職場体験完全ガイド 47」　ポプラ社編集　ポプラ社　2016年4月【学習支援本】

ヘアメイク

結婚式やイベントで、お客さまの髪型やメイクを整える仕事です。たとえば、結婚式では新婦の髪を華やかにセットし、メイクで美しく演出します。イベントでは、出演者や参加者の外見を整えて、場にふさわしい印象を作り上げます。相手の魅力を引き出すためには、細かい技術やセンスが必要です。また、最新のトレンドや流行を知っていることも大切です。ヘアメイクは、見た目を変えることで人々に自信を与え、特別な瞬間をより素敵に演出する魅力的な仕事です。

▶お仕事について詳しく知るには

「お化粧のひみつ―学研まんがでよくわかるシリーズ；105」 宮原美香漫画;清水めぐみシナリオ　学研パブリッシンググローバルCB事業室　2015年9月【学習支援本】

▶お仕事の様子をお話で読むには

「イライジャの天使：ハヌカとクリスマスの物語―〈いのちのバトン〉シリーズ」 マイケル・J・ローゼン文;アミナー・ブレンダ・リン・ロビンソン絵;さくまゆみこ訳　晶文社　2012年12月【児童文学】

「おばけのコッチわくわくとこやさん―ポプラ社の新・小さな童話；303．小さなおばけ」角野栄子さく;佐々木洋子え　ポプラ社　2016年8月【児童文学】

「かのこと小鳥の美容院：おしごとのおはなし美容師―シリーズおしごとのおはなし」 市川朔久子作;種村有希子絵　講談社　2018年1月【児童文学】

「ヨコハマB-side」 加藤実秋著　光文社（光文社文庫）　2011年9月【ライトノベル・ライト文芸】

「思い出のとき修理します」 谷瑞恵著　集英社（集英社文庫）　2012年9月【ライトノベル・ライト文芸】

「ビター・スウィート・ビター」 沢木まひろ著　宝島社（宝島社文庫）　2013年3月【ライトノベル・ライト文芸】

「君にすべてを捧げよう」 苑水真茅著　スターツ出版（ベリーズ文庫）　2014年3月【ライトノベル・ライト文芸】

2 イベント、レジャーにかかわる仕事

「思い出のとき修理します4」 谷瑞恵著 集英社(集英社文庫) 2016年5月【ライトノベル・ライト文芸】

「皇太后のお化粧係」 柏てん著 KADOKAWA(角川ビーンズ文庫) 2016年6月【ライトノベル・ライト文芸】

「ゆめ結び:むすめ髪結い夢暦」 倉本由布著 集英社(集英社文庫) 2016年7月【ライトノベル・ライト文芸】

「皇太后のお化粧係 [2]」 柏てん著 KADOKAWA(角川ビーンズ文庫) 2016年12月【ライトノベル・ライト文芸】

「皇太后のお化粧係 [3]」 柏てん著 KADOKAWA(角川ビーンズ文庫) 2017年4月【ライトノベル・ライト文芸】

「サヨナラ坂の美容院」 石田空著 マイナビ出版(ファン文庫) 2017年5月【ライトノベル・ライト文芸】

「シャンプーと視線の先で:夢解き美容師、葉所日陰」 枕木みる太著 KADOKAWA(メディアワークス文庫) 2017年6月【ライトノベル・ライト文芸】

「花木荘のひとびと」 髙森美由紀著 集英社(集英社オレンジ文庫) 2017年12月【ライトノベル・ライト文芸】

イベント施工スタッフ

イベントが行われる会場の準備や片付けを担当する仕事です。たとえば、コンサートや展示会のために、ステージや照明、音響機器を運び、設置を行います。イベントが終了した後は、機材を素早く撤去して会場を元の状態に戻します。力仕事が多く、ときには重い機材を運ぶこともありますが、チームで協力し合い、スムーズにイベントを支える重要な役割を担っています。お客さまや出演者が楽しめる環境を作り、イベントの成功を支える、縁の下の力持ちのような職業です。

照明スタッフ

舞台やイベントで照明を操作し、演出を作り出す大切な役割を持つ仕事です。たとえば、コンサートでは曲の雰囲気に合わせて光の色や動きを調整し、観客に感動を与えます。照明は、舞台をより美しく、ドラマチックに見せるための重要な要素です。また、演出家や音響スタッフと協力して、イベント全体の計画を進めるため、チームワークが大切です。照明スタッフは、光の効果で場面を引き立て、イベントや舞台を盛り上げるクリエイティブな仕事です。

> ▶ お仕事について詳しく知るには
>
> 「仕事の図鑑：なりたい自分を見つける!. 13 (人の心を動かす芸術文化の仕事)」「仕事の図鑑」編集委員会 編　あかね書房　2010年3月【学習支援本】

イベント運営会社

コンサートや展示会、スポーツ大会など、さまざまなイベントを企画し運営する会社です。スケジュールの管理や会場設営、出演者の手配など、準備から当日の進行まで多くの業務を担当します。たとえば、企業の新製品発表会では、会場の飾りつけやタイムスケジュールを計画し、お金などを

支援してくれるスポンサーとの交渉も行います。イベントを成功させるためには、アイデアを形にする企画力や、チームで協力する力が求められます。多くの人に感動や楽しさを届ける仕事です。

2 イベント、レジャーにかかわる仕事

音声・音響スタッフ

イベントやコンサートなどで音を調整し、音響を管理する仕事です。たとえば、マイクやスピーカーを設置して、音量や音のバランスを調整します。出演者の声や音楽がクリアに聞こえるように、エフェクトを加えたり、音の調整を行ったりします。音響の技術だけでなく、場の雰囲気や出演者の動きに合わせて音を調整する柔軟さも必要です。観客にとって心地よい音を作り出し、イベントを成功させる重要な役割を担っています。音楽や音のセンスを生かせる、やりがいのある職業です。

▶お仕事について詳しく知るには

「ときめきハッピーおしごと事典スペシャル－キラかわ★ガール」 おしごとガール研究会 著　ナツメ社　2017年12月【学習支援本】

「ポプラディアプラス仕事・職業 = POPLAR ENCYCLOPEDIA PLUS Career Guide. 2」 ポプラ社　2018年4月【学習支援本】

映画館スタッフ

映画を観に来るお客さまが快適に過ごせるようサポートする仕事です。たとえば、チケットを販売して観客を案内したり、ポップコーンやジュースを販売したりします。また、映画を上映するための準備や、上映機材の操作を行うこともあります。新作映画の宣伝をしたり、館内の清掃をして心地よい環境を整えたりするのも大切な役割です。お客さまへの親切な対応が求められる仕事であると同時に、映画好きな人にとっては特に楽しい職場です。

▶ お仕事について詳しく知るには

「料理旅行スポーツのしごと：人気の職業早わかり！」　PHP研究所 編　PHP研究所　2010年10月【学習支援本】

「すべてバッチリ!!ワクワクお仕事ナビ」　ピチレモンブックス編集部 編　学研教育出版 学研マーケティング (発売)（ピチ・レモンブックス）　2012年12月【学習支援本】

2 イベント、レジャーにかかわる仕事

テーマパークスタッフ

訪れたお客さまが楽しい時間を過ごせるようにサポートする仕事です。たとえば、ジェットコースターや観覧車などの乗り物では、安全確認をし、乗り方を説明します。また、キャラクターの着ぐるみを着てショーに出演したり、迷子のお客さまを案内したりすることもあります。スタッフは、明るい笑顔や元気な対応で、お客さまに楽しさや感動を届けます。お客さまが素敵な思い出を作れるように、笑顔でおもてなしをすることが大切な仕事です。

▶お仕事について詳しく知るには

「職場体験完全ガイド 19」 ポプラ社 2010年3月【学習支援本】

「料理旅行スポーツのしごと:人気の職業早わかり!」 PHP研究所 編 PHP研究所 2010年10月【学習支援本】

「すべてバッチリ!!ワクワクお仕事ナビ」 ピチレモンブックス編集部 編 学研教育出版 学研マーケティング(発売)(ピチ・レモンブックス) 2012年12月【学習支援本】

「ときめきハッピーおしごと事典スペシャル―キラかわ★ガール」 おしごとガール研究会 著 ナツメ社 2017年12月【学習支援本】

「ポプラディアプラス仕事・職業 = POPLAR ENCYCLOPEDIA PLUS Career Guide. 2」 ポプラ社 2018年4月【学習支援本】

博物館スタッフ、美術館スタッフ

展示品の管理や来館者への案内を担当する仕事です。たとえば、歴史的な遺物や美術作品をわかりやすく説明したり、ガイドツアーを行って展示内容を詳しく伝えたりします。スタッフは、新しい展示を企画したり、子ども向けの特別イベントを開いたりすることもあります。訪れる人々が楽しく学べるように、展示を工夫し、感動を与えることが求められます。また、歴史や文化、芸術についての深い理解が必要で、それを人々に伝える力も大切です。

▶お仕事について詳しく知るには

「新13歳のハローワーク」　村上龍 著 ;はまのゆか 絵　幻冬舎　2010年3月【学習支援本】

「美術館・博物館で働く人たち：しごとの現場としくみがわかる！—しごと場見学!」　鈴木一彦 著　ぺりかん社　2011年3月【学習支援本】

「鉄道の仕事まるごとガイド」　村上悠太 写真・文　交通新聞社（ぷち鉄ブックス）　2017年2月【学習支援本】

「10代のための仕事図鑑 = The career guide for teenagers：未来の入り口に立つ君へ」　大泉書店編集部 編　大泉書店　2017年4月【学習支援本】

2 イベント、レジャーにかかわる仕事

飼育員、動物園スタッフ、水族館スタッフ

動物や海の生き物のお世話をする仕事です。たとえば、動物に餌をあげたり、健康チェックを行ったりします。また、お客さまに動物の特徴や生態について説明し、自然や環境保護の大切さを伝えることも仕事の一部です。ときには、イベントやショーの準備をして、来園者が楽しめるように工夫します。動物に愛情を持って接するだけでなく、命を預かる責任感と日々の作業に対する忍耐力が必要な職業です。

▶お仕事について詳しく知るには

「ブラック・ジャック白いライオン：アニメ版」 手塚治虫 原作;藤田晋一 文　金の星社　2010年1月【学習支援本】

「感動する仕事!泣ける仕事!：お仕事熱血ストーリー 3 (使命感を持って自然と向き合う)」 学研教育出版　学研マーケティング (発売)　2010年2月【学習支援本】

「新13歳のハローワーク」 村上龍 著;はまのゆか 絵　幻冬舎　2010年3月【学習支援本】

「宇宙環境動物のしごと：人気の職業早わかり!」 PHP研究所 編　PHP研究所　2010年12月【学習支援本】

「ぼくたちのサマー」 本田有明 著　PHP研究所　2011年6月【学習支援本】

「人に育てられたシロクマ・ピース：we love peace」 高市敦広 語り　学研パブリッシング　学研マーケティング (発売) (動物感動ノンフィクション)　2011年6月【学習支援本】

「名探偵コナン理科ファイル動物の秘密—小学館学習まんがシリーズ. 名探偵コナンの学習シリーズ」 青山剛昌 原作;金井正幸 まんが;ガリレオ工房 監修　小学館　2011年9月【学習支援本】

「職場体験完全ガイド 28」 ポプラ社　2012年3月【学習支援本】

「水族館の飼育員・盲導犬訓練士・トリマー・庭師　ポプラ社　2012年3月【学習支援本】

「みんなわくわく水族館. お魚いっぱい編—飼育員さんひみつおしえて!」 竹嶋徹夫 監修;松橋利光 写真;池田菜津美 文　新日本出版社　2012年8月【学習支援本】

「おしごと制服図鑑：制服をみれば仕事のひみつがわかる!」 講談社 編　講談社　2012年9月【学習支援本】

「すべてバッチリ!!ワクワクお仕事ナビ」 ピチレモンブックス編集部 編 学研教育出版 学研マーケティング (発売)（ピチ・レモンブックス） 2012年12月【学習支援本】

「仕事発見!生きること働くことを考える = Think about Life & Work」 毎日新聞社 著 毎日新聞社 2013年5月【学習支援本】

「ハッピー!おしゃれお仕事ナビ1001 : キラ☆カワGirl―キラ☆カワgirlsコレクション」 キラ☆カワgirls委員会 監修 世界文化社 2013年10月【学習支援本】

「動物園のなにげない一日」 みやこしさとし 著 創風社出版 2013年12月【学習支援本】

「職場体験学習に行ってきました。 : 中学生が本物の「仕事」をやってみた! 10」 全国中学校進路指導連絡協議会 監修 学研教育出版 学研マーケティング (発売) 2014年2月【学習支援本】

「動物園のひみつ : 展示の工夫から飼育員の仕事まで―楽しい調べ学習シリーズ」 森由民 著 PHP研究所 2014年2月【学習支援本】

「しあわせな動物園」 井上夕香 作／葉祥明 絵 国土社 2014年4月【学習支援本】

「世界が感動!ニッポンのおもてなし. 第1巻 (買う・利用する)」 小笠原敬承斎 監修 日本図書センター 2014年6月【学習支援本】

「世界が感動!ニッポンのおもてなし. 第2巻 (食べる・泊まる)」 小笠原敬承斎 監修 日本図書センター 2014年6月【学習支援本】

「アドベンチャーワールドパンダをふやせ!―このプロジェクトを追え!」 深光富士男 文 佼成出版社 2015年1月【学習支援本】

「キャリア教育支援ガイドお仕事ナビ 6」 お仕事ナビ編集室著 理論社 2015年9月【学習支援本】

「自然とかかわる仕事―漫画家たちが描いた仕事 : プロフェッショナル」 北原雅紀;魚戸おさむ;斎藤健次;青柳裕介;石塚真一;小森陽一;久保ミツロウ;飯森広一 著 金の星社 2016年3月【学習支援本】

「夢のお仕事さがし大図鑑 : 名作マンガで「すき!」を見つける. 1」 夢のお仕事さがし大図鑑編集委員会 編 日本図書センター 2016年9月【学習支援本】

「動物園飼育員・水族館飼育員になるには―なるにはBOOKS ; 92」 高岡昌江 著 ぺりかん社 2017年1月【学習支援本】

「10代のための仕事図鑑 = The career guide for teenagers : 未来の入り口に立つ君へ」 大泉書店編集部 編 大泉書店 2017年4月【学習支援本】

「大人になったらしたい仕事 : 「好き」を仕事にした35人の先輩たち」 朝日中高生新聞編集部 [編著] 朝日学生新聞社 2017年9月【学習支援本】

「ときめきハッピーおしごと事典スペシャル―キラかわ★ガール」 おしごとガール研究会 著 ナツメ社 2017年12月【学習支援本】

「水族館へ行こう! : おもしろいきものポケット図鑑」 月刊アクアライフ編集部 編 エムピージェー 2018年1月【学習支援本】

「好きなモノから見つけるお仕事 : キャリア教育にぴったり! 3」 藤田晃之 監修 学研プラ

2 イベント、レジャーにかかわる仕事

ス　2018年2月【学習支援本】

「まるごとシャンシャン　扶桑社　2018年6月【学習支援本】

「ザ・裏方：キャリア教育に役立つ! 1　フレーベル館　2018年11月【学習支援本】

「夢をそだてるみんなの仕事300：野球選手/花屋 サッカー選手 医師/警察官 研究者/消防士 パティシエ 新幹線運転士 パイロット 美容師/モデル ユーチューバー アニメ監督 宇宙飛行士ほか」　講談社　2018年11月【学習支援本】

「密着!お仕事24時. 5」　高山リョウ 構成・文　岩崎書店　2019年2月【学習支援本】

「まるごとシャンシャン 2　扶桑社　2019年6月【学習支援本】

「おしごと年鑑：みつけよう、なりたい自分」　谷和樹 監修 ;朝日新聞社 編　朝日新聞出版　2019年7月【学習支援本】

「大人になったらしたい仕事：「好き」を仕事にした35人の先輩たち 3」　朝日中高生新聞編集部 [編著]　朝日学生新聞社　2019年8月【学習支援本】

「水族館へ行こう!：ポケット図鑑. 3」　月刊アクアライフ編集部 編　エムピージェー (発売)　2020年2月【学習支援本】

「こども手に職図鑑：AIに取って代わられない仕事100：一生モノの職業が一目でわかるマップ付」　子供の科学と手に職図鑑編集委員会 編　誠文堂新光社　2020年11月【学習支援本】

「動物の仕事をするには?―マンガでわかるあこがれのお仕事」　さがわゆめこ イラスト ;てるてる法師 マンガ　金の星社　2021年1月【学習支援本】

「ゴリラのきずな：京都市動物園のゴリラファミリー観察記」　長尾充徳 著　くもん出版　2021年6月【学習支援本】

「ドラえもん探究ワールド動物園のなぞ」　藤子・F・不二雄 まんが ;藤子プロ;村田浩一 監修　小学館 (ビッグ・コロタン)　2021年7月【学習支援本】

▶ お仕事の様子をお話で読むには

「どうぶつえんのいちにち―いちにちといちねん絵本シリーズ ; 1」　インクリンク 絵 ;オリビア・ブルックス 文 ;灰島かり 訳　学研教育出版 学研マーケティング (発売)　2012年5月【絵本】

「カワセミとヒバリとヨタカ：あべ弘士の生きものがたり―ぴっかぴかえほん」　あべ弘士 作　小学館　2016年5月【絵本】

「ラッコのたんじょうびケーキ―ほるぷ水族館えほん」　公文健太郎 写真 ;高岡昌江 文　ほるぷ出版　2018年1月【絵本】

「どうぶつえんにいらっしゃい」　本木洋子 文 ;しろぺこり 絵　新日本出版社　2021年12月【絵本】

「ひめちゃんとふたりのおかあさん：人間に育てられた子ゾウ」　森由民 文　フレーベル館 (フレーベル館ジュニア・ノンフィクション)　2011年10月【児童文学】

「約束しよう、キリンのリンリン：いのちを守るハズバンダリー・トレーニング」　森由民 文

フレーベル館(フレーベル館ジュニア・ノンフィクション) 2013年4月【児童文学】
「セイウチくんをさがせ!!」 スティーヴン・サヴェッジ さく 評論社(評論社の児童図書館・絵本の部屋) 2015年4月【児童文学】
「奇跡のパンダファミリー:愛と涙の子育て物語」 NHKスペシャル取材班 著 小学館(小学館ジュニア文庫) 2018年8月【児童文学】

ゴルフ場

ゴルフは、クラブを使ってボールを打ち、少ない打数でホールにボールを入れることを目指すスポーツです。ゴルフ場では、プレーヤーが快適にプレーできるよう、常にコースの状態を良く保つことが求められます。キャディは、ゴルフコースを案内したり、クラブやボールを管理したりして、プレーヤーにアドバイスをします。また、ゴルフ場のコースを整備したり、お客さまの受付を担当したりするスタッフもいます。自然の中で働くことが多く、ゴルフに関する知識やお客さまを思いやる気持ちが大切です。

▶お仕事について詳しく知るには

「料理旅行スポーツのしごと:人気の職業早わかり!」 PHP研究所編 PHP研究所 2010年10月【学習支援本】

▶お仕事の様子をお話で読むには

「ひまりの一打」 半田畔 著 集英社(集英社文庫) 2021年2月【ライトノベル・ライト文芸】

2 イベント、レジャーにかかわる仕事

遊園地、テーマパーク

お客さまが楽しめる乗り物やショーを提供する施設です。スタッフは、観覧車やジェットコースターなどのアトラクションの運営をしたり、お土産を販売したり、イベントの進行を担当したりします。たとえば、乗り物の安全確認を行って、お客さまが安心して楽しめるようにサポートします。また、キャラクターのコスチュームを着て、写真撮影に応じることもあります。お客さまを笑顔にするために、元気に明るく接することが大切です。

▶お仕事について詳しく知るには

「すごろくワンダーランド―ブティック・ムック；no.912. あそび絵本シリーズ」　桑原正俊さく・え　ブティック社　2011年1月【学習支援本】

「東京・横浜修学旅行まるわかりガイド」　野崎陽子著　メイツ出版　2013年6月【学習支援本】

「トリックアートゆうえんち―トリックアートアドベンチャー；3」　北岡明佳監修；グループ・コロンブス構成・文　あかね書房　2013年7月【学習支援本】

「恐怖！おばけやしきめいろブック絶叫ゆうえんちへようこそ」　WILLこども知育研究所編；やまおかゆか絵　金の星社　2013年9月【学習支援本】

「いのちつぐ「みとりびと」6」　國森康弘写真・文　農山漁村文化協会　2014年3月【学習支援本】

「遊園地を科学しよう！：力とエネルギーのひみつを探る―楽しい調べ学習シリーズ」　八木一正監修　PHP研究所　2014年8月【学習支援本】

「真夜中のディズニーで考えた働く幸せ―14歳の世渡り術」　鎌田洋著　河出書房新社　2014年9月【学習支援本】

「遊園地・テーマパークで働く人たち：しごとの現場としくみがわかる！―しごと場見学！」　橋口佐紀子著　ぺりかん社　2014年11月【学習支援本】

「おかしのくにさがそ！ゆうえんち」　イトウユカ作　学研教育みらい　2014年12月【学習支援本】

「発明対決：ヒラメキ勝負！：発明対決漫画 8―かがくるBOOK. 発明対決シリーズ」 ゴムドリco.文;洪鐘賢絵;HANA韓国語教育研究会訳 朝日新聞出版 2016年7月【学習支援本】

「透視絵図鑑なかみのしくみ 遊園地」 こどもくらぶ編さん 六耀社 2016年11月【学習支援本】

「ディズニーモノレール：夢と想像力で未来を創る」 ジェフ・カーティ著;ヴァネッサ・ハント著;ポール・ウォルスキー著;イデア・インスティテュート翻訳・組版 JTBパブリッシング 2021年4月【学習支援本】

「すみっコぐらしまちがいさがし どこもかしこもすみっコ編」 主婦と生活社編 主婦と生活社 2021年6月【学習支援本】

「Disneyメアリー・ブレア：イッツ・ア・スモールワールドができるまで」 講談社編集;エイミー・ノヴェスキー文;ブリトニー・リー絵;李正美訳 講談社 2021年12月【学習支援本】

▶ お仕事の様子をお話で読むには

「どんどんどんどんまいご」 相良敦子文;北澤平祐絵 ブロンズ新社 2021年5月【絵本】

「東京ディズニーリゾートに行きたくなる17のおはなし」 駒田文子構成・文;講談社編 講談社 2021年5月【絵本】

「モンスター・ホテルでおばけやしき」 柏葉幸子作;高畠純絵 小峰書店 2021年2月【児童文学】

「迷子の星たちのメリーゴーラウンド」 日向理恵子著;六七質絵 小学館 2021年3月【児童文学】

「イナバさんと雨ふりの町」 野見山響子文絵 理論社 2021年7月【児童文学】

「チームEYE-S×渚くん：七つ星遊園地のゆずと千歌」 相川真作;夜野せせり作;立樹まや絵;森乃なっぱ絵 集英社（集英社みらい文庫） 2021年10月【児童文学】

「ひみつの魔女フレンズ 3」 宮下恵茉作;子兎。絵 学研プラス 2021年11月【児童文学】

「とりどり通りの童話たち」 咲多ふうが著 幻冬舎メディアコンサルティング 2021年12月【児童文学】

「えむえむっ！ 9」 松野秋鳴著 メディアファクトリー（MF文庫J） 2010年3月【ライトノベル・ライト文芸】

「よめせんっ！ 2」 マサト真希著 アスキー・メディアワークス（電撃文庫） 2010年4月【ライトノベル・ライト文芸】

「かぐや魔王式(まおしき)! 第7式」 月見草平著 メディアファクトリー（MF文庫J） 2010年5月【ライトノベル・ライト文芸】

「ドラゴンクライシス！ マジック・タイム」 城崎火也著 集英社（集英社スーパーダッシュ文庫） 2010年5月【ライトノベル・ライト文芸】

「プシュケープリンセス 3」 刈野ミカタ著 メディアファクトリー（MF文庫J） 2010年5月【ライトノベル・ライト文芸】

2 イベント、レジャーにかかわる仕事

「六畳間の侵略者!?6」 健速著 ホビージャパン（HJ文庫） 2010年10月【ライトノベル・ライト文芸】

「僕は友達が少ない5」 平坂読著 メディアファクトリー（MF文庫J） 2010年11月【ライトノベル・ライト文芸】

「乃木坂春香の秘密13」 五十嵐雄策著 アスキー・メディアワークス（電撃文庫） 2010年12月【ライトノベル・ライト文芸】

「オオカミさんと亮士くんとたくさんの仲間たち」 沖田雅ぶん アスキー・メディアワークス（電撃文庫） 2011年1月【ライトノベル・ライト文芸】

「神様ゲーム8（カミニナニヲワタスベキ?）」 宮崎柊羽著 角川書店（角川文庫. 角川スニーカー文庫） 2011年1月【ライトノベル・ライト文芸】

「デッドマン・ワンダーランド 上」 六塚光著;片岡人生原作;近藤一馬原作 角川書店（角川文庫. 角川スニーカー文庫） 2011年5月【ライトノベル・ライト文芸】

「まよチキ!8」 あさのハジメ著 メディアファクトリー（MF文庫J） 2011年6月【ライトノベル・ライト文芸】

「デッドマン・ワンダーランド 下」 六塚光著;片岡人生原作;近藤一馬原作 角川書店（角川文庫. 角川スニーカー文庫） 2011年8月【ライトノベル・ライト文芸】

「はたらく魔王さま!3」 和ケ原聡司著 アスキー・メディアワークス（電撃文庫） 2011年10月【ライトノベル・ライト文芸】

「夢魔（サキュバス）さっちゃん、お邪魔します。3」 櫂末高彰著 エンターブレイン（ファミ通文庫） 2011年10月【ライトノベル・ライト文芸】

「カエルの子は」 峰月皓著 アスキー・メディアワークス（メディアワークス文庫） 2011年11月【ライトノベル・ライト文芸】

「彼女に耳としっぽがついてる理由を説明できない。4」 三上康明著 メディアファクトリー（MF文庫J） 2012年3月【ライトノベル・ライト文芸】

「パパのいうことを聞きなさい!10」 松智洋著 集英社（集英社スーパーダッシュ文庫） 2012年5月【ライトノベル・ライト文芸】

「JSが俺を取り合って大変なことになっています3」 糸緒思惟著 一迅社（一迅社文庫） 2012年10月【ライトノベル・ライト文芸】

「Tとパンツとイイ話3」 本村大志著 メディアファクトリー（MF文庫J） 2012年11月【ライトノベル・ライト文芸】

「甘城ブリリアントパーク1」 賀東招二著 富士見書房（富士見ファンタジア文庫） 2013年2月【ライトノベル・ライト文芸】

「犬とハサミは使いよう6」 更伊俊介著 エンターブレイン（ファミ通文庫） 2013年2月【ライトノベル・ライト文芸】

「簡単なモニターです」 鎌池和馬著 アスキー・メディアワークス（電撃文庫） 2013年3月【ライトノベル・ライト文芸】

「裏ギリ少女2」 川崎中著 角川書店（角川スニーカー文庫） 2013年6月【ライトノベル・

ライト文芸】

「甘城ブリリアントパーク 2」 賀東招二著 富士見書房（富士見ファンタジア文庫） 2013年8月【ライトノベル・ライト文芸】

「境界の彼方 3」 鳥居なごむ著 京都アニメーション（KAエスマ文庫） 2013年9月【ライトノベル・ライト文芸】

「恋色テーマパークの7日間 ＝ 7 DAYS OF LOVE THEME PARK」 蒼木ゆう著 アスキー・メディアワークス（メディアワークス文庫） 2013年9月【ライトノベル・ライト文芸】

「甘城ブリリアントパーク 3」 賀東招二著 KADOKAWA（富士見ファンタジア文庫） 2014年1月【ライトノベル・ライト文芸】

「人生 第7章」 川岸殴魚著 小学館（ガガガ文庫） 2014年2月【ライトノベル・ライト文芸】

「デスニードラウンド ラウンド3」 アサウラ著 オーバーラップ（オーバーラップ文庫） 2014年5月【ライトノベル・ライト文芸】

「甘城ブリリアントパーク 4」 賀東招二著 KADOKAWA（富士見ファンタジア文庫） 2014年6月【ライトノベル・ライト文芸】

「冴えない彼女(ヒロイン)の育てかたFD(ファンディスク)」 丸戸史明著 KADOKAWA（富士見ファンタジア文庫） 2014年8月【ライトノベル・ライト文芸】

「甘城ブリリアントパーク 5」 賀東招二著 KADOKAWA（富士見ファンタジア文庫） 2014年10月【ライトノベル・ライト文芸】

「甘城ブリリアントパークメープルサモナー 1」 賀東招二原案・監修;八奈川景晶著 KADOKAWA（富士見ファンタジア文庫） 2014年10月【ライトノベル・ライト文芸】

「甘城ブリリアントパークメープルサモナー 2」 賀東招二原案・監修;八奈川景晶著 KADOKAWA（富士見ファンタジア文庫） 2014年11月【ライトノベル・ライト文芸】

「メッセージ—魚住くんシリーズ；3」 榎田ユウリ著 KADOKAWA（角川文庫） 2014年12月【ライトノベル・ライト文芸】

「甘城ブリリアントパーク 6」 賀東招二著 KADOKAWA（富士見ファンタジア文庫） 2015年4月【ライトノベル・ライト文芸】

「甘城ブリリアントパーク 7」 賀東招二著 KADOKAWA（富士見ファンタジア文庫） 2015年10月【ライトノベル・ライト文芸】

「オズの世界」 小森陽一著 集英社（集英社文庫） 2015年11月【ライトノベル・ライト文芸】

「僕は君を殺せない」 長谷川夕著 集英社（集英社オレンジ文庫） 2015年12月【ライトノベル・ライト文芸】

「まほう×少年×Days!!!!! : 遊園地に仕掛けられた黒い罠」 石倉リサ著;「まほう×少年×Days!!!!!」PROJECT原作・監修 KADOKAWA（ビーズログ文庫アリス） 2016年3月【ライトノベル・ライト文芸】

「オーダーは探偵に [7]」 近江泉美著 KADOKAWA（メディアワークス文庫） 2016年4月【ライトノベル・ライト文芸】

「甘城ブリリアントパーク 8」 賀東招二著 KADOKAWA（富士見ファンタジア文庫）

2 イベント、レジャーにかかわる仕事

2016年6月【ライトノベル・ライト文芸】

「尾木花詩希は褪せたセカイで心霊(ゴースト)を視る」 紺野アスタ著 集英社（ダッシュエックス文庫） 2016年10月【ライトノベル・ライト文芸】

「いま、n回目のカノジョ」 小林がる著 KADOKAWA（富士見ファンタジア文庫） 2016年12月【ライトノベル・ライト文芸】

「おばけの遊園地始めました」 範乃秋晴著 KADOKAWA（メディアワークス文庫） 2016年12月【ライトノベル・ライト文芸】

「キラプリおじさんと幼女先輩 2」 岩沢藍著 KADOKAWA（電撃文庫） 2017年8月【ライトノベル・ライト文芸】

「季節はうつる、メリーゴーランドのように」 岡崎琢磨著 KADOKAWA（角川文庫） 2017年9月【ライトノベル・ライト文芸】

「白黒パレード：ようこそ、テーマパークの裏側へ！」 迎ラミン著 マイナビ出版（ファン文庫） 2018年7月【ライトノベル・ライト文芸】

「こどもの国」 藤守麻行著 アンビット（ArkLight Novels） 2019年5月【ライトノベル・ライト文芸】

「おはようの神様」 鈴森丹子著 KADOKAWA（メディアワークス文庫） 2019年6月【ライトノベル・ライト文芸】

「日本へようこそエルフさん。 5」 まきしま鈴木著 ホビージャパン（HJ NOVELS） 2020年2月【ライトノベル・ライト文芸】

「あの日、神様に願ったことは 3」 葉月文著 KADOKAWA（電撃文庫） 2020年8月【ライトノベル・ライト文芸】

「神様の子守はじめました。 12」 霜月りつ著 コスミック出版（コスミック文庫α） 2020年8月【ライトノベル・ライト文芸】

「カラット探偵事務所の事件簿 3」 乾くるみ著 PHP研究所（PHP文芸文庫） 2020年11月【ライトノベル・ライト文芸】

「やたらと察しのいい俺は、毒舌クーデレ美少女の小さなデレも見逃さずにぐいぐいいく 3」 ふか田さめたろう著 SBクリエイティブ（GA文庫） 2021年4月【ライトノベル・ライト文芸】

スキー場

スキーは、雪の上を滑るスポーツで、スキー板を使って滑走します。スノーボードは、板に足を固定して横向きで滑ります。スキー場では、冬の間にお客さまが雪山で安全に楽しく過ごせるようサポートする仕事があります。たとえば、リフトの運転や、スキーやスノーボードの道具を貸し出す業務を担当します。また、初心者向けのスキーレッスンを行ったり、山で迷った人を助けたりすることもあります。スキー場では、雪の中で働くため体力が必要ですが、自然が好きでアウトドア活動に興味がある人には、とてもやりがいのある仕事です。

▶お仕事について詳しく知るには

「スポーツびっくり図鑑：キッズペディア」 望月修指導 小学館 2020年2月【学習支援本】

「冒険登山のすすめ：最低限の装備で自然を楽しむ」 米山悟著 筑摩書房（ちくまプリマー新書） 2020年2月【学習支援本】

▶お仕事の様子をお話で読むには

「雪に消えた悪魔：長編ユーモア・ミステリー 新装版」 赤川次郎著 光文社（光文社文庫） 2011年10月【ライトノベル・ライト文芸】

「水平線のぼくら：天使のジャンパー」 仁木英之著 角川春樹事務所 2014年6月【ライトノベル・ライト文芸】

3

旅や外国にかかわる知識

3 旅や外国にかかわる知識

異文化理解、国際理解

異なる国や文化を学び、お互いに尊重し合うことです。たとえば、他の国の言葉や食べ物、習慣を知ることで、自分たちの文化との違いを理解できます。国際理解では、世界中の人々がど

んな生活をしているか、どんな考え方を持っているかを知り、違いを楽しんだり、共感したりします。学校で行われる国際交流や、外国の友だちと話すこともその一環です。異文化に対する興味を持ち、他の人の考えを理解しようとする気持ちが大切です。このような活動を通じて、世界がもっと広がり、より良い関係を築けるようになります。

▶お仕事について詳しく知るには

「家族はチームだ!もっと会話しろ：日本のいいところを知っておこう」 齋藤孝著　PHP研究所（齋藤孝のガツンと一発文庫）　2010年1月【学習支援本】

「ABCあそび：国際理解に役立つ 第3版―新・学研の英語ずかん；1」 羽鳥博愛;永田博人監修　学研教育出版　2010年2月【学習支援本】

「あそびことば：国際理解に役立つ 第3版―新・学研の英語ずかん；3」 羽鳥博愛;永田博人監修　学研教育出版　2010年2月【学習支援本】

「おもしろかいわ：国際理解に役立つ ひとくち表現集 第3版―新・学研の英語ずかん；4」 羽鳥博愛;永田博人監修　学研教育出版　2010年2月【学習支援本】

「おもしろかいわ：国際理解に役立つ 場面別表現集 第3版―新・学研の英語ずかん；5」 羽鳥博愛;永田博人監修　学研教育出版　2010年2月【学習支援本】

「なるほどせかい：国際理解に役立つ 外国を知ろう 第3版―新・学研の英語ずかん；6」 羽鳥博愛;永田博人監修　学研教育出版　2010年2月【学習支援本】

「なるほどせかい：国際理解に役立つ 日本とくらべよう 第3版―新・学研の英語ずかん；7」 羽鳥博愛;永田博人監修　学研教育出版　2010年2月【学習支援本】

「学研英語ノートパーフェクト 4」 樋口忠彦監修　学研教育出版　2010年2月【学習支援本】

「日本と世界のおもしろことわざ：ことわざで文化を比較しよう 第1巻」　北村孝一;須藤健一監修　学研教育出版　2010年2月【学習支援本】

「日本と世界のおもしろことわざ：ことわざで文化を比較しよう 第2巻」 北村孝一;須藤健一監修 学研教育出版 2010年2月【学習支援本】

「日本と世界のおもしろことわざ：ことわざで文化を比較しよう 第3巻」 北村孝一;須藤健一監修 学研教育出版 2010年2月【学習支援本】

「日本と世界のおもしろことわざ：ことわざで文化を比較しよう 第4巻」 北村孝一;須藤健一監修 学研教育出版 2010年2月【学習支援本】

「日本と世界のおもしろことわざ：ことわざで文化を比較しよう 第5巻」 北村孝一;須藤健一監修 学研教育出版 2010年2月【学習支援本】

「日本と世界のおもしろことわざ：ことわざで文化を比較しよう 第6巻」 北村孝一;須藤健一監修 学研教育出版 2010年2月【学習支援本】

「高校生のためのアフリカ理解入門：お互いに学び合い、助け合うために」 秋田市立秋田商業高等学校ビジネス実践・ユネスコスクール班編 アルテ 2010年10月【学習支援本】

「ドラえもんはじめての英語辞典：小学生のための英和・和英」 宮下いづみ;中村麻里編著;藤子・F・不二雄原作;むぎわらしんたろう;村上和加;坪井裕美;イトウソノコ画;藤子プロ監修 小学館 2011年6月【学習支援本】

「中国のエリート高校生日本滞在記」 張雲裳;人見豊編著 日本僑報社 2011年10月【学習支援本】

「それ日本と逆!?文化のちがい習慣のちがい 6 (アレコレ資料編)」 須藤健一監修 学研教育出版 2012年2月【学習支援本】

「Your world：英語テキスト」 吉田研作監修;町田淳子執筆;坂本ひとみ執筆 ベルワークス 2012年4月【学習支援本】

「Your world：国際理解教育テキスト」 吉田研作監修;ヘッセ杉山ナオコ執筆 ベルワークス 2012年4月【学習支援本】

「青い目の人形の物語：Dolls of Friendship Between Japan and America」 山嵜直樹著;清水正著 ほおずき書籍 2012年11月【学習支援本】

「世界とであうえほん = Meet the world in pictures」 辻原康夫監修;てづかあけみえ;村田ひろこぶん・デザイン パイインターナショナル 2012年12月【学習支援本】

「パックンのAre you a国際人?」 パトリック・ハーラン著 毎日新聞社 2013年3月【学習支援本】

「まんがクラスメイトは外国人 入門編 (はじめて学ぶ多文化共生)」 「外国につながる子どもたちの物語」編集委員会編;みなみななみまんが 明石書店 2013年6月【学習支援本】

「中学道徳1きみがいちばんひかるとき」 今道友信監修;関根清三監修;荒畑美貴子編;小川信夫編;上條さなえ編;近藤精一編;杉中康平編;竹田敏彦編;三宅健次編;渡邊弘編;光村図書出版株式会社編集部編 光村図書出版 2014年【学習支援本】

「産業社会と人間：よりよき高校生活のために 3訂版」 服部次郎編著 学事出版 2014年2月【学習支援本】

「本屋さんのすべてがわかる本 4 (もっと知りたい!本屋さんの秘密)」 秋田喜代美監修;稲葉

3 旅や外国にかかわる知識

茂勝文　ミネルヴァ書房　2014年2月【学習支援本】

「映画のなかの学びのヒント」　梶井一暁著　岐阜新聞社　2014年7月【学習支援本】

「世界のともだち 21」　齋藤亮一写真・文　偕成社　2015年1月【学習支援本】

「世界のともだち 22」　片野田斉写真・文　偕成社　2015年1月【学習支援本】

「外国人が教えてくれた!私が感動したニッポンの文化 : 子どもたちに伝えたい!仕事に学んだ日本の心 第3巻 (人と人とをつなぐ「人」!ニッポン社会で大活躍)」　ロバートキャンベル監修　日本図書センター　2015年2月【学習支援本】

「世界のすてきな先生と教え子たち 1 (太平洋の島国と東・東南・中央アジア諸国)」　井上直也写真・文　国土社　2015年6月【学習支援本】

「世界の国旗がわかる―ドラえもんの学習シリーズ. ドラえもんの社会科おもしろ攻略」　藤子・F・不二雄キャラクター原作　小学館　2015年6月【学習支援本】

「最初の復活祭」　クリスティーナ・カライ・ナギー絵;ベサン・ジェームズ文;サンパウロ訳　サンパウロ　2015年9月【学習支援本】

「世界の文字の書き方・書道 2 (世界の文字と書き方・アラビア書道)」　稲葉茂勝著;こどもくらぶ編　彩流社　2015年9月【学習支援本】

「世界の人びとに聞いた100通りの平和 シリーズ1 (中東編)」　伊勢﨑賢治監修;艸場よしみ著;八木絹著　かもがわ出版　2015年10月【学習支援本】

「世界のともだち 29」　阪口克写真文;中山茂大写真文　偕成社　2015年11月【学習支援本】

「世界のともだち 30」　小松義夫写真・文　偕成社　2015年11月【学習支援本】

「世界の文字の書き方・書道 3 (漢字文化圏のいろいろな書道)」　稲葉茂勝著;こどもくらぶ編　彩流社　2015年11月【学習支援本】

「世界のともだち 31」　山口規子写真・文　偕成社　2015年12月【学習支援本】

「世界のともだち 32」　新井卓写真・文　偕成社　2015年12月【学習支援本】

「林家三平のみんなが元気になる英語落語入門―学校寄席に挑戦!」　大島希巳江監修;こどもくらぶ編・著　彩流社　2016年1月【学習支援本】

「辞書びきえほん国旗 改訂新版」　⊠山英男監修　ひかりのくに　2016年2月【学習支援本】

「池上彰・増田ユリヤの今だからこそ世界を知ろう! 1 (常識はひとつじゃない?)」　池上彰著;増田ユリヤ著;恩田扶佐子イラスト　汐文社　2016年2月【学習支援本】

「日本全国姉妹都市図鑑 : 47都道府県の姉妹都市が大集合! 西日本編　フレーベル館　2016年2月【学習支援本】

「親子で学ぶ国際教養が身につく本 : グローバル対応力」　山﨑紅著　日経BP社　2016年4月【学習支援本】

「ドラえもん社会ワールド日本と国際社会―ビッグ・コロタン ; 149」　藤子・F・不二雄まんが;藤子プロ監修;井田仁康監修;小学館ドラえもんルーム編　小学館　2016年8月【学習支援本】

「ぼくらは壁を飛びこえて : サーカスでつながる人種・民族・宗教」　シンシア・レヴィンソン著;金原瑞人訳　文溪堂　2016年12月【学習支援本】

「国際理解につながる宗教のこと 1」 池上彰監修 教育画劇 2017年2月【学習支援本】

「国際理解につながる宗教のこと 2」 池上彰監修 教育画劇 2017年4月【学習支援本】

「国際理解につながる宗教のこと 3」 池上彰監修 教育画劇 2017年4月【学習支援本】

「国際理解につながる宗教のこと 4」 池上彰監修 教育画劇 2017年4月【学習支援本】

「世界に感動をあたえた日本人 上」 評論社編集 評論社 2017年4月【学習支援本】

「尾木ママのいのちの授業 3」 尾木直樹監修 ポプラ社 2017年4月【学習支援本】

「世界に通じるマナーとコミュニケーション：つながる心、英語は翼」 横手尚子著;横山カズ著 岩波書店（岩波ジュニア新書） 2017年7月【学習支援本】

「「教育学」ってどんなもの?」 小川佳万編著;三時眞貴子編著 協同出版 2017年8月【学習支援本】

「私、日本に住んでいます」 スベンドリニ・カクチ著 岩波書店（岩波ジュニア新書） 2017年10月【学習支援本】

「同級生は外国人!?：多文化共生を考えよう 1」 松島恵利子編著;吉富志津代監修 汐文社 2018年1月【学習支援本】

「スポーツでひろげる国際理解 3」 中西哲生監修 文溪堂 2018年2月【学習支援本】

「スポーツでひろげる国際理解 1」 中西哲生監修 文溪堂 2018年3月【学習支援本】

「スポーツでひろげる国際理解 2」 中西哲生監修 文溪堂 2018年3月【学習支援本】

「スポーツでひろげる国際理解 4」 中西哲生監修 文溪堂 2018年3月【学習支援本】

「スポーツでひろげる国際理解 5」 中西哲生監修 文溪堂 2018年3月【学習支援本】

「はじめよう!ボランティア 4」 長沼豊監修 廣済堂あかつき 2018年3月【学習支援本】

「同級生は外国人!?：多文化共生を考えよう 2」 松島恵利子編著;吉富志津代監修 汐文社 2018年3月【学習支援本】

「同級生は外国人!?：多文化共生を考えよう 3」 松島恵利子編著;吉富志津代監修 汐文社 2018年3月【学習支援本】

「聞いてみました!日本にくらす外国人 1」 佐藤郡衛監修 ポプラ社 2018年4月【学習支援本】

「聞いてみました!日本にくらす外国人 2」 佐藤郡衛監修 ポプラ社 2018年4月【学習支援本】

「聞いてみました!日本にくらす外国人 3」 佐藤郡衛監修 ポプラ社 2018年4月【学習支援本】

「聞いてみました!日本にくらす外国人 4」 佐藤郡衛監修 ポプラ社 2018年4月【学習支援本】

「聞いてみました!日本にくらす外国人 5」 佐藤郡衛監修 ポプラ社 2018年4月【学習支援本】

「ビックリ!!世界の小学生」 柳沢有紀夫著;田伊りょうき絵 KADOKAWA（角川つばさ文庫

3 旅や外国にかかわる知識

） 2018年9月【学習支援本】

「〈超・多国籍学校〉は今日もにぎやか！：多文化共生って何だろう」 菊池聡著 岩波書店（岩波ジュニア新書） 2018年11月【学習支援本】

「情熱でたどるスペイン史」 池上俊一著 岩波書店（岩波ジュニア新書） 2019年1月【学習支援本】

「?に答える!小学英語：小学3〜6年」 高濱正伸シリーズ監修;佐藤久美子英語監修 学研プラス（小学パーフェクトコース） 2019年4月【学習支援本】

「ミサってなあに」 パトリシア・エドワード・ジャブロンスキー文;メアリー・エリザベス・テボ文;マーニー・ギャラガー・コール絵;女子パウロ会訳 女子パウロ会 2019年5月【学習支援本】

「世界の外あそび学じてん」 こどもくらぶ編さん 今人舎 2019年5月【学習支援本】

「地球の仲間たち：スリランカ/ニジェール」 開発教育を考える会編 ひだまり舎 2019年8月【学習支援本】

「世界中の子どもの権利をまもる30の方法：だれひとり置き去りにしない!」 国際子ども権利センター編;甲斐田万智子編;荒牧重人監修 合同出版 2019年10月【学習支援本】

「せかいのトイレ：たのしくて、う〜んとタメになる!：教科書にはのっていない!せかいのふしぎ」 ERIKO著;佐藤満春監修;寺崎愛イラスト 日本能率協会マネジメントセンター 2019年11月【学習支援本】

「まんがクラスメイトは外国人 課題編」 「外国につながる子どもたちの物語」編集委員会編;みなみななみまんが 明石書店 2020年2月【学習支援本】

「なかよくなれるかな?：外国人児童―u&iえほんシリーズ」 NHKEテレ「u&i」制作班編;西田征史原作;鈴木友唯絵 ほるぷ出版 2020年3月【学習支援本】

「もっと調べる世界と日本のつながり 1」 井田仁康監修 岩崎書店 2020年3月【学習支援本】

「もっと調べる世界と日本のつながり 2」 井田仁康監修 岩崎書店 2020年3月【学習支援本】

「もっと調べる世界と日本のつながり 3」 井田仁康監修 岩崎書店 2020年1月【学習支援本】

「もっと調べる世界と日本のつながり 4」 井田仁康監修 岩崎書店 2020年3月【学習支援本】

「もっと調べる世界と日本のつながり 5」 井田仁康監修 岩崎書店 2020年3月【学習支援本】

「あなたを閉じこめる「ずるい言葉」：10代から知っておきたい」 森山至貴著 WAVE出版 2020年8月【学習支援本】

「おもしろ大発見!世界スゴすぎ事典」 須藤健一監修 池田書店 2020年10月【学習支援本】

「今、世界はあぶないのか?文化と多様性」 マリー・マーレイ文;ハナネ・カイ絵;大山泉訳 評論社（評論社の児童図書館・絵本の部屋） 2020年10月【学習支援本】

「世界の家世界のくらし：SDGsにつながる国際理解 2」 ERIKO著 汐文社 2021年1月【学

習支援本】

「世界の家世界のくらし：SDGsにつながる国際理解 3」 ERIKO著　汐文社　2021年1月【学習支援本】

「話す・聞く・つながるコミュニケーション上手になろう！2」　藤野博監修;松井晴美イラスト　旬報社　2021年1月【学習支援本】

「毎日がつまらない君へ―10分後に自分の世界が広がる手紙. 学校がもっとすきになるシリーズ」　佐藤慧著　東洋館出版社　2021年3月【学習支援本】

「なぜ世界を知るべきなのか」　池上彰著　小学館（小学館YouthBooks）　2021年7月【学習支援本】

インバウンド

外国から日本に訪れる観光客や旅行者のことを指します。たとえば、海外から日本に旅行に来た人々を「インバウンド観光客」と呼びます。インバウンド観光が盛んになることで、観光地やホテル、飲食店などがにぎわい、経済にも良い影響を与えます。観光業界では、外国から来る人々に日本の

文化や美しい景色を楽しんでもらうための取り組みが進められています。インバウンドを促進することは、他の国との交流や理解を深める大切な活動にもつながります。

▶ お仕事について詳しく知るには

「小学生のための「社会がわかる」日本地図：世の中の動きを徹底図解」「社会がわかる日本地図」編集室 著　メイツユニバーサルコンテンツ（まなぶっく）　2021年6月【学習支援本】

3 旅や外国にかかわる知識

ビザ

外国に入国するために必要な許可証のことです。ビザを取得することで、その国に一定期間滞在できるようになります。たとえば、観光や仕事、留学など、目的に応じたビザがあります。ビザには「観光ビザ」や「学生ビザ」などがあり、旅行者や留学生は

その国に行く前に申請し、許可を受ける必要があります。ビザがなければ、その国に入ることができない場合があるため、外国に行く際にはビザの確認がとても重要です。

ワーキングホリデー

海外で働きながら、観光も楽しめる特別なビザを使って過ごすことです。主に18歳から30歳までの若者が対象とされています。たとえば、オーストラリアやカナダなどで、

仕事をしながら現地の生活を経験し、その国の文化を学ぶことができます。この制度を利用すると、海外での生活費を稼ぎながら、言葉や異文化を学ぶことができ、貴重な体験となります。

国際連合

国際連合(United Nations、UN)は、世界の平和を守り、国々の協力を促進するために作られた組織です。1945年に設立され、現在(2024年3月)193か国が加盟しています。国際連合は、戦争を防ぐために平和を守る活動や、人権、環境保護、経済発展などの問題について議論し、解決を目指しています。また、国際連合には、国々が話し合う場所としての「総会」や、実際に支援を行う「専門機関」などがあります。

▶ お仕事について詳しく知るには

「国際貢献のウソ」 伊勢崎賢治著 筑摩書房(ちくまプリマー新書) 2010年8月【学習支援本】

「世界で活躍する日本人:国際協力のお仕事 1」 大橋正明監修 学研教育出版 2012年2月【学習支援本】

「クレヨンしんちゃんのまんが日本と世界のつながりまるわかりブック:国際社会がよくわかる!―クレヨンしんちゃんのなんでも百科シリーズ」 臼井儀人キャラクター原作;造事務所編集・構成 双葉社 2012年10月【学習支援本】

「決め方の大研究:どんな方法があるの?:ジャンケンから選挙まで」 佐伯胖監修;造事務所編集・構成 PHP研究所 2012年10月【学習支援本】

「池上彰のこれだけは知っておきたい!消費税のしくみ 3 (世界の消費税)」 池上彰監修;稲葉茂勝文 ポプラ社 2014年4月【学習支援本】

「ニュースに出てくる国際条約じてん 1 (国際組織と領土)」 池上彰監修;こどもくらぶ編 彩流社 2015年3月【学習支援本】

「世界の国旗 = An Encyclopedia of The World Flags and Countries:国旗・海外領土旗の意味、国の成り立ちがわかる!:親子で学べる!楽しめる!」 シャスタインターナショナル編;国際政治文化研究会監修 シャスタインターナショナル 2016年1月【学習支援本】

「ニュースに出てくる国際組織じてん 1」 池上彰監修 彩流社 2016年3月【学習支援本】

「社会の?を探検:はじめてのアクティブ・ラーニング 昔と今の日本」 小宮山博仁著;中山成子絵 童心社 2016年3月【学習支援本】

「いまこそ知りたい!みんなでまなぶ日本国憲法 3」 明日の自由を守る若手弁護士の会編・

1 旅や外国語・海外にかかわる仕事

著　ポプラ社　2016年4月【学習支援本】

「はてな?なぜかしら?国際紛争 改訂版!―改訂版!はてな?なぜかしら?国際問題；3」　池上彰監修　教育画劇　2016年4月【学習支援本】

「ドラえもん社会ワールド日本と国際社会―ビッグ・コロタン；149」　藤子・F・不二雄まんが;藤子プロ監修;井田仁康監修;小学館ドラえもんルーム編　小学館　2016年8月【学習支援本】

「日本国憲法ってなに? 3」　伊藤真著　新日本出版社　2017年7月【学習支援本】

「SDGs〈世界の未来を変えるための17の目標〉2030年までのゴール」　日能研教務部企画・編集　日能研　2017年8月【学習支援本】

「世界の国ぐに大冒険：オリンピック登録国・地域に完全対応」　井田仁康監修　PHPエディターズ・グループ　2017年9月【学習支援本】

「世界の国ぐに = THE SHOGAKUKAN CHILDREN'S ENCYCLOPEDIA OF WORLD COUNTRIES：キッズペディア」　小学館編集　小学館　2017年11月【学習支援本】

「未来を変える目標：SDGsアイデアブック」　畠山重篤著;スギヤマカナヨ絵　Think the Earth　2018年5月【学習支援本】

「知っていますか?SDGs：ユニセフとめざす2030年のゴール：世界の未来を変える17の目標"SDGs"入門書」　日本ユニセフ協会著　さ・え・ら書房　2018年9月【学習支援本】

「子どもの権利宣言：ビジュアル版」　シェーヌ出版社編;遠藤ゆかり訳　創元社　2018年10月【学習支援本】

「世界の歴史 16　小学館（小学館版学習まんが）　2018年12月【学習支援本】

「国谷裕子と考えるSDGsがわかる本」　国谷裕子監修　文溪堂　2019年1月【学習支援本】

「身近でできるSDGsエシカル消費 2」　三輪昭子著;山本良一監修　さ・え・ら書房　2019年5月【学習支援本】

「現代社会ライブラリーへようこそ! 2019-20」　現代社会ライブラリーへようこそ！編集委員会著　清水書院　2019年8月【学習支援本】

「グレタと立ち上がろう：気候変動の世界を救うための18章」　ヴァレンティナ・ジャンネッラ著;マヌエラ・マラッツィイラスト;川野太郎訳　岩崎書店　2020年2月【学習支援本】

「13歳からの環境問題：「気候正義」の声を上げ始めた若者たち」　志葉玲著　かもがわ出版　2020年4月【学習支援本】

「世界の国ぐに大図鑑―まっぷるキッズ」　田代博監修　昭文社　2020年7月【学習支援本】

「こどもSDGs：なぜSDGsが必要なのかがわかる本」　秋山宏次郎監修;バウンド著　カンゼン　2020年8月【学習支援本】

「SDGs〈世界の未来を変えるための17の目標〉2030年までのゴール 改訂新版」　日能研教務部企画・編集　日能研　2020年11月【学習支援本】

「世界の歴史 17―角川まんが学習シリーズ」　羽田正監修　KADOKAWA　2021年2月【学習支援本】

「きかせてあなたのきもち：子どもの権利って知ってる?」　長瀬正子文;momo絵　ひだまり

舎　2021年9月【学習支援本】
「月別カレンダーで1からわかる!日本の政治」　伊藤賀一監修　小峰書店　2021年12月【学習支援本】

デジタルノマド

インターネットを使ってどこでも仕事をしながら、自由に場所を移動して生活する人々のことです。たとえば、国内でも海外でもパソコンを使って、プログラミングやライティング、デザインなどの仕事を行ったりしています。デジタルノマドのライフスタイルは、場所にとらわれず、インターネットを活用して自分のペースで仕事を進めることができるため、自由度が高いといえます。

お仕事さくいん
旅やグローバル社会に
かかわるお仕事

2025年1月31日　第1刷発行

発行者　道家佳織

編集・発行　株式会社DBジャパン
〒151-0073　東京都渋谷区笹塚1-52-6
千葉ビル1001

電話　03-6304-2431

ファクス　03-6369-3686

e-mail　books@db-japan.co.jp

装丁　DBジャパン

電算漢字処理　DBジャパン

印刷・製本　大日本法令印刷株式会社

不許複製・禁無断転載
〈落丁・乱丁本はお取り替えいたします〉
ISBN　978-4-86140-574-7
Printed in Japan

見ると勉強したくなる…
　勉強すると実践したくなる…
　　そして、実践すると…
　　利用者が喜ぶ図書館ができる！

国内唯一！

図書館司書が
現場で求められる
スキル・知識をぐんと伸ばす
オンライン動画サイト…

司書トレ 登場!!

司書トレにアップされた動画は
レクチャーではありません。
何を読んで何を見て
どうやったらスキル・知識が身につくか
経験豊富な講師陣が教えてくれる
動画パス・ファインダーです。

あまり参加の機会がない司書向け研修。
1回話を聞くだけではなかなか自分も職場も
変わらない。

だから司書トレ

司書トレなら
「いつでも」「どこでも」
「何度でも」「PCでもスマホでも」
「どのテーマからでも」

1. 動画で学び方がわかる
2. 自分のペースで学べる
3. 実践できる
4. 振り返ってみてまた学べる

完璧な学びのサイクルが
すぐできあがる

「司書トレ」スキル・カテゴリー図　抜粋

司書に必要なスキル・知識のカテゴリーは合計70以上
今すぐ右のQRコードからスマホでカテゴリー図の全体を見てください。

大好評
発売中!!

図書館司書のための
動画パス・ファインダー
司書トレ

1テーマ1動画
約30分¥980（税込）
有名講師多数

https://study.shisho.online/

販売元：株式会社DBジャパン